推演

让决策更具洞见

演

WARGAMING

Bring Foresight to
Decision-making

杨霄 著

机械工业出版社
CHINA MACHINE PRESS

图书在版编目（CIP）数据

推演：让决策更具洞见/杨霄著. —北京：机械工业出版社，2020.6（2024.5重印）

ISBN 978-7-111-65763-7

I. 推… II. 杨… III. 决策学 IV. C934

中国版本图书馆CIP数据核字（2020）第094658号

  洞见未来，是攸关前途命运的终极问题。尤其是在残酷的战略竞争环境中，无论是对国家、组织、企业还是对个人，洞见未来关乎生存与发展。推演作为一种基于演绎推理、依靠博弈仿真、服务综合性战略决策的高级研究活动，为我们提供了在模拟的未来环境中研判态势、检验决策的有效实践手段。本书以未来可预见性的哲学和理论为切入点，着眼于战略思维与战略研究文化的塑造，以图文并茂的形式，对用推演优化战略决策的命题进行系统研究论证，全景式地展现了推演的发展、实践与未来，能够帮助读者充实研判手段、丰富战略思维、改进战略决策。

推演：让决策更具洞见

出版发行：机械工业出版社（北京市西城区百万庄大街22号 邮政编码：100037）

责任编辑：李晓敏

责任校对：殷 虹

印　　刷：北京建宏印刷有限公司

版　　次：2024年5月第1版第3次印刷

开　　本：147mm×210mm 1/32

印　　张：11

书　　号：ISBN 978-7-111-65763-7

定　　价：89.00元

客服电话：(010) 88361066 68326294

版权所有·侵权必究

封底无防伪标均为盗版

赞　誉

这是一部厚重的著作。作者在书中对如何运用推演辅助科学决策做了系统全面的呈现，为不同领域不同层级的决策者描绘了获得洞见的演绎推理思路和推演方法，既有理论的创新探讨，又有实践的精辟总结，深入浅出，引人入胜。

——姚云竹，少将，中国人民解放军军事科学院，
原中美防务关系研究中心主任

推演为决策者提供了一种洞见未来的手段，正如精准医学的变革使疾病诊断从经验归纳走向了多组学大数据的推演。时代变幻莫测，各领域的决策者更需要通过战略预见去解决深度不确定性。《推演》一书对推演的阐释于认知、于决策大有裨益。

——徐讯，华大集团首席执行官、华大基因研究院院长

这本书的出版是一个里程碑，作者创造性地总结出了洞见未

来的真知识,填补了我国战略推演的理论空白。

——杨南征,兵棋与军事智能专家,中国兵棋游戏、
兵棋推演和军事智能专著作者

预见未来似乎是一个触不可及的学术梦想,而杨霄博士的《推演》为我们架起了一座实现的桥梁。这本书以演绎推理和博弈仿真扫除了过度量化与模型化的弊病,为战略推演注入了逻辑与规律的本质灵魂。《推演》有其气魄,也有其底蕴。在这风云变幻的时代,正需要济海之帆和渡河之索,助我们避开湍流,逆流而上而不半途迷失,《推演》的出版可谓恰逢其时。

——陈琪,清华大学战略与安全研究中心秘书长、教授

推演是决策研究中与实践结合最为密切的环节。目前国内关于推演方面的专著少之又少,本书系统地阐述了推演的源流与分野、逻辑与演进、理论与实践、指挥与控制、流程与步骤、形态与差异、历史与未来,为决策者洞见未来提供了系统思路和方案。尤其使人印象深刻的是,本书从归纳推理到演绎推理、从一般的决策到战略推演,不仅是着眼点的变化,也是研究思路的拓展,读后让人受益良多。

——张清敏,北京大学外交学系主任、教授

推演是我们了解未来、避免错误、抢占先机的重要研究方法。本书全面系统地介绍了推演这种研究方法的发展演变过程、各种推演方法的特点和使用,以及推演的意义。本书是一本有价

值的学术力作，值得细读，尤其是值得从事决策研究的分析人员和领导者参考。

——李彬，清华大学国际关系学系教授，军备控制专家

丰富战略思维、改进战略决策乃战略必需，也是本书作者以有洞见的推演探究为之做出贡献的思想和实践功业。然而，人们还是需要用战略大师老毛奇的话提醒自己："除了与敌军主力的首次遭遇，任何作战计划都不能被视为确定不变的……指挥官在整个战役期间不得不依据事先无法预见的形势做出决定。"

——时殷弘，中国人民大学国际关系教授，国务院参事

本书为企业在市场中实现具有洞见的高质量决策提供了一套全新的体系化解决思路，尤其是为投资等复杂和困难的决策搭建起具有突出价值的先进思考方法和实践手段，是中小企业决策者的必备参考书。

——魏国兴，天图投资合伙人

序　言

洞见未来一直是困扰人类的终极难题。由于未来的深度不确定性和决策的高度复杂性，我们一直在未来的迷雾中盲行。推演作为一种基于演绎推理、依靠博弈仿真、服务综合性战略决策的高级研究活动，为我们提供了洞见未来的"时光机器"。

人类仅有的有限资源就是时间。每一场竞争博弈与危机应对，都是在与时间竞赛。洞见未来，赢得的正是时间。推演通过模拟未来决策环境，让我们有机会先达未来、审视对手、验看预案。这种把未来拿来"试用一下"的手段，让我们能够在与时间的竞赛中、与对手的博弈中获得关乎成败与命运的洞察优势。

先于本书出版的《大国远谋》对预判中长期趋势进行了较为全面的探究，提供了一种应对深度不确定性环境的战略预判思路。但如果着眼于服务宏观战略决策的具体实践，它仍显力绌。以"解剖洋麻雀"为主轴的研究，还不足以综合、全面地建构起解析未来的理论框架。本书着眼于战略竞争环境中的稳健决策，为决策者提供一种洞见未来的体系化思路和实用的解决方案。

本书主要的价值不在于提出洞见未来的具体方法，而在于对战略思维与战略研究文化的深刻探究。从归纳到演绎的洞见思路，不仅对提升国家决策实践水平具有突出的战略价值，而且对企业在复杂的市场环境中做出成功的决策也有极大助益。更为关键的是，推演有助于为提升战略决策思维能力提供一种新路径、新启示。究竟是向历史找答案，还是向未来寻可能？推演为我们提供了率先抵达未来、"先为不可胜，以待敌之可胜"的新通途。

目 录

赞誉

序言

引　言　先为未来 / 1

一、"做好自己的事情，统筹研究部署" / 2

二、"推演一下未来会怎样" / 3

三、"富于探索性的演绎法" / 5

四、"从实践中来，到实践中去" / 7

五、"推演是一种决策文化" / 9

第一章　探索未知 / 14

第一节　人类终极难题 / 16

一、预见未来之难 / 16

二、预见手段之少 / 20

三、预见困难之源 / 23

第二节　在迷雾中盲行 / 27
一、决策的"非理性" / 27
二、理想的决策 / 30
三、实际的决策 / 33

第三节　预见未来之路 / 44
一、用规律预见未来 / 45
二、探索未知的哲学与思维演进 / 53
三、基于演绎推理的洞见之法 / 61

第二章　认知推演 / 75

第一节　源流与分野 / 76
一、从游戏到战争 / 78
二、从战斗到谋略 / 82
三、从人工到智能 / 84
四、从棋盘到圆桌 / 86
五、从谋战到谋国 / 89

第二节　认识误区 / 91
一、所指与辨析 / 92
二、正确认识推演 / 95
三、推演普遍的认识误区 / 97

第三节　价值与意义 / 102
一、优化战略决策 / 103
二、改进战略文化 / 105

第三章　战略推演 / 112

第一节　"死亡竞赛"衍生品 / 114
一、"脱胎"兵棋 / 114
二、"两脉"并进 / 119
三、时代特质 / 122
四、"风洞"试验 / 128
五、时代终结 / 138

第二节　走过的弯路 / 140
一、从运筹学到系统分析 / 140
二、严格数据化的缺陷 / 144
三、过度模型化的教训 / 146

第三节　价值与边界 / 149
一、战略研讨的革新 / 150
二、多领域服务战略决策 / 153
三、局限性与边界 / 155

第四章　推演实践 / 164

第一节　推演设计 / 166
一、建构解析未来的框架 / 166
二、设计好一场推演 / 169
三、推演设计案例 / 177

第二节　推演实施 / 185
一、建立中枢神经系统 / 186

二、实现高水平仿真 / 188
三、操控时间 / 190
四、推演实施案例 / 192

第三节　推演复盘 / 202
一、收官之战 / 202
二、组织好复盘 / 204
三、打造高质量的推演报告 / 206

第五章　商业推演 / 214

第一节　走向商业"战场" / 215
一、商业推演的由来 / 216
二、价值与应用 / 218
三、开展商业推演 / 221

第二节　布局战略产业 / 224
一、抵御金融危机 / 225
二、防范网络攻击 / 228
三、防控传染疫情 / 230
四、应对生物恐袭 / 233
五、抢夺数字币权 / 237

第三节　推演商业决策 / 239
一、商业决策可以这样研究 / 239
二、生死决断：并购还是结盟 / 241
三、攻防之道：抢占通信市场 / 246

四、谈判艺术：中美贸易摩擦 / 249

第四节　企业如何因应大变局 / 252
一、破局之思 / 253
二、折中之策 / 257
三、庙谟之机 / 259

第六章　中国推演 / 266

第一节　文化、历史与现状 / 267
一、东西方战争文化差异 / 268
二、应用与实践 / 271
三、研究与认识 / 274

第二节　推演对中国的特殊价值 / 278
一、短于演绎 / 278
二、发掘演绎思维 / 285

第三节　推演与人类命运共同体 / 290
一、"墨子使楚" / 290
二、止战于演 / 291

第七章　决胜未来 / 300

第一节　范式演进 / 301
一、用仿真服务预见与决策 / 302
二、"以人演人、人机结合" / 308
三、思维定式与认识误区 / 312

第二节　决策革命 / 317

一、从大数据到战略数据 / 317

二、从"数据科学"到"决策科学" / 321

三、决策环境智能化仿真 / 324

第三节　结论与未来 / 327

后记 / 335

图表目录

图 1-1 归纳推理与演绎推理：科学形式逻辑体系的演进 / 54

图 2-1 推演的源流与发展演变 / 77

图 4-1 推演流程与体系化演进 / 165

表 4-1 推演设计中的情景想定矩阵表 / 173

表 4-2 推演情景想定精简表 / 173

图 4-2 推演设计、情景想定与全流程实施方案 / 176

表 4-3 核心驱动因素与推演情景的选定 / 177

图 4-3 推演组织与支撑架构 / 186

图 4-4 推演指挥与控制 / 192

图 4-5 推演研究报告的思维导图及其革新 / 208

图 5-1 商业推演的组织与运行方式 / 222

表 5-1 商业决策推演的主要形态 / 239

图 7-1 决策领域社会科学仿真的演进 / 305

表 7-1 战略数据与普通数据、大数据的区别 / 321

表 7-2 数据科学与决策科学的差异 / 322

引 言

先为未来

　　昔之善战者,先为不可胜,以待敌之可胜。不可胜在己,可胜在敌。故善战者,能为不可胜,不能使敌之必可胜。故曰:胜可知,而不可为。

——《孙子兵法》

谋事当虑远,未来须先为。国际竞争历来就是时间和速度的赛跑,谁见事早、动作快,谁就能掌控制高点和主动权。[1]江心浪更急,随着中国日益走近世界舞台的中央,国家所处的战略博弈环境日趋严苛,对战略预判、规划和决策的需求日益上升。同时,随着百年变局的加剧和国内外环境的快速变化,企业和组织对准确研判形势、在竞争中做出成功决策的需求也迅速上升。这种由内外因素共同推动的对战略洞见能力的需求激增使得近年来"推演"一词大热。推演作为一种基于演绎推理(deductive reasoning)的博弈仿真手段,经过长期发展演进,已经形成一套较为成熟的战略研究方法体系。

用推演来预判未来形势、检验决策方案已经成为国家、组织和企业的一种较为普遍的战略需求。美国开展推演服务决策工作最成功的公司之一——博思艾伦咨询公司(Booz Allen Hamilton)就曾这样推荐它的推演产品:"如果你是决策者,假如有一架望远镜,可以在造成无法挽回的后果之前、在付出血的代价或者遭受巨大的资产损失之前,观察到行动实施的后果,无论组织或者机构的规模大小,也不论是战争还是非战争的事态,这样的望远镜,你不需要吗?"[2]

一、"做好自己的事情,统筹研究部署"

"我国仍处于发展的重要战略机遇期,但面临的国际形势日趋错综复杂。我们要清醒认识国际国内各种不利因素的长期性、复杂性,妥善做好应对各种困难局面的准备。最重要的还是做好我们自己的事情,统筹研究部署,协同推进改革发展稳定各项工作,谋定而后动,厚积而薄发。"[3]当前及未来较长一段时期,大国间竞争升级,中国及中国企业、中国人都必须深刻领会和掌握"谋定后动,厚积薄发"的战略思维。"做好自己的事情,统筹研究部署",恰如《孙子兵法》中"善战者,能为不可胜""先为不可胜,以待敌之可胜"之道。乱云飞渡仍从容,在战略博弈中赢得未来,首要的是做好自己的事情,将自身打造得不可战胜,以待其时,便是"善战者"之为。原因在于,"不可胜"这件事自己可以做,而能不能最终克敌制胜,就要把握时机。这也就是"冷静观察,稳住阵脚"的箴言要义,即"你打你的,我打我的""敌人要打多久,我们就打多久"的精髓所在。

做好自己的事,统筹研究部署,关键在于把握未来大势,尤其是把握住与对手博弈中的决定性举措,看得远,谋得准,从而打得赢。洞见未来本就是战略研究的根本使命。能否从微茫的迹象中拨云见日,准确判断未来事态,是判断战略研究是否成功的根本标准。"关于一个历史阶段的战略指导,必然包含预见与预置。没有超前预测和判断的研究,不是战略研究……科学预见必须以对客观事物因果关系的正确认识为基础。"[4] 探索未知、洞见未来的根本目的就在于赢得战略竞争和博弈。推演为我们提供了这样一种洞见未来、赢得博弈的有效手段。在未来相当长的一段时间,在"做好自己的事情,统筹研究部署"的征程中,国家需要推演,组织需要推演,企业也需要推演。

二、"推演一下未来会怎样"

作为一种被寄予厚望的现代化、先进、科学的预判方法,推演往往是听得耳热,却让人一知半解。究竟什么是推演,怎样开展推演,如何形成可靠的推演结论来辅助决策?很多人或是兴致颇高、虚心求解,或是能言一二、管窥蠡测,但能系统弄清楚如何将推演运用在国家和企业综合战略领域的凤毛麟角,甚至一些实践都是得之奇技、失其精要。什么是战略推演,什么是沙盘推演,什么是兵棋推演?大部分情况下,人们是莫衷一是、交叉混用的。这种混乱不仅不利于推动这种方法更有效地发挥作用,更关键的是不利于战略思维和战略研究文化的演进。而这种战略思维恰是 21 世纪中叶大国复兴所必备的,也是在变局中谋生存的组织和企业决策所必须掌握的有效工具之一。

决策者都希望预见未来,尤其是希望能够百分之百地知道将会发生什么,以便早做准备。在这种情况下,一些决策者受到输入的种种信息的启发,想到了"推演"。而抓落实的实践者们则无从下手,四处求教什么是推演、怎么推演、如何做好推演,以期尽快拿出被不断催缴的关于未来会怎么样的"准确答案"。洞见未来并不是像所有决策者所渴望的那样能够预测未来,对未来的事态给出确定性的结论,做出准确的预测。事实上,未来总是充满了不确定性。一个常见的错误,是对不确定性的规模和多样化程度的低估。[5] 预判的前提就是必须接受未来的不确定性,尤其是必须承认未来是不可以精准预测的。"我们无法得知明天会怎样,而这种不知道本身就会影响我们明天的行动。"[6]

对推演认识的误区拖累了我们战略思维和战略研究文化现代化的演化进程。我们此心拳拳,渴望一种先知的先进能力。恰恰是这种奢求,让我们难以理性地看待我们所必须长期与之共存的"深度不确定环境"。虽然诸如人口统计状况、长周期宏观经济趋势以及一些特定领域的技术发展等相对而言具有更高的确定性（在十年周期或者数十年的周期中可以保持一定程度上的相对稳定，因此可预判性稍好），但绝大多数事态都无法预判。就情景想定（scenario planning）等未来学方法而言，它对研判未来的价值并不是预言，而是作为辅助决策、启发思维的战略研究工具，因为它能够帮助决策者尝试思考不同的未来，进而考虑如何为应对可能发生的事态和挑战尽早做好准备。

"我有斗酒，藏之久矣，以待子不时之需。"两个世纪以来的世界风云变幻、鏖战与兵燹、危机与剧变都揭示了这样一条真理，那就是不确定性与突发事态永远无法消除，我们应该追寻的并不是"拨云见日""洞若观火"，而是常思"备战备荒"，学会在丰年备粮、治不忘乱。

三、"富于探索性的演绎法"

历史是人类社会最重要的经验，但历史经验往往不能简单应用于当前的特定环境，否则便是马克思主义和科学思维所摈弃的"教条主义""本本主义"。如果理论预判不了未来，那就只是具有历史解释力的理论，而不具备现实价值。再完美的解决方案，不能预判未来，就等于零。哥白尼的"日心说"被广泛接受之前，为了解释以"地心说"为基本理论框架的行星运行规律而形成了精致且复杂的"本轮"和"均轮"解决方案。理论已经极其漂亮，可以很好地解释过去，但是对未来毫无用处。现代科学的价值就在于可重复性，在实验中归纳总结出的规律，在现实世界的运行中都可以得到印证，并可以按照这些理论去创造蒸汽机、电报、桥梁甚至太空站和宇宙飞船。

科学发展已经经历了从归纳到演绎的演进。不只是通过实验归纳可以形成理论，通过思考推理出来的理论，也可以解释未来。爱因斯坦就曾指出："适用于科学幼年时代以归纳为主的方法，正让位于富于探索性的演绎法……应该由经验材料作为引导，提出一种思想体系，它一般是在逻辑上从少数几个所谓公理的基本假定的基础上建立起来的。"[7] 什么是区别于"科学幼年时代"方法论的"富于探索性的演绎法"？最为典型的就是爱因斯坦的广义相对论。广义相对论就是通过理论思考，"在逻辑上从少数几个所谓公理的基本假定的基础上建立起来的"，通过进一步推理形成广义相对论体系。这一体系直到几十年之后的科学观测中，通过得到引力场变化的情况下光速出现变化才得以验证。这样的理论毫无疑问是具有极其强大的预见性的，以至于当时世界上竟然鲜有人敢言完全明白广义相对论，因为太过超前而无法得到验证。诺贝尔物理学奖颁给了爱因斯坦的理由也只是他二十几岁在瑞士专利局做小职员时论证了光电效应。他的墓碑上却刻着"$E=mc^2$"这样的终极理论。

不无遗憾的事实是，自然科学早已乘风飞远，而社会科学的现代化还没有穿上鞋子。绝大多数社会科学理论的产生基本上是基于对历史的归纳，形成一种解析未来的框架，但是这种归纳推理（inductive reasoning）常常遇到问题，也就是我们常说的"社会科学长于解释，而短于预见"。在现实政治和社会运行中，学术性的理论往往很难指导实际决策，造成学术研究与决策实践的脱钩。演绎推理是一种运用科学和逻辑思维进行的推理，这种演绎的思维是以逻辑和分析为框架开展推理，也正是我们在探索未知中所欠缺且应该大力推广的思维。推演不同于一般的研究之处正在于，其核心本质是演绎推理思路不同于归纳推理的研究路径。

时逢大竞争时代，战略博弈空前激烈，战略决策必须从经验决策向科学决策转变，对系统、科学、可靠的决策支撑手段的需求迅速上升。推演作为一种"富于探索性的演绎法"，是预见未来的科学方法在社会科学领域的重要实践成果，也是经过长期应用检验而不断改进的成熟方法体系，在战略界和商界备受推崇。推演不仅对国家战略决策有极大的助益，对企业保护资产安全也至关重要。[8] 推演的仿真活动能够为参与者提供进行决策的实时演练，而且可以第一时间看到决策结果。[9] 推演的价值在于，能够非常有效地探索"黑天鹅"等重大突发性事态。[10] 推演的方法被广泛用于商业和军事训练，已经成为一种培训战略领导能力的普遍方法。[11]

四、"从实践中来，到实践中去"

推演是一种战略研究方法，是一门"从实践中来，到实践中去"的应用学科。毛泽东在《实践论》中对马克思主义认识世界的哲学路径进行了系统论述。"认识从实践始，经过实践得到了理论的认识，还须再回到实践去。"[12] 毫无疑问，认识世界、洞见未来的方法是从实践中来的。这样的学科和方法最终必然应用于实践，形成螺旋式上升的演进形态。推演正是这样一种在认识与实践的反复循环中不断改进的方法。

方法论（methodology）的实质是一种认识世界、解决问题的思路。招无定式，思无定法。没有哪一种方法不是从无到有、在思维的探索中创造出来的。我们已经习惯了跟随、学习和引进。当船已至江心、人已近险峰，因循前路恐怕恰是一条歧路，更多的情况下恐怕已无前路可循。我们在科技方面应该有非对称性"杀手锏"，不能完全是发达国家搞什么我们就搞什么。[13] 如果自主创新上不去，一味靠技术引进，就难以摆脱跟着别人后面跑、受制于人的局面。而且，关键技术是买不来的。[14] 实践告诉我们，真正的核心关键技术是花钱买不来的，靠进口武器装备是靠不住的，走引进仿制的路子是走不远的。我们要在激烈的国际军事竞争中掌握主动，就必须大力推进科技进步和创新，大幅提高国防科技自主创新能力。[15] 推进科技自主创新，必须超前谋划，下好先手棋，打好主动仗。如果只是跟在别人后面追赶，不能搞出别人没有的一招鲜，最终还是要受制于人。[16]

科技领域如此，社会科学领域更甚。中国人从不缺乏创新思维，从不缺革新的勇气。在战略预判领域，美国等西方大国也只有几十年的经验。这些经验、方法和实践都是在残酷的现实斗争中反复创新、反复试错、反复改进形成的。今天的中国，自然而然地已经走在残酷现实斗争的实践中，自然而然地已经踏上几无可学、学而不得、不可尽信的新征程。不学习、不引进，就是闭关锁国、死路一条。不创新、不开拓，就是拾人牙慧、绝路无期。掌握思维的方法才是真的方法，也就是方法中的"硬道理"。在世界大国竞争这个赛场上，凭借四十年修为赶超各门各派两百年甚至五百年功力的武学奇才，只有不断创新、勇于探索、开山立派、久久为功，才能立于不败之地。这就是中国战略推演行稳致远、先为未来的根基所在。

五、"推演是一种决策文化"

推演的价值远不止于方法,更是一种决策文化,能够为我们提供一种完全区别于传统研究方法的思维路径,提供改进传统决策模式的文化环境与氛围。正因如此,美国、日本及欧洲大国普遍在各领域的战略研究和决策中长期运用推演,形成了"推演是一种决策文化"的基本共识。[17]例如,美国奥巴马政府时期的首任国家情报总监、曾任美军太平洋司令的海军上将丹尼斯·布莱尔就曾在推广用推演辅助国家战略决策的讨论中公开宣传:"推演是一种战略决策文化。"[18]这一共识的基本落脚点,就是推演的价值远不止于通过研究具体问题形成科学、可靠、客观的决策建议,其更为根本的价值在于改进战略研究思维、改进决策流程及执行体系,最终形成优化战略决策文化的积极局面。

推演的首要价值在于改进预判与决策思维。第一,推演给我们提供了一种鉴观未来的手段,帮助决策者养成一种着眼未来、着眼超前、着眼先于对手的研判和决策思维。推演通过模拟决策环境,将演绎和试验的思维融入研究过程中,使得传统的通过经验和既有知识进行推理的研判方法得到有效补充。这种补充不止于在方法上构建更加完整的拼图,更是整体性地改变研究战略问题的思维方式。这种思维方式不再是"回头看"、向历史要经验,而是努力向前看,远瞻未来,向未知求答案。这样的思维对于赢得战略博弈至关重要,原因就在于一切的博弈都严格基于当下特定条件、特定因素,在发展变化中逐步打破平衡,最终一方呈现出决定性的优胜结果。第二,战略推演是产生预见的一种可靠方式,它通过"以人演人,以团队对抗团队"的方式,为充分发挥参演人员的直觉、常识和想象力提供了环境。通过强制性地从对手角度看问题,进行集体研讨和多方对抗等方式,参与人员的思维和热情被极大地激发出来。在此过程中,参与推演活动的人员逐步"养成"更加丰富的研究思维,这对其决策和日常工作实践也起到重要的启发作用。第三,推演是系统研究问题、避免研判偏差的有效手段。战略研判与决策的一个误区是忽视对自身的考察。这是一个很容易出现的普遍误区。一方面,对环境的认识有误,片面理解为外部环境,忽视了对内部问题的关注。另一方面,聚焦于对内外变量的评估和预判,但忽视了自身变化对环境造成的影响,进而施加到其他因素之上产生新的趋势性变动。至少在未来30年,全球大势中最大的变局恰是中国强势崛起。在决胜民族复兴的伟大征程中,充分客观认识自身影响、优先做好自己的事,在保持稳定发展的同时主动发挥好塑造、引领的能动作用,力避战略失误,维护、延长和创造重要战略机遇期,未来30年中国就必然牢牢掌握战略主动性。推演恰好可以解决这个问题,将自身作为一个变量,站在更高的视角进行考察。

在战略实践中长期持续开展推演,有助于使之成为改进战略决策文化的重要手段。潜移默化、润物无声,战略决策文化也在这样的氛围中得到优化和改进。

注 释

1. 习近平. 深入贯彻落实党在新形势下的强军目标，加快建设具有我军特色的世界一流大学（2013年11月5日）[M] // 中共中央文献研究室. 习近平关于科技创新论述摘编. 北京：中央文献出版社，2015:43.

2. Herman M L, Frost M D. Wargaming for Leaders: Strategic Decision Making from the Battlefield to the Boardroom[M]. McGraw-Hill Professional, 2008:4.

3. 2019年5月，在美国政府突然背离中美贸易谈判的进程、对华大幅增税、粗暴制裁华为、悍然干涉台港之时，习近平5月22日在中部地区崛起工作座谈会上的讲话。习近平. 最重要的是做好自己的事情[N]. 人民日报，2019-05-25（1）.

4. 李际均. 中国军事战略思维[M]. 香港：中港传媒出版社，2015:35，107.

5. Marshall A W. Strategy as a Profession in the Future Security Environment[J]. Zarate R, Sokolski H. Nuclear Heuristics:

Selected Writings of Albert and Roberta Wohlstetter[M]. Lulu Com，2014:625.

6 North D C. Understanding the Process of Economic Change[M]. Academic Foundation，2006:19.

7 爱因斯坦. 爱因斯坦文集 [M]. 北京：商务印书馆，1976:326.

8 Oriesek D F，Schwarz J O. Business Wargaming: Securing Corporate Value[M]. Routledge，2016.

9 Colbert E J M，Sullivan D T，Kott A. Cyber-Physical War Gaming[J]. Journal of Information Warfare，2017，16(3): 119-133.

10 Perla P P，McGrady E D. Why Wargaming Works[J]. Naval War College Review，2011，64(3): 111-130.

11 Horn J. Playing War Games to Win[J]. Mckinsey Quarterly，2011，2: 122-127.

12 毛泽东. 实践论 [M] // 毛泽东. 毛泽东选集：第 1 卷. 北京：人民出版社，1991:292.

13 习近平. 在中央财经领导小组第七次会议上的讲话（2014 年 8 月 18 日）[M] // 中共中央文献研究室. 习近平关于科技创新论述摘编. 北京：中央文献出版社，2015:49.

14 习近平. 在十八届中央政治局第九次集体学习时的讲话（2013 年 9 月 30 日）[M]// 中共中央文献研究室. 习近平关于科技创新论述摘编. 北京：中央文献出版社，2015:42.

15 习近平. 深入贯彻落实党在新形势下的强军目标，加快建设具有我军特色的世界一流大学（2013 年 11 月 5 日）[M] // 中共中央文献研究室. 习近平关于科技创新论述摘编. 北京：中央文献出版社，2015:43.

16　习近平. 深入贯彻落实党在新形势下的强军目标，加快建设具有我军特色的世界一流大学（2013 年 11 月 5 日）[M] // 中共中央文献研究室. 习近平关于科技创新论述摘编. 北京：中央文献出版社，2015:43.

17　Matthew B C. On Wargaming: How Wargames Have Shaped History and How They May Shape the Future[M]. Government Printing Office，2019:116-117.

18　Chris F. Oil Shock War Game Pushes Lobbyist Message [EB/OL].（2007-11-06）. https://www.politico.com/story/2007/11/oil-shock-war-game-pushes-lobbyist-message-006730.

第一章

探索未知

革命政党和革命军队的领导人员必须事先看到。如果他们不能事先看到，那他们就只会跟着时间迁流，虽然也在努力工作，却不能取得胜利，反而有使革命事业受到损害的危险……普通的人，容易为过去和当前的情况所迷惑，以为今后也不过如此。他们缺乏事先看出航船将要遇到暗礁的能力，不能用清醒的头脑把握船舵，绕过暗礁。[1]

——毛泽东

20世纪50年代,一首风靡欧美的歌曲《顺其自然》(*Que sera, sera*)深刻地阐释了人类在面对未来迷雾时,无能为力而只能顺其自然的现实。

当我长大,坠入爱河时,我问我的爱人:"未来的路会是什么样呢?我们每天都会有美好的生活吗?"

(When I grew up and fell in love, I asked my sweetheart: "What lies ahead? Will we have rainbows day after day?")

我的爱人答道:"世事不可强求,顺其自然吧,未来不是我们所能预见的。"

(Here's what my sweetheart said: "Que sera, sera. Whatever will be, will be. The future's not ours to see.")

这首歌歌唱的是生活,更是当时大战略博弈时代的忧思。生活当然应该顺其自然,"一死生为虚诞,齐彭殇为妄作"。然而战略决策者却分毫要不得顺其自然。"革命政党和革命军队的领导人员必须事先看到。"战略决策者和企业领导者都必须"事先看到"。因为在战略博弈中,能否提前拨开未来迷雾、抢赢先机,关乎身家性命,决定生死存亡。要洞见未来,做出成功的战略决策,赢得战略竞争,战略决策者和企业领导者必须深刻认识未来的深度不确定性,必须深刻理解决策的本质与机理,必须在哲学和理论基础上建立解析未来的路径。这是发展先进战略洞察与决策能力的三个关键基础。

第一节 人类终极难题

昨天是历史,今天是新闻,明天是战略。现实世界是高度复杂的巨系统,对现实世界的预见性不足长期困扰着人类。要成功决策,必须首先深刻认识未来的深度不确定性。直到今天,人类预见未来的手段依然不多,即使是能够动用庞大资源的国家机器,在预见重大突发性事态方面也建树不多。在深度不确定环境中进行决策存在诸多困难。一些困难是客观存在、由自然条件造成的,也有很多困难是人的特质导致的。人类只有全面认识预见未来的现状与困难,才能更好地审视如何做出成功的决策。

一、预见未来之难

1941 年,在第二次世界大战最为焦灼的时刻,突然爆发的珍珠港遇袭事件给美国上下造成极大震动,由此掀开了战略预判和预警的时代序幕。尽管众说纷纭,但可靠的材料都反映出美国历史上遭受的最严重的突袭——珍珠港事件并没有得到有效的事前预警。很多关于事前已经对珍珠港遇袭进行了研究的说法都是以讹传讹,实际上都是事后对遇袭事件进行的教学用的虚拟报告。[2] 1962 年出版的《珍珠港:预警与决策》(*Pearl Harbor: Warning and Decision*)一书就是针对为什么没能预警珍珠港事件而进行深刻研究的成果,也成为战略预警领域的开山之作。研究结论尤其突出了对重大不确定性的理解和认识,强调必须充分认识并客观接受这种未知,进而寻找适宜的方法在重大不确定性永恒存在的环境中适应并生存。"对珍珠港事件的研究对理解未来的价值就在于接受不确定性客观存在这个现实,并努力学会与之共存。"[3] 正是这本书提出了著名的"信号噪声"理论,提出在背景噪声中分辨出信号是成功预判形势的关键。[4]

二战结束后寥寥数年,美国、苏联两个超级大国就因为严重的战略误判而滑向冷战。这两个国家都没有预判出冷战会开始,反而是很多误判直接加剧了误解,导致两国走向冷战。对美国一方而言,尤其是它对中华人民共和国的建立、朝鲜战争等重大事态都出现了极为严重的战略误判,做出了一系列错误的决策,导致了对人类社会发展进程具有深远影响的数十年冷战。冷战的最高峰出现在1962年。当年突然爆发的古巴导弹危机是美苏冷战期间最接近热战边缘的一次重大危机事件,也导致美国通过总结二战经验建立的战略研究体系遭遇了第一次重大的失败。美国战略研究先驱谢尔曼·肯特主导的《国家情报评估》(1962年9月)认为,苏联不可能在古巴放置核弹道导弹。即使在各种迹象开始逐步显现的情况下,肯特也坚持上述判断,原因是按照他的分析方法,在古巴部署导弹的做法不符合苏联长期采取的行为方式。[5] 但事件的发展完全背离了美国战略研究体系的预判。事后,肯特认为预判失误的主要原因在于对赫鲁晓夫的错误判断,"他没有按照苏联领导人'应该'做的那样去做"。1971年出版的《决策的本质》(*Essence of Decision*)一书正是对这次预判和决策失败的研究成果。它反驳了在国际政治领域基于理性人假设的评估与分析思路,即简单假定决策者是在全息的信息环境中对全部可选的决策方案进行严格理性的决策,而是认为实际决策很大程度上受到组织运行过程和官僚政治的影响。组织运行过程因素主要是指决策者获悉的信息是经过组织机构挑选后传递的，这些信息或者是不全面的，或者是带有特定组织机构利益的。官僚政治因素则更加复杂地影响了政策的选择和制定过程，对最终决策起到了决定性影响。这些现象在1962年的古巴导弹危机中表现得极为充分，也使美国的战略研究界第一次深刻地认识到决定人类命运继续还是终结的重大战略决定是如何在政府和决策者不完全理性、信息不完全的条件下做出的。[6]

可以说珍珠港遇袭和古巴导弹危机是美国在20世纪遭遇的极其严重的危机，也是仅有的两次面临国家存亡风险的危机事件。这两个决定美国甚至整个人类命运的重大危机事件成就了战略预见领域迄今两部划时代的标志性作品，极大地改变了人类对有效预判危机、开展危机决策的认识。正是重大危机引发的应激反应，让战略研究界进一步认识到人类必须与不确定性共存的现实以及在此基础上的危机预警策略，同时只有充分理解决策组织过程的复杂性，才能够更加深刻地认识到预见未来的突出困难。

毋庸置疑，大量战略预见性研究成果并不能驱散人类所面临的未来迷雾，我们对未来依然一无所知。决策与军备控制领域的元老级学者、诺贝尔经济学奖得主托马斯·谢林（Thomas Schelling）对这种现象认识得更加透彻，"无论人们分析多么严密，想象力多么丰富，都无法一一列举出未来可能发生在自己身上的事情"。[7]这一判断源于对民众与国家互动问题的研究，也被称为"不可能性理论"。最为典型的案例就是2001年"9·11"事件。事件发生前，有很多机构、学者从不同角度对可能发生恐怖袭击进行了不同精度的预警。但是毫无疑问，这些预警被淹没在更加复杂混沌的其他预警信号中，无法被有效甄别。1997年，也就是"9·11"事件发生 4 年前,美国著名经济学家、现代博弈论奠基人之一、耶鲁大学经济学荣誉教授马丁·舒彼克(Martin Shubik)就指出,自 1950 年以来,杀伤性技术快速发展,并与发达的金融、通信和后勤能力相结合,促使小规模组织和团体(诸如 10～20 名受训的狂热分子)的毁伤能力得到指数级提升。[8] 但显然,这种长周期的趋势性预警对任何收到此信号的决策者来说,都很难据此做出任何决策性部署。"9·11"事件后,美国成立调查委员会,对为何未能预警和防范如此严重的对美国本土偷袭的事件进行调查。后经披露,美国的情报机构虽然在事件发生前在不同层级上报过相关信息,但一方面这些信息没有被整合起来勾勒出整体的图景,另一方面一些信息长期反复出现,不断宣传威胁的信息重复导致不同层级的决策者选择性忽略了关键的预警信息,也就是被淹没在无效的信号噪声中。

因此,无论从哪个角度说,战略决策的环境都是极端严酷的,战略博弈中的决策是尤为紧迫且艰难的,为此服务的对未来具有预见性的研判工作的空间是极其有限的,效能是几乎不可见的。这也是包括国际关系理论在内的诸多学说在解释未来过程中遇到问题的关键原因。国际关系作为独立学科肇始于 1919 年的英国,迄今已百年有余。国际关系理论在百年间实现了充分的发展,陆续出现了以现实主义及新现实主义、新自由制度主义和建构主义等为代表的诸多理论流派。这些理论流派创立的目的都是更好地解释历史、分析现在、预判未来。然而,20 世纪直至 21 世纪的前 20 年,国际关系理论对世界发展进程的分析和预判遭遇了诸多重大困难。最为突出的是冷战的开始与结束、"9·11"事件的发生与反恐战争、中国崛起与世界秩序重构。显然,不只在应对重大突发事态方面,甚至在区域化、全球化和多极化的消长等大趋势方面,国际关系理论及诸多流派均没能满足解释现实、预判未来的基本需求。

二、预见手段之少

预见未来虽然极其困难,但作为终极难题,它一直也是人类力图突破的关键命题。人类经过近两个世纪以来的不懈探索,在不确定性的研究领域取得了一系列体系化的成果。综合而言,预见未来的问题可以分解为四种不同的形态。前两种已经能够比较好地得到解决,而后两种则至今仍在困扰人类,成为深度不确定性环境中的主要问题。第一种是固定概率的不确定性事态,可以通过概率论来解决。就像掷骰子的次数足够多,一个特定事件出现的可能性就基本稳定下来。概率论和统计学可以解决不确定性问题中的绝大多数案例。一些科学哲学家甚至认为,所有基于归纳的预见性知识都是概率性的。"归纳法是达到一个目的的最佳手段。目的是预言未来——把它表述为找寻频率极限,只是同一个目的的另一种说法。这个表述之所以具有同一意义,是因为预言的知识是概率性的知识,而概率又是频率的极限。知识的概率理论允许我们建立一个证明归纳法为正当的理由;它提供了一个证据,证明归纳法是找到那类唯一可获致的知识的最佳方法。一切知识都是概率性知识,只能以假定的意义被确认;归纳法就是找到最佳假定的工作。"[9]

第二种是具有表征的不确定性,可以采用风险评估的方法解决。趋势与风险是一种出现某种具有特性或危害性的结果,其可能性是可以被确定的。[10]比较典型的就是疾病诊疗。疾病的发生有概率特征,但是我们不会通过概率论来判断某一位就诊者是不是患上某种特定疾病,而是采取"望、闻、问、切"或现代诊疗手段来研判特定疾病的表征,通过表征信号的强弱来判断患病的风险。预防性治疗就是这样一种解决未来不确定性的典型案例。在趋势预判和风险评估中,绝大多数工作都是通过部分显露的迹象来判断事物的发展方向。没有迹象的判断通常被认为是不可靠的。这正如《吕氏春秋》所写的:"故审堂下之阴,而知日月之行、阴阳之变;见瓶水之冰,而知天下之寒、鱼鳖之藏也;尝一脟肉,而知一镬之味、一鼎之调。"

上述两种情况是相对简单的不确定性问题,而另外两类未知则构成了"深度不确定性"环境,就是那种无从可知的突发性事态。第三种不确定性问题是因果关系和表征联系不明的不确定性,即对自然状态认知模糊、不全面。较为典型的案例就是市场波动,包括股市、汇市、期货以及其他受市场影响较大的交易趋势就是一种深度不确定环境中的未知。这些波动受到极其大量的行为体和极其复杂的因素的干扰,至今还没有一种方法和手段可以准确预见市场波动的趋势。这就是很多研究国际和国内问题的专家绝口不谈受众最关心的股市的原因。虽然市场的波动与国际和国内问题存在一定的关联,但是这种关联的不确定性远远超过其确定性。需要研究和分析的因素太多,远远超出个体的研判能力。即使依靠先进、有效的方法,也很难提供足够可靠的见解。因此,有人开玩笑说:"如果推演能够推出未来,哪怕是说清楚明天的股市会怎么样,他还怎么可能在这里搞推演。"虽是玩笑,却说明了一种悖论,而这种悖论背后更深刻的问题就是类似市场波动这种因果关系和表征关系不明确的深度不确定性问题,至今我们对此完全束手无策。

最后一种深度不确定性问题,是完全无法预知的突发事件,也就是"意料之外"的事态。其中较为典型的就是恐怖袭击事件。了解恐怖袭击需要依靠足够充分和精准的信息,也就是做到"知情"。而在无法渗透到恐怖袭击策划者之中掌握可靠信息的情况下,突发事态就作为一种"秘密"构成了一种深度不确定性事件。无法解析"秘密"制造了一种在信息缺失条件下开展研判的困难,"秘密"的时间、地点和对象均难以完全知晓,发生后适用的危机应对方案不易选择,实施措施产生的影响不确定。这种困难与第三种不确定性一起,构成了"谜",即人类社会面对的深度不确定性环境。

总体而言,前两种趋势与风险问题的不确定性可以用以数学为基础的科学方法解决,后两种则构成深度不确定性环境。探索深度不确定性问题是极度困难的,这就为战略预见和战略研究提供了关键议题和核心使命:战略预见的关键议题就是解决"深度不确定性",战略研究的核心使命就是为决策者解析未来。能够通过简单分析就解决的问题,不需要战略研究者参与,决策者就能够依靠战略素养和基本研判能力做出可靠的决策。而战略研究者的存在价值,是解决决策者无法通过常规手段解决的深度不确定性问题,也就是那些"谜",即无法通过因果关系、表征关系判断的趋势和无法通过可靠信息掌握的重大突发事态。

实际上,不管是长周期的趋势性预见,还是被淹没在信号噪声中的残缺预警信息,在战略博弈的实战中几乎是无效的。即使部分信息是有效的,也很难因为得到验证而受到重视,进而成为改进预见和预警的经验。这方面一个较为典型的案例就是美国情报界的"肯特法则"。冷战开始后,美国和苏联在第三世界国家展开了反复的权力争夺,在扶植和推翻代理人政权方面频繁角力。美国情报界在这个过程中发挥了关键的作用,既搜集了大量的信息,也进行了充分的行动。但是实践的经验往往出乎美国决策者的意料,情报界的很多信息与事态发展相去甚远,引发了美国情报界的反思——"任何我听到过的政变最后都未发生"。[11]

这种现象的实质反映了社会领域行为体之间存在复杂联动导致的迷惑性的博弈关系,甚至博弈陷阱。开展战略研判的主体作为一种关键的行为体,自身的行为选择会很大程度上影响环境的变化。很多预警信息一旦生效,预警的内容就因为各种行为体的预见性行为而最终不会发生;预见的趋势如果可靠,就可能受到行为体主动作为的影响而改变发展轨迹。在进行战略研判后,很难说研判是不是准确,因为一些成果被应用到行为实践中之后,很可能改变了环境的走向,也就是说,在很大程度上,这种战略预判的结果是很难得到科学的验证的。例如,研究得出可能出现某种重大风险的判断,事实证明在一定时间周期之后并没有发生,那很可能并不是这种风险预判出现了错误,而可能是这种预判引导了行为体的行为,最终成功避免了重大风险的出现,将其扼杀在了萌芽中。因此,简单地对一些预判进行事实检验是不科学的,很容易出现误判。

三、预见困难之源

归根结底,造成预见困难的最主要原因在于人的因素过于复杂。社会科学面对的深度不确定性问题的根源也在于此。首先,人的非理性是造成预见缺陷的根本原因。涉及竞争、对抗、博弈与危机管理的社会科学的绝大多数理论都衍生于严格的"理性行为体"

假设,也就是微观经济学的理论基础,即"经济人"追逐利益,具体而言就是"效用最大化"(utility-maximizing)。大部分理论和战略研究都是以此为出发点,建立这样一种模型:其中被研究的人、组织或国家都是理性的,都倾向于做出利益最大化的选择。然而现实世界的复杂性恰恰在于:几乎每个被研究的人都不是简单理性人,他们千差万别、取向各异;几乎每个组织都不是理性行为体,它们存在大量的内部制衡、路径依赖、小集团决策现象等;几乎每个国家都不是简单理性的,它们有各自独特的战略文化、政治和战略决策制度,以及反复更迭的政府和领导人团队。当对社会科学中诸如国际政治类的研究逐步深入时,尤其是在应对现实世界挑战和在实践中检验时,理性人假设经常出现与现实偏离较远的问题。在战略评估与仿真分析中,人非理性的一面格外突出,必须给予足够的重视。在政治研究中,人的动物性特征远胜于经济学研究体系中的简单假设。也就是说,对人的假设更接近于动物行为学而不是微观经济学,人的行为会受到复杂因素集合的驱动,而不只是简单的利益或效用驱动。

其次,人性所致的认知偏差往往削弱我们对未知的判断能力。在战略实践中,有大量的战略欺骗与被欺骗导致严重战略决策失误的案例,尤其反映在高烈度的战略竞争与对抗当中。在这种情况下,行为体之间的信息交互严重缺失,能够帮助纠正错误认知的信息与诱导战略失误的信号复杂交织。行为体往往无法做出正确判断,这时认知偏差的倾向性表现得非常明显。这种倾向不是混乱无序的,而是具有相当一致的方向性,也就是往往不自主地倾向于高估对手、低估自己。冷战的不断加剧就是一个典型案例。冷战期间,苏联对美国空军截击机性能的估分远高于美国人自己的认定。相对地,苏联对自身攻击机性能的评分又远低于美国对其评价。苏联在对美国陆军主战坦克的性能认识方面也出现了高于美国自身估计的情况。[12] 这些都反映出双方对于对方威胁的认识存在一种普遍夸大的现象,对自身能力的评估则相对保守。这种现象是普遍存在的。在今天的国际斗争和竞合中,中美也存在类似的现象。这很值得相关领域的学者和决策者深思。"知觉与错误知觉"一直困扰着国际舞台上的行为主体的正常运行,很大程度上影响了国家间的关系稳定。这种倾向不只在高大上的国家安全和战略层面存在,实际上它存在于社会生活的方方面面,也是国家、组织直至个人进行决策时都会面临的问题。比较典型的是关于食品、药品等产品的公共卫生安全问题如何影响国家形象的研究。在涉及民众自身安全问题时,人们倾向于夸大威胁的认知,将它上升为一种故意为之的恶意行为。[13] 我们进一步的研究揭示了中美双方在政府和民众的不同层面对问题的认识存在严重失衡现象。[14]

最后,"人无远虑"极大地制约了我们洞见未来。战略短视（strategic myopia）与后知后觉（hindsight）一直是困扰战略界的关键议题。战略决策者很容易存在一种自发的倾向,那就是将更多的战略资源投入到应对当下的战略突发事件上。对于决策者而言,如果战略分析不能解决当下问题,那就是娱乐。[15] 从美国的经验来看,领导人很容易执着于获取某个领域的具体信息,这也导致了各部门有同样的倾向。例如针对某敌对国家的分析,就会集中到其领导人身上,进一步又会集中到领导人可能做的坏事上,而不会对长远的问题进行分析。即使有这样的分析,领导人也不感兴趣,因为这不是紧迫的现实威胁。这和美国的政治体制有关系，功成必须在我，尤其不能在后任。托马斯·谢林指出，战略规划者往往更关注"少数清晰可辨且过于简单易判的危险"，而事实上，战略规划者应该"基于对更加精细和复杂因素的思考，更加广泛地思考各种不测事件"[16]。《大国远谋》所选择的重点案例——美国国家情报委员会"全球趋势"系列研究的最初目标就是帮助决策者应对冷战突然结束的历史大变局，预判未来世界大势，从而形成助益决策者思考长远的可观局面。战略分析必须"有用"，也就是必须针对当前遇到的问题，而不是"停留在日程表上"。[17]其基本方法是基于历史连续性开展预判，并逐步加强对不连续性突发事态的假设检验。二者之间的平衡至关重要。美国国家情报委员会的两位前主席合著的《重塑战略思维》的核心宗旨就是要解决美国决策者缺乏远虑的问题，也就是如何平衡短期目标和中长期战略，如何让战略分析和规划更好地为短期和中长期政策的选择服务。[18]显然，美国国家情报委员会虽然不断加大对科学方法和技术手段的运用力度以提升对长远未来的认识，但事实证明这个团队更多关注的是历史连续性较强的世界大趋势，而未能如愿地对突发的重大不确定性做出有效的预判。因此，在系列研究的持续推进过程中，美国对战略预见与具有"远见"的决策的反思和认识也逐步深入。越来越深入的研究反映出：前期研究过多重视历史的延续性，而对不连续性的关注不够充分，"对趋势、危机与突发事件之间的关系关注不足，关注事态传承发展过多，关注变化过少"[19]。最终的一个重要结论是：推演等仿真手段能够有效帮助决策者深化对国际行为体在关键时间节点上和更长周期中可能出现的动向的理解与认识。

第二节　在迷雾中盲行

洞见未来的最终目的是通过预见未来，帮助决策者做出正确的战略决策。决策具有高度复杂性，人类在决策方面的真实处境一直是"在迷雾中盲行"。《大国远谋》中系统阐述的在中长期趋势预判中推广"稳健决策"的思路正是基于这样一种初衷。战略推演存在的重要价值正在于此，它能够帮助决策者进行可靠的决策。因此，只有深刻理解决策的本质与机理、了解了决策是怎么发生的，才能够解析决策过程中存在的问题，进而改进服务战略决策的预见性研究。

一、决策的"非理性"

很多至关重要的战略性决策往往看起来并不理性，甚至偏离了正常的智力水平。例如，美国特朗普政府上台后，很多人就存在这样的困惑：为什么美国在全世界、全领域、全方位出击，挑起与中国的贸易摩擦，与俄罗斯互怼，与欧洲主要国家不睦，与日本离心离德，制造与墨西哥的贸易和移民摩擦，在伊核问题上出尔反尔与伊朗交恶，在委内瑞拉插手颠覆政权等，简直不胜枚举。很多人有这样的疑问：既然美国选定中国为"战略竞争对手"，为什么不与某些国家结成反华大同盟，集中力量做大事？

另一个非常有趣的案例就是美国对中国贸易顺差的认识和决策。随着20世纪80年代末以来中美贸易顺差的不断加速攀升，美国长期以贸易失衡为由对华施加汇率等方面的政策压力。但定量研究结果表明，美国想找回贸易平衡的一个非常简单的办法就是放松对华高技术出口的管制。[20] 这个逻辑非常好理解，就是你限制自己的东西出口到别家，反而还抱怨你进口人家的东西太多了、出口的太少了。这是极其明显的道理，而且美国大多数战略研究学者和政府相关部门也明白他们的诉求本就是无道理的。因此，清华大学李彬教授与我在 SSCI 期刊上发表了"Measuring Political Barriers in US Exports to China"这篇文章，目的就是叫醒"一个装睡的人"。[21] 这件事后来的进展非常有趣。美方与中方争执此事历时十余年，直到我们的文章发表后数年，美国终于以无法忍受巨额逆差继续发展为由，与中国有了贸易摩擦。这时，我们尘封已久的"炮弹"又被发现。[22] 2017 年 7 月，时任国务院副总理汪洋在赴美与美国财政部长姆努钦、商务部长罗斯共同主持的首轮中美全面经济对话中发表演讲指出，"根据卡内基国际和平基金会今年 4 月的报告，如果美国将对华出口管制程度降至对巴西的水平，对华贸易逆差最多可缩减 24%；如果降至对法国的水平，最多可缩减 34%"[23]。在中美第十一轮贸易谈判破裂后，中国商务部于 2019 年 6 月 6 日发表了《关于美国在中美经贸合作中获益情况的研究报告》，其中第 5 页再次引用了这项研究成果，"如美将对华出口管制调整到对法国的水平，美对华贸易逆差可缩减三分之一"[24]。

　　道理异常简单，事实如此昭然，除了"叫不醒一个装睡的人""吵架中总是各说各话"，决策的复杂性也是导致出现背离常识的政策的关键影响因素。实际上，决策非常复杂，国家、组织和企业的决策更为复杂，必须深刻理解决策的过程，才能对决策有清楚的认识。上一节提到，在美苏冷战开始后，美国以理性行为体假设来判断苏联的行为方式，出现了较为严重的误判，甚至将两国推向核战争的边缘。也就是从那个时代开始，美国有兰德公司背景的一些战略学者开始意识到组织行为对决策有深刻的影响。他们认为，苏联的行为不是赫鲁晓夫个人的决策，而是整个感知、分析和决策体系以及各种集团综合作用后的决策。这也对此后的战略研究和决策科学产生了深刻的影响。

冷战结束后仅仅十年，美国一直沉浸在一极独大的骄傲和自满中。"9·11"事件的爆发远远突破美国人的想象。事件发生前，美国一直在梦想着如何在单极世界中推行自己的价值观和领导力，决策者陶醉在可以轻易独裁未来的幻想中。[25] 但恐怖袭击事件的发生极大地冲击了美国，美国甚至将本应该采用战术方式进行的反恐行动推高到了全球反恐战争的战略层面，出现新的重大战略预判和决策失误。[26] "9·11"事件爆发后，美国很快就发动了阿富汗战争。随即在很短时间内，"怎么帮助总统做出打伊拉克的（合理化）决策"成为美国决策圈的一个核心命题。小布什决定要打伊拉克，情报机构的负责人就需要给出足够的理由支持。为此，他们必须迎合决策者的决策需求，提出并非基于事实的战略研判。关于这段历史，有很多回忆录式的鲜活材料，让人对美国做出重大战略决策的非理性程度错愕不已。

特朗普上台后，这种现象越发突出，决策的离经叛道程度甚至超出了普通看客的接受度。例如，在"伊朗威胁大，还是朝鲜威胁大"这样的问题上，特朗普公开指责本国情报界人士在伊朗问题上"幼稚"，更是在 Twitter 上宣称："他们错了！当我成为总统时，伊朗在整个中东甚至更遥远的地区制造麻烦。自从终结糟糕的伊朗核协议以来，伊朗有了很大的不同，但仍是潜在危险和冲突的根源。它在试验火箭（上周），还有其他行为，正在逼近边缘。它的经济正在崩溃,这是阻止它乱来的唯一因素。小心伊朗。也许情报界人士应该回学校!"而就在前一天,国家情报总监丹·科茨和其他情报机构负责人向参议院情报委员会的听证会做证,他们对伊朗、朝鲜以及伊拉克和"伊斯兰国"的看法与特朗普非常不同。美国各情报机构"不认为伊朗正在从事我们认为生产一枚核装置所必需的活动"。科茨和中央情报局局长吉娜·哈斯佩尔等情报界负责人都认为,伊朗构成的威胁不像特朗普所称的那么严重,但他们表示,朝鲜仍是一个威胁。特朗普在新加坡首次会晤金正恩后曾表示:"来自朝鲜的核威胁已不复存在……朝鲜与美国的关系空前好。没有试验,交还遗骸,释放人质,无核化的时机……"众议院情报委员会主席亚当·希夫对特朗普将整个情报界的客观分析弃如敝履的做法无法认同:"我国情报机构继续对我们面临的威胁提供严谨而现实的分析,这是它们的功劳,白宫不听,这是非常危险的。"[27]

上述现象都反映出一个非常浅显且容易被非国际政治专业人士忽略的事实,那就是包括美国在内的所有行为体的决策都不是简单理性的,即使是美国也长期反复出现重大战略误判和重大战略决策错误。那么,究竟决策是如何运行的?理想中的决策与实际运行方式的差距在何处?

二、理想的决策

研究一个组织的决策,最基本的方法是假定决策者是理性的。以国家利益为核心的理性决策模式也是最为经典的决策模式。这一分析方法将国家视为一个整体,作为黑匣处理。决策行为以理性和偏好理论为基础,决策依据是国家利益的排序及导向。一个方案所实现的国家利益越大，决策者对这个方案越偏好。在理性决策模式分析框架下，决策者在制定政策时通常需要依据实际情况对利益进行排序，并依据利益的排序结果做出实现利益最大化的决策选择。简言之，决策者的决策依据是实现组织的利益最大化。

通过以上假定，决策者可以将不同决策后果按照决策者的偏好顺序排列起来。面对具体情况时，一个决策可能对几个方面的国家安全都造成影响，而且影响程度各异。例如，战争在扩大领土的同时损失了人口。综合来看，这一偏好如何判断呢？在这种情况下就需要将国家利益进行综合考虑，因为国家利益的互补交换不是固定比例的。例如，人口很多的国情下，决策者可能对损失一定人口换取土地是有偏好的，而在相反的情况下，决策者则认为不值得。这就是偏好排序的规律。偏好排序在一般情况下不是先验的，必须通过实际观察获得。除了一些可以用自然科学方法和经济学方法明确计算得到的偏好排序以外，许多情况下偏好规律需要通过观察、历史案例等获得。

理性决策是最传统也是最基本的决策方法，能够解决大量的现实问题。理性决策不仅是一个描述性的方法，而且是一个指导性的方法。作为指导性的方法，它可以帮助决策者选择对国家安全最有利的决策，即告诉决策者应该怎么做。作为描述性方法，它告诉研究者一个国家在安全领域的行为可能会是什么。因此，理性分析方法不仅可以用来帮助决策，而且可以用来分析国家在安全领域的行为。通常情况下，通过利益排序、分析偏好进而判断决策者的决策行为是可行的并且可靠的，能够进行较为成功的预测。但是这一方法并非包治百病，在一些情况下也存在问题。

一方面，理性决策将组织视为一个整体。例如，一个国家的国家利益作为一个整体由一国政府所代表。然而，事实上并非如此。在组织决策过程中，会有多个部门和机构参与其中。大量的案例表明，实际决策过程并不能将国家黑匣化而忽略政府各部门间的决策运作过程，即官僚决策模式，或称科层决策模式。政府的决策通常由多个部门参与，每个部门都代表了不同的国家利益。在实际情况中，每个部门还代表着各自的部门利益。例如，美国的军控决策往往涉及能源部、国防部、财政部、商务部等多个部门。每个部门会从不同的角度考虑问题，比如，商务部着眼于经济贸易利益，国防部着眼于安全利益，所有的决策都需要在国家利益下整合。因此，决策的产生往往受到部门利益的影响，通常会反映出决策主导部门的利益偏好。另外，决策者群体利益也影响到决策中的国家利益排序，即小集团决策模式。这些问题就造成了实际运行的决策与理想中的决策相去甚远的局面。

另一方面，理性人假设是理性决策的基本假设。这一假设认为决策者都是理性的，在决策时会进行利益排序，并按照利益最大化的原则进行决策选择。然而，在实际决策过程中，每个决策者面对相同的情况可能做出不一样的决策行为。其原因就在于，决策者并不是绝对理性的。首先，理性决策假定利益是可以计算并进行恰当排序的，这就要求决策者的信息是充分的。然而，在某些情况下，决策信息并不充分。决策者对决策选择导致的国家利益收益或损失并不能进行正确判断。这一情况是由信息不充分引起的，如古巴导弹危机期间，美国总统的决策集团对于苏联向古巴运送导弹的动机和意图并不清楚，因此也不清楚应当做出怎样的反应和决策。其次，决策者具有各自不同的认知心理特质，对于特定的决策环境，可能产生不同的认知和心理反应。在这种情况下，决策者对利益的分析及排序可能产生些微差别，进而影响决策结果。例如，美国历任总统对于发动战争和结束战争的时机选择，就与总统个人的性格和心理特质紧密相关。战争发动或结束的决策并非按照国家利益分析方法选择在最恰当的时机进行，而通常表现为一个新总统的上台会实际影响到战争的发动和终结。最后，决策者的决策行为存在惯性。决策行为有可能受到战略文化和外交遗产等的影响。在某些习惯或思维定式的影响下，决策者有可能并不进行理性的利益分析，而是依据已有的原则和行为方式进行反应，进而形成决策。

三、实际的决策

组织既非理性的行为体，也非不同层级组织的简单集合体，组织中的每一个人都是"竞争性游戏中的一个成员"。这个游戏的名字就是政治，也就是官僚组织模式，是以机构设置为核心的决策实际运行形态。与此同时，组织的决策行为是在进程中形成的。一方面，决策可能受到认知的影响。决策结果或许未必是最好的，也未必得到最充分的讨论，更像一个不成熟的举动，这需要用认知心理学进行分析。另一方面，有时候决策的内部过程过于琐碎、难以考究，但组织的综合行为像一辆行驶的列车，有较为确定的轨道与速度，可以预期，这就是战略文化。

（一）官僚体系

官僚体系造成了复杂决策机体运行的无序性。决策是组织内部代表不同部门的成员为了自己部门的利益与其他部门讨价还价的政治结果。简单而言即"你站在哪里（在政策问题上的立场）取决于你坐在哪里（在决策组织中的位置）"，也就是常说的"屁股决定脑袋"。美国杜鲁门、艾森豪威尔、肯尼迪、约翰逊政府时期有关军事、外交政策的决策和执行的大量案例均表明，没有客观存在的单一国家利益，代表不同机构的人都是通过自己部门的"透镜"来认知国家利益的。总统的最大利益是赢得大选或连任，保持权力和声望。政府各部门都有自己的权力范围，部门决策者都尽力控制资源，以维持其权力。职业外交家的最大利益就是职位提升。外交决策的结果往往取决于不同机构及其领导者的权力大小和讨价还价的技巧。政府不同机构的特殊利益和政策偏好制约着该机构的政策制定者。政策制定者根据在特定环境下其机构的利害关系决定在特定问题上的立场和主张，即所谓位置决定立场。

官僚决策模式的基本假设是政府由一些大的组织机构构成。从形式上看，主要决策者的确在组织和决策中处于领导地位，但他们得到的决策信息是由组织提供的，选定的各种决策方案是由组织进行分析研究的，做出的决策也是由组织来执行的。也就是说，决策实践都是组织机构的产物，决策的行为主体是一个松散地联合在一起的多层级组织有机体。组织行为与其说是最高决策者的审慎选择，不如说是各级组织机构的行为集成。不同政策领域的责任是由不同组织机构分担的。例如，美国国务院负责政治事务，国防部负责军事。各部门在主管的事务方面拥有更大的决策权力，但这些权力和决策都毫无例外地受到组织及组织内部其他机构的干预。由于各组织机构只对狭小领域负责，因此容易眼光狭隘。各组织机构的运行需要许多人协同努力,而这一过程是通过规范的机构运行程序完成的。这也是官僚决策最为突出的特征,即其产物都是程序性的,因为组织机构都要按规范的运行程序来处理问题。在这个过程中,组织机构为履行职责就需要分散权力,为协调行动又需要集中控制,于是组织机构在两种需要之间经常处于拉锯状态。

官僚决策的问题不只源于组织机构固有的特点,所谓的"政治正确"更是一直困扰组织决策者的重要问题。虽然最高决策者的干预并不如通常想象的有效,但是他的确有能力改变组织决策。例如,决策者可以把执行新政策的责任交给单一机构,或建立新机构全权负责。这方面就存在很强的"政治正确"问题。"重大的震撼性变化时有发生,而在对未来的预测中却鲜有体现。这不仅是出于心理学家所了解的那些原因,在国家安全领域还有'政治正确'的压力。有些主题,有些未来场景,可能会由于各种原因而被刻意回避,甚至成为禁忌。"[28]冷战期间,美国对越战走向的判断无疑掺杂了非常多的"政治正确"因素。1963年,美国中央情报局局长约翰·亚历克斯·麦科恩看到当时的越南战场评估初稿后无比愤怒,认为其结论相比最熟悉越南的专家的判断"简直太悲观了"。因此,他批准的最终报告认为"共产党人的进展将会被击退,且局面将很快改观"[29]。但事实的发展很快就证明与麦科恩的"直觉"背道而驰。"政治正确"的问题在美国、日本等国家很多重要的国家级战略研究活动中表现非常明显。由于有高层决策群体参加,他们很容易地影响了战略研究的选题、方向以及其中关键要素的选择。在这方面,失败的教训极为深刻,最为典型的就是日本在中途岛海战前进行的推演活动受到多个方面的不正常干扰,导致最终在决定战局走向的关键战略研究中犯下大错。

（二）决策心理

决策心理是一种冥冥中的指引。运用心理学理论与方法分析决策和政治现象是近年来政治研究领域的热点之一。组织行为实际上是一种以人为基础的集体行为，而不是单一的理性行为体的行为。抛开决策者的信仰、价值观以及对别人的印象去解释他的决策通常是不可能的。例如，国家间的关系本质上是人的关系，国家的对外政策是由代表国家的最高领导人决定的。这就需要运用心理学理论和方法解释人的政治行为。冷战结束以后，一些学者更是强调：如果国际关系理论不把人的因素考虑在内，那么它所描述的世界可能就是一个没有变化、没有生机、没有交流和互动的世界，决策心理的研究应该是国际关系研究的基础和"试金石"。

一切客观的环境和现实因素只有通过决策者的心理过程才能发挥作用。人的一切心理现象都是对客观世界的反映，但并不是像镜子映照物体那样死板、机械的反映。人的心理过程是人对客观现实世界进行认知的过程，即头脑和环境互动从外界获得及解释信息的过程。它与个人长期形成的个人特点、知识经验和世界观等联系密切。人的认知在整个决策过程中发挥作用是从选择性获取信息开始，经过个性化解读，从而比较面对不同的可选对策时的偏好，最终做出选择进而反应。人认知客观现实世界的过程，是"获得、组织和运用知识的心理过程"。这一过程包括知觉、记忆、问题解决过程中的信息处理、语言、思想和想象等。认知系统帮助人们把环境分解成可以理解和可以认识的单位，这样就形成了一种信息过滤的方式，即人们不必评估所有信息。但正因为如此，导致出现一系列认知问题。例如，决策者的价值观、认知方式、性格等在很大程度上影响决策，价值观和其他心理倾向指导着决策者有选择地关注周围的环境，根据观察到的"心理环境"制定政策。

认知本身是个复杂的、包容性较强的概念。认知复杂性对决策性质，决策者的个人风格、对危险的评估及如何处理信息都有非常重要的影响。与理性假设相反，认知研究的重点是在决策者认知过程中经常出现的问题及其对决策的影响。一般情况下，随着决策者认知复杂性的增加，他们应对复杂局势的决策能力也会增强。决策的过程常常被认为是一个"黑匣子"，研究者很难了解这个黑匣子内部所发生的事情。但是相对于决策过程来说，对认知过程的研究就更难了。可以说，决策者在做出决策时的心理过程属于决策过程的"黑匣子"内的"黑匣子"。外部环境或因素通过决策者的信仰、认识、态度、个性等构成的透镜的"过滤"，形成有意义的影响。换句话说，这些外在因素只有被决策者观察到并被决策者在决策时考虑在内，才会成为影响决策的因素，才能在政策制定过程中发挥作用，形成影响。

首先，决策者存在主动的信息筛选和倾向性认知的过程。现实世界经常会出现与自己原有信仰和观念不一致、不协调的现象。在认知和处理信息的过程中，人们总是避免不一致情况的发生，通过调整容易改变的方面来保持认知的一致性。为此，决策者可能通过有选择地认知来影响信息的处理过程，从而保持认知的一致性。这种现象极大地影响到决策者采纳信息的全面性和均衡性，也就是我们通常所讲的"一叶障目"。例如，人们在解释自己的行为时往往强调外在因素和环境的作用,在解释别人的行为时往往强调内在因素的作用;把自己的错误归因于别人的错误,而把别人的错误归因于他们本身不好;以积极的态度看待朋友,以消极的眼光解释和看待敌人。

其次,由于决策环境的高度复杂性,决策者存在主动降低信息采纳量的现象,从而造成普遍的信息失真问题。决策者在处理问题时通常面临相互矛盾的现象,或是总体信息量过大,或是不够全面,或是有用信息严重不足。由于主客观条件的限制,人们制定政策时总是试图尽可能多地解读周围所发生的事情,把复杂问题简单化,形成固定的模式后再用于分析形势。将复杂和互不相关的事件压缩到连贯一致的模式中往往会导致偏见,刻板印象就是典型的表现之一。这种认知过程有很强的绝对性,即一旦认为某个群体具有某种特性,就会毫无例外地认为群体中的任何人都具备这一特点。这种认知方式往往还是深度敌视或友好的态度的象征,决定和支撑着特定的行为特点。在此情况下,决策者往往用启发式思维简化判断。这种方式主要表现为两个方面:一是借助归纳思维,向历史找答案;二是用演绎思维和逻辑推导结果。历史是面镜子,从历史中学习可以说是人类的普遍习惯。在这个过程中,当决策者面对自己不清楚的决策环境时,总喜欢与历史上已经非常明确的类似情况进行比较,并根据历史经验做出决策。这种认知方式的模式是:历史事件——历史经验教训——未来行为。例如,美国把朝鲜战争和越南战争爆发后的形势与希特勒占领捷克斯洛伐克⊖的苏台德区后的

⊖ 捷克斯洛伐克是 1918 年 10 月 28 日至 1992 年 12 月 31 日存在的共和国,1993 年 1 月 1 日起解体为捷克和斯洛伐克两个独立主权国家。

形势进行类比，在很大程度上影响了美国政府对这两场战争的态度。从历史上的重大事件中学到的东西是决定认知的重要因素，这种认知还会影响对所接受信息的解读。而演绎思维就是把看不见或不容易理解的现象和事物类比成一般人都较为熟悉的东西。例如，美国在冷战期间对苏政策被称作"遏制"，实际上其原意是用容器把苏联"装"起来。与此类似，冷战、"多米诺"理论、军备竞赛、"纸老虎"、美国将伊拉克占领科威特说成是前者对后者的"强奸"、称一些国家为"流氓国家"等说法也都是简单的类比。决策者一旦形成上述认知思维，其决策倾向也就顺势确定了。但是，历史往往是不会重复的，可以相比的两件事之间也非完全一致，因此这种认知过程的后果就可想而知了。

最后，并非所有的人都对决策产生影响，只有处于主导地位的决策者在特定的条件下才有可能发挥重要的作用。决策者的个性与组织决策行为之间的主要联系受到诸如决策者对特定事务的熟悉程度、决策者在特定领域所受到的训练以及他们对外部环境的敏感程度等因素的影响。一方面，熟悉程度决定了决策者的参与程度。例如，兴趣是一种动力，对特定问题感兴趣的结果之一是关注相关的决策过程，并参与决策过程。决策者所接受的教育和实际工作经验影响其在自己熟悉的领域进行积极决策，而对于不熟悉的领域则往往采用处理日常事务性问题的方式来决策，甚至"不决策"。另一方面，对外部环境的敏感程度决定了决策者的信息处理方式。在信息的处理方式上，对环境敏感的决策者处理信息的方式是从下到上，而对环境不敏感的决策者处理信息的方式则是自上而下。从开放程度上来说，对环境敏感的决策者在分析问题时往往关注别人是如何看待这一问题的；对环境不敏感的决策者则寻求与自己的观点一致的信息，对与自己的观点不一致的信息则采取不相信、曲解的方式。此外，决策者的决策方式和与人相处的方式会影响到国家可能采取的战略。

（三）战略文化

战略文化造成了一种无处不在的行为惯性。国家有战略文化，企业有组织文化。文化是一种组织行为的惯性，也成为影响组织决策的重要因素。一个国家会基于战略文化选择特定的国家战略。例如，苏联有炮兵文化传统的战略火箭军长期坚持发展中程导弹；美国自冷战开始坚持了超过半个世纪的反导弹战略传统；印度独立后基于外交理念而长期支持禁止核试验，但在实际行动中反对禁止核试验。

即使面对相似的战略环境，在不同战略文化中，社会化的精英也会做出不同的战略选择；文化属性不同的国家，对相似的战略现实会有不同的解释。这意味着战略决策不仅受客观因素的制约，还受历史、规范、认同、价值观和观念等主观因素的影响，战略文化视角就此应运而生。

21世纪前的西方战略文化研究代表人物科林·格雷从诠释主义路径出发，将战略文化理解为一种"路径依赖"，国家过去的行为对其当前和未来的选择有重要的影响，特别是在历史关键节点上所做的决策，在很大程度上塑造了其未来的外交政策路径。作为战略行为体的人类是战略文化得以存活和延续的载体。因此，可以通过历史、身份和性格来预判国家战略决策。另一个代表人物江忆恩则从实证主义路径出发，将战略文化看成一个独立于战略行为的"干预变量"，主要运用符号、意象和隐喻来解释战略行为，认为战略文化塑造了战略偏好，从而决定了国家之间不同的战略选择。人类总是通过一定的文化模式来认知与自身生存和发展息息相关的世界，尽管人类面临的客观世界是同一的，但不同的战略文化对同一的世界有不同的理解，甚至有迥异的看法。一种战略文化为决策者提供的是一种认知图式。不同的认知图式带来的往往是各异的战略环境判断。根据不同的划分标准，可以得出对战略文化不同的划分种类。以战略文化的性质为标准，可将战略文化划分为对抗性战略文化和非对抗性战略文化两种类型。对抗性战略文化坚持：认知世界的基本图式是社会达尔文主义式的"物竞天择、适者生存、优胜劣汰"，认为威胁无处不在，无时不有，世界始终处于安全自助、危机四伏的状态。正是从这种冲突性的战略认知出发，一些西方国家在诸多问题上往往无限夸大分歧与对抗，不断寻找乃至制造敌人。"冷战思维"就是这种文化的真实写照。这种思维导致的结果就是否认不同国家之间和平共处与共同发展的可能性，最终将世界引向对抗与互不信任的泥潭之中。与这种对抗性的战略文化形成鲜明对比的是：非对抗性战略文化从整体性的世界观出发，认为世界具有一体性和相互依存性；虽然也承认威胁的存在，但认为威胁是可以避免的；国家之间是可以和平相处、实现良性互动的；只有通过和平而不是依靠武力的方式才能解决国家间的分歧、矛盾与争端。这种战略文化催生的军事战略一般没有明确的敌人，也不直接针对哪一个国家。譬如，我国的军事战略就强调积极防御，强调"人不犯我，我不犯人"。

战略目标必须服务于国家利益，而战略文化又左右着国家决策者对国家利益的判断，因此在"战略文化—国家利益—战略目标"的关系链条中，战略文化的作用是基础的，其最终彰显的是不同国家的战略文化对它们各异的战略目标确立所产生的不同影响。对抗性的战略文化由于倾向于追求绝对性的国家安全利益，因而在选择战略目标时，比较注重本国国家安全利益与别国安全利益的对比，强调本国安全利益高于别国安全利益。霸权国的战略目标选择就是这种战略文化的反映。早在1893年，历史学家弗雷德里克·特纳就提醒世人："扩张力是美国人固有的一种力量……如果有人断言，美国生活中的扩张性现在已经完全停止了的话，那么，他一定是一个冒失的预言家。"杜鲁门说："不论什么地方，不论直接或间接侵略威胁了和平，都与美国的安全有关。"以非对抗性战略文化为底蕴的国家坚持的是非扩张性战略目标。这种战略文化虽然也注重国家安全利益，但主张不干涉别国的安全利益。海外活动的目的不是进行海外殖民与扩张，而是为了与广大国家进行友好的经济和文化交流。

在文化特质的基础上，衍生出了文化侵略或融合的历史性规律。例如，马克思认为："野蛮的征服者总是被那些他们所征服的民族的较高文明所征服，这是一条永恒的历史规律。"黑格尔认为，长久的平静生活和闭关自守会导致民族精神的腐化堕落，而通过某种骚动甚至战争，则会保存民族的健康精神。"这好比风的吹动防止湖水腐臭一样，持续的平静会使湖水产生相反的结果。"在西方主流战略文化传统中，实力与暴力的作用得到了充分的强调。当武力被认为是最有效的战略手段的时候,战争就被理解成了暴力的无限度使用的过程。用克劳塞维茨的话说,"战争是一种暴力行为,而暴力的使用是没有限度的"。直到今天,西方大国所信奉的依然是实力主义,其战略行为中所表现出来的将霸权建立在扩充军备与缔结军事联盟之上、将自己的安全建立在别人的不安全之上的思维特征依然十分明显。与之形成鲜明对比的是:中国战略文化传统的一个重要特征,是在战略手段的选择上反对暴力、崇尚和平的文化心态,而战争一般是以自卫为主,是为了惩罚入侵的敌寇,使其知难而退。在中国漫长的历史上根本找不到像日本《明治遗训》、德国《德皇雄图秘著》、俄国《彼得一世遗嘱》那种侵略扩张的传统依据。它所追求的战略重心在于以"德"协调与整合内部的社会秩序。

战略文化还深刻影响着国家战略的执行过程,从而在更深层面上影响或决定了国家行为。在战略文化的影响下,执行部门自觉地根据战略文化所倡导的价值观念和行为准则调整自己的行为。建构主义学者温特认为,"身份和利益从概念及逻辑上都是依赖于文化的,因为只有通过共有知识,才可能以某种特定方式考虑行为体的具体身份和利益"。任何一个国家的战略行为,既反映了该国的现实需求,同时也深深根植于战略文化之中。

在决策科学研究中,每一种决策理论和模拟都是对现实情况的理论化解释,试图找出普适性的规律,但没有任何一种模式或理论可以解释所有的决策现象、阐明决策成败的原因,因为任何模型和分析方法都有其适用的环境。理性决策存在一些问题,但这并不表明需要否定或放弃理性分析方法。理性分析方法依然是分析国家决策的最基本和最可靠的方法,因为它采用最为简约又最为精确的方式对决策行为进行了分析,自然会忽略一些细节。我们需要对理性分析方法进行补充,从而将决策的分析方法扩充得更为完备。因此,在预测和决策过程中,一方面需要具体考察决策的环境和主要影响因素,另一方面要全面统筹各影响因素的作用,采用全面的分析方法,综合考察决策的发展和演进,并不断根据现实状况及时调整决策,从而做出科学和准确的决策。"在迷雾中盲行"更要求不断改进预见未来的方法与能力。

第三节 预见未来之路

"适用于科学幼年时代以归纳为主的方法,正让位于富于探索性的演绎法。"[30] 预见未来之路是一条从归纳发展到演绎的路径。理论的价值在于预判未来。自然科学理论大部分是从经验中总结出来的。这些经验是从观察和实验中得出的。在此情况下,理论是可重复验证的,也就是可证伪的。同时,随着现代科学的发展,演绎推理主导的理论出现了,如广义相对论。而社会科学理论时至今日还主要是归纳得来的,最为常见的就是通过发现和把握规律来预见未来。历史经验、地缘政治学说、文化决定论等就是最典型的代表。但从已知能够推理出未知吗?历史经验究竟能否适用于未来呢?马克思主义为我们的提供了归纳与演绎相结合的宝贵工具。推演,就是这样一种基于演绎推理的洞见之法。它为我们提供了一种洞见未来的补充手段。

一、用规律预见未来

向历史找答案,一直是我们最常用的思维方式之一,也就是通过从历史经验中发现规律来预见未来。更进一步,就是深入研究和把握历史经验,形成向地理和文化要答案的更高诉求。这些都是归纳推理的典型形态。只有理解归纳,才能明白演绎所处的位置,也才能够更加清楚地定位推演预见未来的哲学基础和实践价值。因此,我们有必要进一步理解和认识归纳思维,尤其是理解我们的传统战略思维中哪些经典的路径是归纳推理的,以及我们在研究问题的过程中是如何自然地畅行于归纳思维坦途之上的,以至于无法容忍演绎思维的萌生。

(一) 历史

历史是长期以来研究战略问题最有效的手段之一。在研究重大、未知的战略问题实践中,普遍的做法是首先叩问历史。20 世纪 80 年代中期以后,新兴大国的崛起引起了企图长期一家独大的美国战略界的警觉。当时,一个重大的战略问题,就是具有主导性地位的大国如何在面对崛起国家的挑战时保持国际地位。1988 年出版的《疲惫的巨人:英国以及对相对衰落的体验,1885—1905》就是这样一本书。它通过探讨 19 世纪和 20 世纪之交时英国政治家和学者逐步认识到与崛起国家相对实力对比向着不利于英国的方向发展的经验和教训,试图探求如何帮助美国避免或减缓这一趋势。[31]

在美国战略界看来,中国的国际战略既隐晦又危险。对中国国际战略的研究一直是美国人的难题所在。这时候,历史研究就是一个好办法。北京大学张清敏教授与我共同完成的关于中国对外经贸关系与外交布局的定量研究，其实很好地解决了这个问题。[32] 中国的国际战略是不是按照党和国家重大报告所说的那样，拿数据出来一看便知。实际上，中国的国际战略实践是非常清晰的。这样的结论也有助于我们更好地认知自我，理解自身行为与战略之间的契合关系。[33] 这类研究直到 21 世纪的第二个十年，仍在继续。研究的目的非常清楚，也就是美国战略界 30 余年来都在向历史经验找寻（如何应对中国迅速崛起对美国一家独大的国际地位造成的挑战，尤其是如何消除相对实力下降的风险，避免衰落）的答案。不只是美国，中国的国际政治学界也纷纷向历史要经验，以避免在中国崛起过程中与美国迎头相撞。

到了 20 世纪的最后十年，美国战略界在研究如何进行军事事务革命时，自然而然地将目光投向了历史战争中技术手段的革命性变化的发端及影响，尤其聚焦于这些技术创新是如何涌现出来的，以期借助这些经验，思考究竟应该走怎样的技术发展路线，从而以较高的确定性赢得未来的战争。最为典型的案例就是两次世界大战期间最出人意料的军事力量崛起和战争走向的偏离，例如，德国利用机械化、航空和无线电优势组织了"闪电战"；海基航空兵的出现让航母取代了战列舰；陆基航空力量催生了战略轰炸与空地协同作战。[34] 在这些历史经验的启示下，美国将远程侦察和打击能力作为推动新战争形态形成的主要因素，将战争中的隐藏与发现作为决定胜负的关键，由此催生了"察打一体"（reconnaissance-strike complex）作战形态、指挥控制自动化（C4ISR）系统以及体系对抗理论等。

不只是西方国家，中曾根康弘、高坂正尧等也在分析日本历史成败经验的基础上，试图寻找日本赢得未来的发展路径。这些日本政治家和学者认为，从历史上看，只要日本抛弃自己的海洋国家身份，试图占领大陆或与大陆国家建立同盟，就会以彻底失败告终。第二次世界大战时日本就放弃了与海洋国家的盟国关系，而选择了与大陆国家德国结盟。与此相反，日本在与英国结盟时，赢得了日俄战争的胜利。更深刻的规律是：日本的发展与革新往往是在试图谋求宏大发展的对外军事扩张行动失败后，通过接受战胜国的体制改造或主动向战胜国学习而实现的。公元663年，在朝鲜半岛白村江之战中，唐、新罗联军大胜日本、百济联军，迫使日本退出朝鲜半岛，努力学习中华文明，此后经过千年和平发展才有日本今日之文明。明朝时期，丰臣秀吉两次侵朝征明失败后，德川幕府大兴汉学，使日本享受了250余年的和平。100余年来日本在亚洲的所为与所得又进一步验证了这一规律。

建立在归纳推理法基础上的历史分析法，通过对过去发生的事情总结规律来预示未来。基于归纳方法进行的未来研判是建立在因果关系及其可复制推广的假定之上的。然而历史事件与普遍规律之间是否具有确定的因果关系是很容易受到质疑的。例如，著名科学哲学家波普尔就认为，社会科学不可能存在普遍规律，社会科学只能关注应用到具体背景下的规则。[35] 社会科学的演进不断敲打战略研究者们，历史总是具有那么强的突发性，以至于让我们疲于奔命，还经常颜面扫地，所以只能养成一种说些模棱两可的话的妥协之策和立命之法。我们耳熟能详的"空城计"故事，就是一个典型的归纳推理出现问题的案例。诸葛亮误用马谡而致街亭失守，于是他将多数军士派出应急，只留很少的军士守城。这时忽闻司马懿率领15万大军前来，情势危急，诸葛亮却大开城门，安坐于城楼之上。司马懿看到后认为，诸葛亮一生谨慎，如此情状定是城中设了埋伏，于是他立刻退兵了。司马懿的思维就是归纳式的，以他对诸葛亮的了解，知道诸葛亮凡有行动必然安排妥帖，这次必定也不例外。司马懿说："亮平生谨慎，不曾弄险。今大开城门，必有埋伏。我兵若进，中其计也。"在司马懿看来，诸葛亮一生都是谨慎的，既然诸葛亮一生没有冒险，此次肯定也不会冒险，诸葛亮在城中必然设有埋伏。实际上，他的认识是对的，就连诸葛亮本人也说，自己并非要弄险，实乃不得已而为之，城内兵士太少，若弃城而走，必为司马懿所擒。这个事件中司马懿通过归纳推理获得的结论之所以与实践不符，是由于关键信息缺失。受条件或情势所迫，以往总结的规律极有可能会失效。

时至今日，向历史经验要答案仍然是中外学界面对当今世界变局的首选方法。然而大变局终究是大变局，百年未遇、四百年未遇、五百年未遇的不同说法都指向了当今深刻的变化。东方大国迅速崛起，没有任何历史经验可以比照。科技革命的深度和广度及对社会的深刻影响都不是农业经济、工业经济时代可以比照的。历史经验不可忽视，但必然已不足用。

（二）地理

归纳国家发展和行为的规律，一个终极因素是地理，也是拥有长久生命力的朴素唯物主义。根据唯物主义基本原理，山脉、河流、部落和民族比理论与思想更为重要，在现实中排在首位。这是因为地理具有决定或影响绝大多数国家路径的力量。实际上，历史与地理的分野就在于从时间还是从空间的维度来思考世界。按照时间来对事物进行描述或研究的是历史学，按照空间来对事物进行描述或研究的就是地理学。春秋时期的著名思想家、政治家管仲和古希腊历史学之父希罗多德都曾有过相关的论断。"关于地理环境对人类历史命运的影响的思想在科学上远不是新东西，古希腊和古罗马的著作家早就不止一次谈到过"，但直到以孟德斯鸠为代表的一些法国18世纪唯物主义哲学家和俄国早期唯物论者普列汉诺夫，地理决定论才真正成为一种系统化的理论，并由此逐步衍生出地缘政治学说等理论，出现了麦金德、斯皮克曼、马汉、布热津斯基等诸多闻名世界的大家。

这方面的理论一直影响至今且颇有市场。较为典型的就是对东西方文明差异的归纳。这种基于地理决定论的对现实世界的解释，形成了一定的指向未来的预测力，实质上也是地理决定论的一种宏观指导性的体现。在国家间关系的问题出现后，将地理决定论与国际政治相结合，形成了具有广泛而深远影响的地缘政治学说。早期拉采尔的国家有机体理论、契伦的地缘政治学理论都立足于国家中心主义和社会达尔文主义，其主要观点都是通过生物学类比的方式将国家视作一个需要不断扩张的有机体，以国家为中心并以追求霸权为终极目的。其后"海权论""陆权论""边缘地带论""空权论"等经典理论学说中，资源环境是这些地缘政治学说演绎的逻辑原点。围绕各种资源，人类对地理的控制手段经过如下演变阶段：从"陆权"到航海技术发展后的"海权"，再到航空技术支撑的"空权"，以至近年来愈演愈烈的外层太空、网络空间以及其他新兴的高边疆领域。著名地缘政治学者布热津斯基指出："地缘政治是指那些决定一个国家或地区情况的地理因素的相互结合，强调地理对政治的影响。"从诞生之日起，地缘政治学说就是一种战略行为的归纳和对未来的预示。

在今天，地理环境理论仍有一定的借鉴意义。这种地理对战略局势发展的决定性影响形成了一些可循的规律，而这些规律往往也可以在某种程度上映射出未来的轮廓。例如，非洲面积是欧洲的五倍之大，资源丰富多样，为何几个世纪以来一直如此落后？深受著名地缘政治学家麦金德影响的英国地理学家詹姆斯·费尔格里夫在1917年出版的《地理与世界霸权》中指出，原因就在于欧洲海岸线曲折漫长、犬牙交错，而撒哈拉以南非洲的海岸线只有欧洲的1/4，且除东非部分地区外，非洲海岸线几乎没有优良的天然港口。非洲内陆热带气候造成的大河多有瀑布湍流，无法航运，因此非洲内陆因为自然地理条件的限制长期隔绝海洋，无从交流发展。[36]

虽然地理显著地影响甚至决定着世界的运行规律，但必须明确，地理决定论实质上是初步的唯物主义观，地理绝不是历史的首要决定因素。地理形成影响的逻辑基础在于对"能量分配"的影响，进而造成人类行为受到地理条件的支配。[37]这种对能量分配和对人类行为支配的影响构建了历史进程中权力关系的基本结构，进而构成了对历史的巨大影响，但必须明确的是：这种地理的支配并不是全面的、决定性的。随着人类社会的不断发展，在科技的武装下，人类的能力不断演进，这种事实存在的广义进化无疑不断瓦解地理的支配作用。马克思主义理论强调经济基础决定上层建筑，而并非地理环境决定上层建筑。康德在1781年的《纯粹理性批判》

中就明确反对这种具有"最终原因"导向的"目的论",主张从历史的先例中找答案。英国人文主义思想家以赛亚·伯林在1953年发表的著名文章《历史必然性》中告诫:"不要相信地理、环境、种族特征等因素能够决定世界政治的方向,不要认为国家、文明和历史中蕴含着比现实的人更高的智慧,不要把人们的行为或命运都归咎于地理和文化等客观因素。"正确的观念是既认识到地理在历史形成过程中的重要性,又不将其过分简化,过度强调它的决定性作用。美国历史学家威廉·麦克尼尔更加鲜明地反对"地理决定论"。他以犹太民族为例,指出早在公元1世纪,犹太人就因反抗罗马帝国而失去家园。但失去地理依托的民族却依托于犹太教的信仰力量在历史长河中顽强地生存下来,至今仍在世界舞台上发挥着重要作用。也就是说,地理固然重要,但绝不是决定性因素。向地理规律求未来是有巨大不确定性风险的。人永远是决定历史的首要驱动力。在这方面,更为有力的证据是地理随着人类社会的发展也在演变,地理因素尤其随着科技演进而受到很大影响。人类历史上的重大变革都与技术发展打破地理界限有巨大关联。例如,马的使用启动了远距离快速交往和欧亚联动发展。中亚国家使用马拉战车的军队曾经在古代文明时代先后入侵西欧国家、印度和中国,从而将驯化马的技术引入这三个地区,形成这三个地区于公元前800—前200年大体同步繁荣发展的轴心时代。马在长途奔袭和大规模战争中的作用,以及借助马所形成的人类远距离快速交往和信息传送,对于欧亚联动和东西方古代大型国家建构有重大作用。时至今日,科学技术大发展引起的网络空间、外层空间的革命性变化,无疑使人的力量极大地进化了,从而超越了地理环境的束缚,导致地理空间的"塌缩",进一步削弱了地理的决定性作用。

(三) 文化

在自然地理环境之上,衍生出不同的民族和国家,也就形成了各具特色的战略文化传统,这也成为历史的依归与行为的宿命。这种具有较强历史延续性的基于人群特质的因素,成为归因国家行为的重要力量,正如著名的文化人类学家克利福德·格尔茨在论述文化对人类进化的意义时所指出的:"我们的思想、我们的价值、我们的行动,甚至我们的情感,像我们的神经系统自身一样,都是文化的产物。"

战略文化虽然是主观性的思维结果,但会对一个国家的基本战略行为,即客观性的实践活动产生影响。著名思想家拉兹洛指出:"在我们这个时代,文化是一种决定性的力量。许多从表面看来是政治性的冲突,实际上反映了文化上的深刻分歧。"作为战略行为主体的人,无论是决策者(或决策集体)还是实施者(或实施集体),无不生活在一定的战略文化氛围之中,深受某种战略文化的熏陶和洗礼,他们的任何行为都必然带有深刻的战略文化印记。今天,无论是在英国犹疑入欧和率性脱欧过程中看到的"光荣孤立"的影子,还是在克里米亚并入俄罗斯中所闪现的俄罗斯人对土地近乎无限制的渴望,都映射着文化对战略行为的深刻影响。

需要注意的是,战略文化虽然对国家战略发挥着重要的作用并产生较大的影响,但对战略的选择并不具有直接的、不受约束的、明确的效果,也难以对国家安全战略的制定和实施单独产生影响。对国家战略起决定作用的依然是国家利益、威胁以及国家战略能力。战略文化的作用和意义恰恰是通过对这三者的影响而体现的。"一定的文化（当作观念形态的文化）是一定社会的政治和经济的反映，又给予伟大影响和作用于一定社会的政治和经济；而经济是基础，政治则是经济的集中的表现"[38]，战略文化作为一种"行为的惯性"，仍然不足以作为预见未来的依凭。

二、探索未知的哲学与思维演进

爱因斯坦曾指出："西方科学的发展是以两个伟大成就为基础，那就是希腊哲学家发明科学形式逻辑体系（在欧几里得几何学中），以及通过系统的实验发现有可能找出因果关系（在文艺复兴时期）。"[39]爱因斯坦所说的前者就是指演绎推理，后者则是指归纳推理。演绎推理是在某些前提成立的条件下推测必然会出现的特定结论，是做合乎逻辑的推论的过程。归纳推理是指从特定事件、事实向一般事件或事实进行推论的过程，是从已经（或当前）观察到的现象推及即将观察到的未知现象的过程，也就是从个别到一般，从经验到规律，从现象到未知。归纳推理是从特殊到一般的推理过程，而演绎推理则是从一般到特殊的推理过程。

归纳推理与演绎推理的差异可以很容易地用天气预报这个例子来解释。几千年的天气预报方法都是归纳的，比如"正月十五雪打灯""朝霞不出门，晚霞行千里"，这种总结出来的节气规律和口头经验成为一种预测未来的基本框架，结合逐步改进的历法，通过归纳推理可以形成具有一定的概率可靠性的天气预报。而现代天气预报的科学方法则是建立在感知的基础上，也就是通过迹象运算推理出未来的天气，即采用演绎推理思路。这种方法的核心是一种仿真的思维，而仿真的程度决定了预报的准确性。天气预报是人类社会发展最为充分的预测领域之一，但至今仍在准确度方面备受困扰。本书所研究的战略推演正是与此类似的一种仿真模拟方法，是对社会复杂决策环境进行的仿真和实验活动。

科学形式逻辑体系的演进见图1-1。

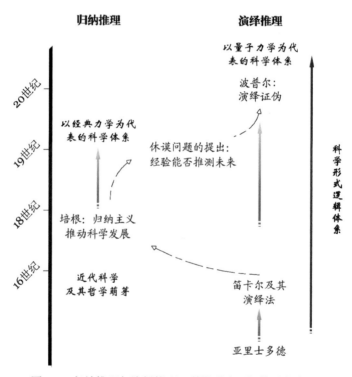

图1-1 归纳推理与演绎推理：科学形式逻辑体系的演进

（一）人能预见未来吗

"人能预见未来吗"这一命题的实质是"历史（已知）推得出

未来（未知）吗"。近代英国唯物主义哲学家弗朗西斯·培根早在16世纪末就注意到归纳法作为推动科学向前发展的可能性。在他之前，人们一直认为科学主要依赖于演绎法。200年之后，苏格兰哲学家大卫·休谟证明归纳在逻辑上站不住脚，他首次指出了一个认识论中永久存在的问题，即休谟问题："从经验中得出的结论，其基础是什么？"也就是说，"所有的实验结论都建立在'历史会重演'的逻辑假设基础上"。然而，这一点能否成立却完全没有依据。过去的经验只能提供关于过去类似事件的信息，但"为什么这些经验可以沿用到未来，可以拓展到其他学科？也许只是表象上相似而已"。也就是说，归纳推理对未来的预测是一种可能性的判断，而绝非确定性的。同时，归纳推理得出的关于未来的结论一定是倾向于与过去具有相似性的。这本身就是带有误导性的假设。"因此，根据经验得来的一切推论都是习惯的结果，而不是推理的结果。习惯随之成为人类最伟大的导师。也正是因此，经验变得非常有用，我们自发地倾向于期待未来会发生与过去相类似的事情。"

休谟的这种论断对整个科学体系都产生了颠覆性的影响，也就是科学发现并没有合理的基础。休谟一直努力证明自己是错的，寻找归纳的替代方法，为此发表了很多关于科学认识论的文章。这种思想一直影响至今，仍然是战略预判方面的核心难题之一。休谟称归纳推理为"关于事实的推理"（reasoning concerning matter of fact），对其全面的分析首次呈现在其力作《人性论》（*A Treatise of Human Nature*）中，随后更简洁有力地呈现在《人类理智探究》(*An Enquiry Concerning Human Understanding*) 中。"关于事实推理的本质是什么？恰当的答案似乎是，它们建立于因果关系之上。因果关系的全部推理与结论的基础又是什么？也许可以用一个词来回答——经验……从经验所得出的所有理论的基础是什么？这暗含着一个新问题，也许是更困难的解决方案与解释。为何这经验应该被拓展至未来以及其他的也许仅仅是表面相类似的客体，这是我所要坚持的主要的问题。"[40]

上述问题的实质是：从已知推至未知的根据。从时间的维度，即如何从过去、现在推至未来；从空间的维度，即如何从一个事例推至相似的其他多个事例。休谟随后从这两个维度展开了深入的分析与探究，最后得出了一个心理学的答案："习惯是人生伟大的指南。只有这条原则可以使我们的经验有益于我们，并且使我们期待将来有类似过去的一串事情发生。"[41]波普尔进一步指出休谟所说的归纳的逻辑问题是："从我们经历过的（重复）事例推出我们没有经历过的其他事例（结论），这种推理我们证明过吗？……为什么所有能推理的人都期望并相信他们没有经历过的事例同经历过的事例相一致呢？也就是说，为什么我们有极为自信的期望呢？"[42]

休谟之后，20世纪美国著名的哲学家、逻辑学家纳尔逊·古德曼拿出了最具影响力的成果："如果有人问我们怎么知道某种预测是正确的，那么答案是'我们对此一无所知'。如果有人问我们怎样实现区分正确预测和错误预测，那么答案是我们靠的是预感，而不是哲学解释。"古德曼认为归纳推理的证明方法与演绎推理的证明方法相同，事实上都遵循了推理的原则。"如果预测遵循了归纳的有效原则，那么它们就是合理的；如果这些原则是根据精确分析归纳实践得来的，那么它们就是有效的。"实际上这说明了一个关键问题，那就是在社会科学领域，对未来的判断是无法在当下进行验证的。美国分析哲学家马克斯·布莱克指出:"科学的进步,就是极力追求那些不可预见的事物。人们总是希望将发现的过程转化为一种可以交流和传授的法则。这种希望激励着从亚里士多德到笛卡尔、从培根到爱丁顿这些伟大的科学方法探求者。我们应该放弃这种方法,因为它是基于一种不可靠的幻想,几乎是无法成功的。"英国科学哲学家威廉·休厄尔也持此观点,他认为:"逻辑不能为科学带来确定性,因为科学发现最终取决于主观才智,而非正确的客观方法。归纳取决于一个人的工作能力和努力程度,从一系列给定的观察结果中,我们可能得出一个一般结论,而另一个人可以归纳出另一个完全不同的结论。演绎论证则不同,因为其结论包含在最初的假设中。归纳论证的结论可能在理论上站不住脚,但在实践中十分合理。"

(二) 解析未知

国际政治领域的鼻祖汉斯·摩根索指出:"对于那些试图根据以往的经验和目前的迹象来判断未来的人来说,世界事务充满了意想不到的东西。"[43] 所谓"以往的经验"就是"归纳推理",所谓"目前的迹象"就是"演绎推理"。近代以来,科学研究的基本方法归于培根的"归纳推理"和波普尔的"演绎证伪"两大体系。[44] 解析未知的路径也经历了从归纳到演绎的发展过程。

归纳和演绎都是一种推理过程。推理作为一种高级认知的过程,是指评估前提和结论之间潜在关系的能力。[45] 在研究中不能解决的深度不确定性问题,就需要依靠推理完成。推理内容通常由两个部分组成:一部分是由一个或多个命题组成的前提,另一部分是根据前提做出的结论。根据前提与结论的性质及其关系的不同,推理分为归纳推理和演绎推理两种不同形式,也就是不同的推理路径。归纳推理是指以个体具体的信息为基础对其特质进行的推论;演绎推理是指以个体的特质为基础对其行为表现进行的推论。[46] 归纳推理是基于"经验"的推理,演绎推理是基于"理念"的推理;归纳推理是为了得到结论的推理,演绎推理是为了验证结论或运用结论的推理。[47] 普遍而言,社会科学也是通过"归纳"和"演绎"两种推理方法应对未来的不确定性造成的挑战。例如,在社会心理学领域,研究者将推论分为归纳推论和演绎推论。

归纳主义是随着实验科学的兴起而逐步发展起来的学派,在近代科学中长期占据统治地位。17世纪,英国经验派创始人培根曾系统研究归纳法,牛顿让归纳法得到进一步发展。直到"休谟问题"被提出,归纳主义的弊端开始显现并饱受诟病。"休谟问题"认为归纳得出的结论具有"或然性",其结论并不一定适用于将来。随着量子力学的创立,科学家们越来越否定因果律而采用概率论,并创立了概率归纳逻辑。随后,波普尔提出了证伪的原则。科学界高度推崇波普尔的演绎证伪方法,这也成为20世纪以来的主导性科学方法。波普尔认为,归纳不能推动科学发展,科学家们通过搜集信息并不能得出对模式和未来的概括。而科学家们实际上是从假设开始,由此演绎出某种结果。随后,他们通过观察和实验来验证预期的结果有没有发生。如果发生了,那么这个假设就是成立的。如果没有观察到预期的结果,那么假设就是错误的。但即使这种假设得到了证实,也不能认为它是一种放之四海而皆准的真理。

德国科学哲学家赖欣巴哈对归纳的思维路径进行了形象的描述。他指出:"进行归纳推理的人可以比为向陌生的海洋地区抛网——他不知道是否会捕到鱼，但他知道，如果他想要捕到鱼，他就得抛网。每一个归纳的预言都像把网抛到自然事件的大洋里去，我们不知道能否有所捕获，但我们至少是在尝试着，并且是用所能获得的最好的办法尝试着。"赖欣巴哈进一步指出，归纳的关键价值在于它是已知的预见未来"最好的工具"。"我们尝试着是因为我们想要行动——想要行动的人是等不及未来成为可观察的知识的。控制未来——把未来的事件按照一个计划来安排——是以'如果某些条件得到实现就将发生什么的'预知的知识为前提的；如果我们不知道将发生什么真理，我们就将使用我们最好的假定来代替真理。假定是未能获致真理时的行动工具；可以证明归纳法为正当的理由就在于它是我们所知道的最好的行动工具。"[48]

演绎主义的历史发展要追溯至亚里士多德。他将认识划分为理论和实践两方面，并得出了认识的两种途径，即直接归纳和逻辑归纳。但是亚里士多德更加重视演绎法的研究。在此之后的很长时期，演绎法一直占据统治地位。西方现代哲学的奠基人笛卡尔进一步丰富和发展了演绎法，他在《方法谈》一书中系统研究了演绎法。笛卡尔作为理性主义的代表人物，推崇理性，提出了以数学公理为基础的演绎方法，推动了现代科学、哲学及物理学等的发展。演绎主义最大的不足就是假设。与归纳法的结论相对应，演绎法的前提同样具有"或然性"，是人们认识事物提出的假设。假如演绎法的前提被否定了，则其推导出的结论必将被否定。实证主义方法就建立在演绎证伪法的基础上。实证主义方法通过限定具体应用情况、规范主要影响因素等方法，建立数学或逻辑模型，以理解理性行为，尤其是将人作为理性行为体来理解人的行为，建立对理想化世界的预测。演绎法则更多地依赖自由创造的结论，并通过收集事实证伪来验证其科学性。较为典型的如微观经济学、博弈论和情报分析心理学等理论。具体而言，比如通过发现特定情况中会出现的特征"迹象"来研判可能发生的情况。

不从事自然科学研究的人，总是倾向于夸大科学的确定性。这种倾向来源于对科学的迷信。科学具有较强的程序统一性，能够推导出解释和预测的规律或法则及经验主义原则。这种原则决定了只有通过观察和实验才能够决定某种论述是否"科学"。然而，"在自然界中，我们偶尔会遇到变幻无常的事情，也就是随机现象。在人类事务中，我们偶尔也会遇到革新带来的异常变化，如自由意志的演变。因此，在自然科学和社会科学领域都存在混沌的现象。"波普尔指出："人们应该注意，不要将科学的程序合理性理解为只要遵循这种程序就能取得成功。这两种概念极易混淆。在实践和实用科学的研究中，这种理论性突出的想法显然是不适用的。从逻辑上讲，如果我们能够坚持科学探索将会取得成功，那么就不会明白在人类努力探索未知世界的漫长历史中为什么成功如此罕见而珍贵。"[49]波普尔的演绎证伪迅速一统天下，成为科学研究最基本的范式，直至今日。当然也有很多人对此持不同意见，著名哲学家罗素就指出："所有逻辑和纯数学之外的重要推论都是归纳，而不是演绎。只有法律和宗教信仰例外，因为它们的文本是建立在不可置疑的假设基础上的。"

社会科学领域高度复杂，许多学者对于自然科学领域的归纳方法和演绎方法能否用于社会科学预测存在争议。[50]总体而言，社会科学强于现象解释，弱于演绎推理。[51]在国际政治领域，预测仅限于较为宏观的特定国际体系中的特征或行为模式,即在何种条件下这种特征会保持不变,何种情况下会发生转变。较为典型的案例是西方学术界和情报界均未能预测到苏联解体和冷战结束。[52] 因此,在社会科学领域探索运用演绎思维方法就成为提高未来预见性的重要补充手段。在这个重要的领域里,推演成为一种重要的实践手段。

三、基于演绎推理的洞见之法

历史经验只给了我们启示,而种种构想是否可行、能否付诸实施就需要进行科学验证,或称可行性研究。推演所提供的就是这种思维和方法支持。推演不是确定性地预见未来,而是在过程中提供启发式的环境,辅助创新性思维的产生。无论是个人思维上的推理演绎、"以人演人"的推理演绎,还是人机结合、智能化的推理演绎,都是推演所集成运用的推理演绎思维。

(一)把握世界

从表象到本质,从偶然到必然,马克思主义及其归纳 – 演绎法为我们提供了把握世界、改造认识的重要哲学基础,也为推演建立了有效的理论框架。从马克思的阶级分析理论与方法,到列宁的"社会主义从欧洲的弱国开始,逐步向强国发展,进而取得成功",再到毛泽东的"农村包围城市",都是在实践前通过演绎性理论建设形成的对实践路径的指导。马克思主义的辩证思维方法包括分析 – 综合法、抽象 – 具体法及逻辑 – 历史法,以及归纳 – 演绎法。归纳 – 演绎法,也就是归纳与演绎相统一的方法,是辩证思维方法中占有基础性地位的重要思维方法。归纳法是指从个别事实走向一般概念、结论,是从个别上升到一般的思维运动;演绎法是指从一般理论、概念走向个别结论,是从一般到个别的思维运动。马克思主义归纳-演绎法的提出打破了归纳与演绎长期分化的状态,促使归纳与演绎的辩证统一。归纳与演绎的统一以一般与个别的辩证关系为哲学基础,以辩证归纳法、辩证演绎法为中介,将归纳法和演绎法这两种思维方法统一起来,克服了归纳主义和演绎主义的局限,最终为人类正确认识和实践提供方法上的指导。[53]

列宁指出:"表象不能把握整个运动,而思维则能够把握而且应当把握。"[54] "辩证唯物论,从现实出发,在其发展上把握现实,在现实当中发现某一现象的发生与死灭,所以是最彻底的唯物论"[55] 这一论断极为深刻,也正是本书提出的用"迹象"来预判未来只能解决极少数不确定性问题,而要解决深度不确定性问题就必须"从思维上把握""在发展上把握现实"。毛泽东在延安时期前后撰写了大量极具哲学性的文章,为如何认识世界、研究问题提供了重要的哲学指导。毛泽东指出,认识随着客观世界的变化而变化。"客观世界是发展的,主观认识也是发展的。"[56] "概念这种东西已经不是事物的现象,不是事物的片面,不是它们的外部联系,而是抓着了事物的本质,事物的全体,事物的内部联系了。概念同感觉,不但是数量上的差别,而且有了性质上的差别。"[57] 用发展的演绎思维来认识客观世界,而不是停留在固化的归纳认识上,是如何正确、科学看待世界、分析问题的根本性指导。这种认识是全面的、整体的,是要深刻把握本质的。

"必然性……在无穷的表面上的偶然性中为自己开拓道路。"[58] 社会科学中马克思主义的方法论是归纳和演绎相结合的。这是马克思主义带给我们的一笔宝贵财富，也是需要深刻掌握、深入学习和切实投诸实践的。恩格斯指出："历史事件似乎总的说来同样是由偶然性支配着的。但是，在表面上是偶然性在起作用的地方，这种偶然性始终是受内部的隐藏着的规律支配的，而问题只是在于发现这些规律。"[59] 毛泽东也曾讲："我们承认战争现象是较之任何别的社会现象更难以捉摸，更少确实性，即更带所谓'盖然性'。但战争不是神物，仍是实践的一种必然运动。"[60] 客观认识偶然性，清楚看到深度不确定性环境的客观现实，基于环境特征，探索本质、发现规律，运用归纳与演绎相结合的方法就能够把握现象，也就是在战略实践中形成可靠的对未来的预判。

（二）改造认识

从个别到一般，从感性到论理。科学哲学认为，知识的本质就是寻求普遍性规律。普遍性规律就是指相互间关系。把有关系的因素从无关系的因素中分离出来，就是知识的开始。就人类认识运动的秩序说来，总是由认识个别的和特殊的事物逐步扩大到认识一般的事物。人们总是首先认识了许多不同事物的特殊本质，然后才有可能更进一步地进行概括工作，认识诸种事物的共同的本质。[61] 对许多自然现象的成功解释在人的思想中引起了一种要求更大的普遍性的冲动。大量的观察到的事实不能满足求知的欲望；求知欲超越了观察而要求普遍性，但不幸的是，人类总是倾向于甚至在他们还无法找到正确答案时就做出答案。科学的解释要求十分充分的观察和批判的思想；对于普遍性的期望越高，被观察的材料的分量必须越多，思想就越需要有批判性。[62] 这种从个别到一般的"普遍性"的认识,就是归纳思维的反映,通过不断扩大对个别的、特殊的事物的观察量,将普遍性的观察形成规律性的认识,也就是成为"有批判性"的思想。这样的思想就是在从个别到一般的过程中形成的。

马克思列宁主义认为:认识的过程有两个阶段的特性,在低级阶段,认识表现为感性的,在高级阶段,认识表现为论理的,但任何阶段,都是统一的认识过程中的阶段。感性和理性二者的性质不同,但又不是互相分离的,它们在时间的基础上统一起来了。[63] 论理的认识之所以和感性的认识不同,是因为它先暴露周围世界之内的矛盾,而能在其总体上,在一切方面的联结上去把握现象。[64] 在认识世界的过程中,必须经历从感性到理性的过程,这也是从个别到一般的一种延续。感性就是观察中自然形成的认识,而论理的认识则深入到现象的本质,追寻普遍的规律性,最终指导实践,并在实践中修正和完善。也就是毛泽东所说的,"认识是从感性阶段进到理性阶段,再从理性阶段进到革命实践。从直观到思维,从思维到实践。认识的目的在把感觉材料作论理理解,两个阶段有区别,但不是不可逾越"[65]。而认识世界的目的,就在于掌握客观规律,用联系的、发展的思维来把握世界。认识的真正任务在于经过感觉而到达于思维,到达于逐步了解客观事物的内在矛盾,了解它的规律性,了解这一过程和那一过程间的内部联系,即到达于论理的认识。重复地说,论理的认识所以和感性的认识不同,是因为感性的认识是属于事物之片面的、现象的、外部联系的东西,论理的认识则推进了一大步,到达了事物的全体的、本质的、内部联系的东西,到达了暴露周围世界的内在的矛盾,因而能在周围世界的总体上，在周围世界一切方面的内部联系上去把握周围世界的发展。[66]

(三) 推演的关键价值

从认识到实践，从孤立到联系。毛泽东指出："通过实践而发现真理，又通过实践而证实真理和发展真理。从感性认识而能动地发展到理性认识，又从理性认识而能动地指导革命实践，改造主观世界和客观世界。实践、认识、再实践、再认识，这种形式，循环往复以至无穷，而实践和认识之每一循环的内容，都比较地进到了高一级的程度。这就是辩证唯物论的全部认识论，这就是辩证唯物论的知行统一观。"[67] 实践是检验真理的唯一标准。现实世界往往很难给我们提供足够多、足够舒适的实践环境，而在现实中的实践往往成本极高、容不得试错。推演正是为我们提供了这样一种试验场，它可重复、可反悔、可反复试错、可根据需要调整。因此，推演就为我们提供了一个通过实践来发现真理、证实真理、发展真理的重要手段，这是推演的一个重要价值。

这种实践环境所提供的哲学意义上的价值是至高无上的，因为它为我们提供了一个反复观察世界、挖掘表象到本质、掌握偶然到必然的一种殊为珍贵的利器。马克思指出："现实与认识——客体与主体——之辩证法的统一，实现于社会的实践之历史发展中。不只认识客体，并且认识主体，也在社会实践中起变化。人类作用于外部自然，一面变革它，同时又变革自己的性质。"列宁指出："随着客观现实发生新的变化之后，无产阶级的政党及其领袖应该能动地认识新的现实和矛盾，获得新知识，提出新口号，指导无产阶级和人民大众在革命实践中取得新的胜利。"毛泽东也指出："认识是能动的因素，起着改造世界的作用。"世界无疑是快速发展变化的，人作为主体，自身也与世界复杂联系，深刻变化。在这种变化中掌握世界、成功决策是极端困难的。而推演就是解决这个问题的"时光机器"。它让我们像拿着"播放遥控器"审查视频片段一样来审视世界，可以快进、慢放，可以重播，也可以换一个相同主题的片子进行比对。最终，在这个时光机器中我们掌握了大量反复验视的经验、知识和认识，将它们投诸现实实践，也形成了从认识到仿真实践，从仿真实践到再认识，最终投入实践并返回来改进认识和仿真实践的循环过程。

推演的另一个重要价值在于帮助我们更加清晰地认识事物的关联性。复杂关联性是世界的复杂性的根本所在。"所谓形而上学的或庸俗进化论的宇宙观，就是用孤立的、静止的和片面的观点去看世界。这种宇宙观把世界一切事物，一切事物的形态和种类，都看成是永远彼此孤立和永远不变化的。如果说有变化，也只是数量的增减和场所的变更。而这种增减和变更的原因，不在事物的内部而在事物的外部，即是由于外力的推动。"[68] 在进行预判的过程中，人的思维往往是线性的、单线程或者少线程的。这对于解决复杂关联性问题是极其不利的。推演为我们提供了这样一种解决方案。我们既可以审查决策主体与外部世界的复杂关联互动，也可以审视决策主体内部在信息感知、传递机制和决策程序方面存在的复杂互动关系。毛泽东指出："和形而上学的宇宙观相反，唯物辩证法的宇宙观主张从事物的内部、从一事物对他事物的关系去研究事物的发展，即把事物的发展看做是事物内部的必然的自己的运动，而每一事物的运动都和它的周围其他事物互相联系着和互相影响着。事物发展的根本原因,不是在事物的外部,而是在事物的内部,在于事物内部的矛盾性。"[69]推演正是这样一种宝贵的手段,在观察问题上为我们提供"放大镜""显微镜",在实践检验上给我们提供"时间机器""播放遥控器",在审视复杂关联性上给我们提供"庖丁之刀"与"剥茧之械"。

注　释

1. 毛泽东. 一个极其重要的政策 [M] // 毛泽东. 毛泽东选集：第 3 卷. 北京：人民出版社，1991:881.
2. Ford H P. The Primary Purpose of National Estimating[J]. Studies in Intelligence, 1991:69-79.
3. Wohlstetter R. Pearl Harbor: Warning and Decision[M]. Stanford University Press, 1962:401.
4. Wohlstetter R. Cuba and Pearl Harbor: Hindsight and Foresight[J]. Foreign Affairs, 1965, 43(4):691-707.
5. Kent S. A Crucial Estimate Relived[J]. Studies in Intelligence, 1964, 8(2): 1-18.
6. Zelikow P, Allison G. Essence of decision: Explaining the Cuban Missile Crisis[M]. New York: Longman, 1999.
7. Herman M L, Frost M D. Wargaming for Leaders: Strategic Decision Making from the Battlefield to the Boardroom[M]. McGraw-Hill Professional, 2008:3-5.

8 Shubik M. Terrorism, Technology, and the Socioeconomics of Death[J]. Comparative Strategy, 1997, 16(4): 399-414, 406-408.
9 赖欣巴哈. 科学哲学的兴起 [M]. 伯尼, 译. 北京: 商务印书馆, 1984:212.
10 Knight F H. Risk, Uncertainty and Profit[M]. Courier Corporation, 2012.
11 Cremeans C D. Basic Psychology for Intelligence Analysts[M]// Westerfield H B. Inside CIA's Private World: Declassified Articles from the Agency's Internal Journal. New Haven: Yale University Press, 1995.
12 Zaloga S. Soviets Denigrate Their Own Capabilities[J]. Armed Forces Journal International, 1991: 18-20.
13 杨霄, 李彬. 食品安全问题对中国国家形象的影响 [J]. 现代国际关系, 2010(6): 42-46.
14 杨霄. 中国产品公共卫生管理与美国舆情 [J]. 国际政治科学, 2011(4):35-69.
15 Treverton G F. Making Policy in the Shadow of the Future[R]. RAND Corp Santa Monica CA, 2010.
16 Wohlstetter R. Pearl Harbor: Warning and Decision[M]. Stanford University Press, 1962:viii-ix.
17 Greg Treverton and Bob Hutchings. Rebuilding Strategic Thinking[R]. CSIS, 2019, a follow-on to their forthcoming book, Truth to Power: A History of the U.S. National

18　Ibid.

19　US National Intelligence Council. Global Trends 2030: Alternative Worlds. 2012.

20　李彬，杨霄. 美国对华出口的政治壁垒有多高 [J]. 澎湃新闻，2017.

21　Li B，Yang X. Measuring Political Barriers in US Exports to China[J]. Chinese Journal of International Politics，2013，6(2):133-158.

22　Li B，Yang X. Political Barriers in U.S. Exports to China and US-China Trade Deficits [EB/OL]. China US Focus，（2017-04-10）. https://www.chinausfocus.com/finance-economy/political-barriers-in-us-exports-to-china-and-us-china-trade-deficits.

23　汪洋. 互利双赢就是最好的合作——在中美工商界联合欢迎午餐会上的主旨演讲 [EB/OL]. 人民网，（2017-07-19）. http://cpc.people.com.cn/n1/2017/0719/c64094-29415634.html.

24　商务部. 关于美国在中美经贸合作中获益情况的研究报告 [R]. 中华人民共和国政府白皮书，2019:5.

25　Greg Treverton and Bob Hutchings. Rebuilding Strategic Thinking[R]. CSIS，2019，a follow-on to their forthcoming book，Truth to Power: A History of the U.S. National Intelligence Council，Oxford University Press，2019.

26　Hutchings R. Is There a Map to the Future? [J]. Foreign Policy，August 31，2011.

27 特朗普：美情报界在伊朗问题上"幼稚"[EB/OL]. FT 中文网，(2019-01-31). http://m.ftchinese.com/story/001081310?from=singlemessage.

28 Marshall A W. Strategy as a Profession in the Future Security Environment[J]. Zarate R, Sokolski H. Nuclear Heuristics: Selected Writings of Albert and Roberta Wohlstetter[M]. Lulu Com, 2014:625-627.

29 Prados J. Lost Crusader: The Secret Wars of CIA Director William Colby[M]. Oxford University Press, USA, 2003:106.

30 爱因斯坦. 爱因斯坦文集 [M]. 北京：商务印书馆，1976:326.

31 Friedberg A L. The Weary Titan: Britain and the Experience of Relative Decline, 1895—1905[M]. Princeton University Press, 2010.

32 杨霄，张清敏. 中国对外经贸关系与外交布局 [J]. 国际政治科学，2010(1):25-48.

33 杨霄，张清敏. 中国对外经贸关系与外交布局的关系 [J]. 新华文摘，2010(13):159.

34 Millett, Allan R, and Williamson M. Military Effectiveness: Volume 2, The Interwar Period[M]. Cambridge University Press, 2010.

35 Popper K. Conjectures and Refutations: The Growth of Scientific Knowledge[M]. Routledge, 2014:264.

36 费尔格里夫. 地理与世界霸权 [J]. 胡坚，译. 杭州：浙江人民出版社，2017.

37 费尔格里夫. 地理与世界霸权 [J]. 胡坚, 译. 杭州: 浙江人民出版社, 2017.
38 毛泽东. 新民主主义论 [M]// 毛泽东. 毛泽东选集: 第 2 卷. 北京: 人民出版社, 1991:663-664.
39 爱因斯坦. 爱因斯坦文集 [M]. 北京: 商务印书馆, 1976:574.
40 Hume D. An Enquiry Concerning Human Understanding[M]// Seven Masterpieces of Philosophy. Routledge, 2016: 191-284.
41 吴展昭. 演绎法取代归纳法之后 [J]. 科学技术哲学, 2015, 32(1).
42 波普尔. 客观知识 [M]. 舒炜光, 卓如飞, 周柏乔, 等译. 上海: 上海译文出版社, 1987.
43 摩根索. 国家间的政治: 为权力与和平而斗争 [M]. 杨岐鸣, 等译. 北京: 商务印书馆, 1993:40.
44 Popper K. Conjectures and Refutations: The Growth of Scientific Knowledge[M]. Routledge, 2014:33-37.
45 Goel V, Gold B, Kapur S, et al. The Seats of Reason? An Imaging Study of Deductive and Inductive Reasoning[J]. NeuroReport, 1997, 8(5): 1305-1310.
46 Maass A, Colombo A, Colombo A, et al. Inferring Traits from Behaviors Versus Behaviors from Traits: The Induction-deduction Asymmetry[J]. Journal of Personality and Social Psychology, 2001, 81(3): 391.
47 林玉慈. 论演绎与归纳推理在实践活动中的应用 [J]. 学术交流, 2018 (06): 52-57.
48 赖欣巴哈. 科学哲学的兴起 [M]. 伯尼, 译. 北京: 商务印书馆，1984:211.

49 Kuhns W J. Intelligence Failures: Forecasting and the Lessons of Epistemology[M]// Paradoxes of Strategic Intelligence. Routledge，2004: 90-109.

50 Mjøset L. Understandings of Theory in the Social Sciences[M]. Oslo: ARENA，1999.

51 Mjøset L. Understandings of Theory in the Social Sciences[M]. Oslo: ARENA，1999.

52 Gaddis J L. International Relations Theory and the End of the Cold War[J]. International Security，1992:10.

53 焦冉. 论马克思主义的归纳－演绎法 [J]. 理论月刊，2015 (1): 10-14.

54 列宁. 哲学笔记 [M]. 北京：人民出版社，1974:246.

55 艾思奇. 哲学选辑 [M]. 延安：延安解放社，1939.

56 毛泽东. 毛泽东哲学批注集 [M]. 北京：中央文献出版社，1988:14-15.

57 毛泽东. 毛泽东选集：第 1 卷 [M]. 北京：人民出版社，1991:285.

58 恩格斯. 路德维希·费尔巴哈和德国古典哲学的终结：第二分册 [M]. 北京：人民出版社，1986:48.

59 马克思，恩格斯. 马克思恩格斯选集：第 4 卷 [M]. 北京：人民出版社，1995:175.

60 毛泽东. 毛泽东选集：第 2 卷 [M]. 北京：人民出版社，1991:490.

61 毛泽东.矛盾论[M]//毛泽东.毛泽东选集:第1卷.北京:人民出版社,1991:309-310.

62 赖欣巴哈.科学哲学的兴起[M].伯尼,译.北京:商务印书馆,1984:7,9.

63 毛泽东.毛泽东选集:第1卷[M].北京:人民出版社,1991:286.

64 西洛可夫.辩证法唯物论教程[M].上海:笔耕堂书店,1935.

65 毛泽东.毛泽东哲学批注集[M].北京:中央文献出版社,1988:24-25.

66 毛泽东.毛泽东选集:第1卷[M].北京:人民出版社,1991:286.

67 毛泽东.实践论[M]//毛泽东.毛泽东选集:第1卷[M].北京:人民出版社,1991:296-297.

68 毛泽东.矛盾论[M]//毛泽东.毛泽东选集:第1卷[M].北京:人民出版社,1991:300-301.

69 同上。

第二章

认知推演

  推演是实现率先展望未来的一种尝试,这建立在更好地理解过去的基础上。推演通过对历史的深入理解,尝试推断未来。推演是"游戏"(博弈)、历史和科学的组合,是纸质的时间机器。[1]

——詹姆斯·邓尼根

推演建立在用演绎推理来探索未知的哲学和思维基础上,具备探索未知、改进决策的强大功能。从娱乐消遣的游戏到服务国家综合战略决策的高级研究活动,推演的发展经历了多个历史阶段,形成了复杂多元的应用形态。由此造成的对推演的认识误区也不一而足。这既产生于推演发展过程中的诸多涓流之别,也发端于东西方文化和语言差异之上。透过现象把握本质,厘清脉络正本清源,才能更好地理解推演、发展推演、运用推演,最终充分发挥好推演在洞见未来、助力决策方面的突出价值,服务战略实践。

第一节　源流与分野

推演经历了很长周期的演进,可以说与人类的竞争和对抗实践一直相伴相生。就历史阶段而言,推演大致经历了古代的围棋等形式,中世纪的"国王游戏"娱乐兵棋阶段,近代的"战争游戏"兵棋推演阶段,现代的跨学科、多流派发展阶段,以及当前的向战略、商业和其他领域拓展的阶段(见图2-1)。

推演从象棋类游戏而来,经过面向实战的改进,形成了以兵棋推演为主要形式的早期推演活动。在推演应用领域和研究要素方面,推演经历了从战斗到谋略的发展路径,在军事因素之外逐步融入政治等其他因素,形成政治-军事推演,并最终向国家综合战略研究工具发展。在推演的辅助手段方面,推演伴随计算机技术和信息化发展,经历了手工推演、计算机推演和仿真推演等阶段,正在向智能化前沿演进。在推演组织形式方面,推演经历了棋盘上的严格式兵棋、沙盘上的自由式兵棋等阶段,并拓展为研讨式对抗模拟的形态。上述多元发展的路径也使得推演的研究领域、组织形态、支撑手段等极为丰富,推演成为一门包罗万象的应用学科。

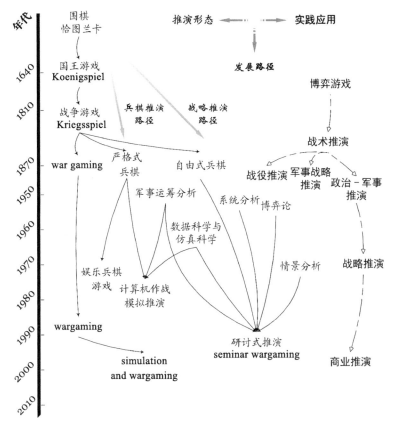

注:1. 右上三维度箭头为图示,左侧汉字、英文及实线箭头为推演发展演进的源流,右侧汉字及虚线箭头为推演实践应用领域的演进,左上渐变箭头及汉字为推演两大流派的发展趋势。
2. 恰图兰卡(梵文:चतुरङ्ग caturaṅga),是古印度的一种象棋类游戏,在本地发展为泰卢固象棋。
3. 图中 war gaming、wargaming、simulation and wargaming 均为不同历史时期"推演"的惯用词。

图 2-1 推演的源流与发展演变

一、从游戏到战争

兵棋推演是最直观、最形象、运用最普遍的推演形态,在近现代人类战争史上发挥了至关重要的作用。顾名思义,"兵棋"推演重点在于"兵",主要用于战争和军事目的。第一次世界大战中的德俄战役,第二次世界大战中德国的闪电战,都与兵棋推演所揭示的战略战术创新有重要关系。早期,兵棋推演主要集中在涉及武装冲突、战争形态等以军事目的为主的战斗和战役层面的研究、训练活动。后来,兵棋推演在革新战争形态、引领军事革命上发挥了重要作用。可以说,兵棋推演在理念、规则、运行、操作等层面已经相对成熟稳定,是全球主要大国军事运筹手段中的必备工具之一。

国内外对于兵棋推演发展历史的研究已经非常充分。例如,托马斯·艾伦等人所著的《战争与游戏》一书,集合了一系列关于战争游戏和推演历史、方法及实践经验的文献。[2] 尤其是其中《推演的演进:从棋盘到海军作战室》一类的文献将西方是如何从战争游戏文化发展到象棋一类的娱乐游戏,进而在德国出现了"战争游戏"(Kriegsspiel),继而在两次世界大战中广泛运用,最终在美国得到长足发展的这一段历史讲得很清楚。彼得·波拉的《推演的艺术:专家和业余爱好者指南》对此研究得更为细致,用了100页的篇幅介绍了推演的发展演变,其中整整60页的第一章介绍了推演的完整历史,以及美、英、德、俄、日等主要国家的兵棋推演发展历程。可以说,这些成果已经将推演的源流和发展阐述得尽可能详尽。由于兵棋推演并不是本书的研究重点,因此仅综合相关文献述其概要,关键在于帮助读者了解推演演进的历程,厘清各流派、各阶段的发展演变。

从棋类游戏向战争游戏演进的一个重要标志是中世纪出现的"国王游戏"。17 世纪中叶，在民族国家兴起、王权取代神权开始主掌欧洲国家的同时，就出现了运用兵棋来研究战争的现象。当时在德国出现了名为"Koenigspiel"意为"国王之游戏"的兵棋。同一时期出现了很多种类似的兵棋游戏，也被统称为"战争象棋"或"军事象棋"。相对于此前的棋盘游戏，这些兵棋游戏的棋盘更大、角色更多，规则也相对更复杂。总体而言，这个时期的兵棋游戏与现代意义上的推演还相去甚远，倒是与军事和娱乐应用的兵棋活动关系更为紧密，对此本书并不详谈。对于中西方文化中战争观的差异与推演衍生之间的关系将在第六章"中国推演"中展开讨论。

现代意义上的兵棋推演起源于欧洲。一般认为，在 1811 年至 1824 年间，普鲁士的宫廷战争顾问冯·莱斯维茨父子发明了现代兵棋，也就是用地图、棋子、骰子以及规则表来模拟军队在战场上的行动和交战进程，称为"战争游戏"（Kriegsspiel）。到 1871 年，在普法战争中，普鲁士元帅、著名战略家、军事家赫尔穆特·卡尔·贝恩哈特·冯·毛奇（又称"老毛奇"）推动在军队参谋系统中运用兵棋推演方法制订和完善作战方案。推演正式进入军事实战领域，并开始在西方各国推广。这场战争后，包括推演在内的新军事实践风靡欧洲，也成为 20 世纪军事变革的关键推动因素之一。当时确定下来的兵棋形态事实上一直延续至今。例如，时至今日的兵棋推演都沿用六边形表格状的棋盘，棋盘的比例为 1∶8000，棋盘上的 1 厘米现在相当于现实中的 80 米。然而，当时的兵棋推演过于繁复，是一种"严格式兵棋"。

随着作战武器、装备和建制的逐步多样化，"严格式兵棋"实践遭遇了诸多阻碍。在这种情况下，1876 年，普鲁士陆军上校冯·凡尔第简化了"严格式兵棋"，创造了随意性较强的图上作业方式，把裁决依靠规则改为依靠裁判员的判断，取消了手册上的规则、计算表和对数表等，将兵棋推演演进为"自由式兵棋"。这种方法一直沿用至今，也就是纸上或是沙盘兵推。这也是早期推演发展的两大路径之一，即在六边形棋盘上的兵棋推演和在模拟仿真地形图上的沙盘推演。当然，兵棋推演与沙盘推演的名称、用法已经没有严格式兵棋和自由式兵棋那样泾渭分明，很多情况下存在混用的现象。这种在地形图上的推演，即沙盘推演，在军事领域应用最广。大量的影视作品中都有利用沙盘指挥作战的情节。这方面仅举一个美军运用沙盘推演改进军事运筹策略的例子。1979 年秋，美国军方实施了一项名为"精巧矿石"（Nifty Nugget）的纸上兵棋推演作业，以测试美军的快速部署能力。这项纸上兵推作业暴露了美国各军种运输单位之间的统合问题。当时空军的"军事空运司令部"、海军的"军事海运司令部"以及陆军的"军事交通管理司令部"三者之间缺乏统一指挥协调。由于这项纸上兵推作业暴露的美军运补问题，美军参谋长联席会议（简称"参联会"）于 1979 年成立"联合兵力部署局"，其目的就在于协调各军种间的作战计划，同时建立所有可供执行联合兵力部署的设施资料库。[3] 目前较为著名的兵棋推演有美国海军的"全球兵棋"系列推演、空军的"全球打击"系列推演、陆军的"后天的陆军"年度推演。

对兵棋的研究很大程度上是"军迷"的乐趣所在，因此形成了兵棋推演的一支流派。最早的经典著作是 1980 年出版的美国兵棋界大佬詹姆斯·邓尼根所著的《完全推演手册：如何进行、设计和找到他们》。该书是了解兵棋及其原理的入门必读之书。邓尼根认为："推演是实现率先展望未来的一种尝试，这建立在更好地理解过去的基础上。推演通过对历史的深入理解，尝试推断未来。推演是'游戏'（博弈）、历史和科学的组合，是纸质的时间机器。如果以前从未见过兵棋，最简单的方法是把它想象为象棋，但它有着比象棋更为复杂的棋盘、棋子和移动规则。"[4] 1990 年出版的《推演的艺术：专家和业余爱好者指南》更具有专业性。作者彼得·波拉是美国著名作战模拟和兵棋界的权威，是美国海军分析中心（CNA）的专家，由于参与了许多美国海军兵棋的设计、运用，其作品也更具专业性。书中对兵棋概念的解释被视为最权威的定义。该书阐述了兵棋的概念、历史、原理、设计、要素，介绍了二战中及战后兵棋推演的发展历史，对兵棋推演、演习、分析等方法在研究问题中的作用及相互特点进行了有价值的辨析。波拉将推演分为三大流派：一是娱乐游戏，二是政治-军事推演，三是全维度的全球推演。最重要的是，彼得·波拉在书中提出将"wargame"连写来表示兵棋的专业术语，解决了兵棋概念混乱的问题。这一举动对后来推演的专业化发展起到一定的作用。"如果说这本书有一个中心主旨的话，那就是我坚信必须将'war game'发展为'wargame'的极大必要性，以及必须将推演活动的实用性和娱乐性精妙地整合在一起，从而既容易理解又能实现既定目标的极大必要性。"[5] 毫无疑问，波拉所说的推演，尤其是将娱乐性与专业性精妙融合的思路,是指兵棋推演流派,特别是进行商业化运行的兵棋推演,简单来说,就是基于战争和军事情景的、可以卖钱的兵棋推演。这与进行战略研究、支撑战略决策的推演,实际上是两回事。

此后还有一些文献陆续出版,如2016年出版的《控制区:兵棋推演观点》介绍了在娱乐、教育和军事规划方面的兵棋推演。[6] 这些文献的主体内容实际上都集中在兵棋推演上,也就是立足于网格状六边形棋盘、依靠规则和打分开展的推演。国内一些兵棋推演专家也主要参考这一流派,尤其是对游戏开发公司进行指导后,形成了一些半娱乐的兵棋游戏,吸引了不少拥趸。一些新兴的技术型咨询服务企业,也尝试推动兵棋推演在其他社会决策服务方面的应用。但由于兵棋推演流派具有相对严重的局限性,大部分在这方面的尝试很难用于现实社会和政治运行的实践当中。

二、从战斗到谋略

"国之大事,在祀与戎。"国家大事,无非是政治与军事。第二次世界大战开始前,美、德、法、英、日等大国在兵棋研讨基础之上,开始尝试对战争对抗的结果及国家战略进行推演,从而将推演从战斗运用发展到谋略运用、从兵棋推演演进到"政治-军事推演"。这些方法在第一次世界大战后就逐渐开始受到主要大国的重视。一些军事机构尝试利用推演手段研究未来冲突的爆发点及其形态,以辅助国家战略决策。1929年,德国著名战略家、军事家埃里希·冯·曼施坦因首次在进行兵棋推演的过程中,让德国的政治、外交人员扮演盟国、德国及其他相关国家的政治领袖和外长,从而创造性地将政治、外交、政策方引入兵棋推演之中,超越了传统兵棋推演集中于军事领域的范畴，将其上升到国家政策、战略、外交等更为宏观的层面，形成了"政治－军事兵棋"。20 世纪 30 年代初，德国陆军元帅维尔纳·冯·布隆伯格设计了"战略级兵棋"，用于研究当时军事、政治形势给德国带来的影响。这些"战略级兵棋"详尽考察了周边国家的外交和政策走向，为二战初期德国制定正确的军事战略奠定了基础，也成为战略推演的雏形。美国海军在此前后也曾以推演方式研究太平洋战区的风险点。当时的一些推演结论指出：未来极有可能爆发的太平洋战争将以日本海军对位于珍珠港的美军基地展开大规模突袭行动而开始。当然，这只是推演想定和结果中的部分结论而已，可能涉及与后来发生的珍珠港遇袭事件雷同的情节，但当时并没有形成具有决定性的政策建议。相反，日本则早在 1941 年就在东京军事学院进行了针对珍珠港突袭可能引发的后果的一系列推演，其中包括 9 月中旬在东京海军学院进行了详尽而具体的作战沙盘推演活动。[7] 而为了应对 1939 年欧洲爆发的冲突，提前做好各方面的战争准备，日本在 1940 年就专门创建了运用推演的"总体战研究所"，作为"协调巨大而复杂的日本战时经济结构的'规划委员会'"。[8] 该所开展"政治－军事类型的分析类"兵棋推演，推演设计中不仅有代表外国的推演者，也有代表日本内部的陆军、海军以及民众等不同方面不同的利益集团。

二战结束后，"政治－军事推演"得到进一步的长足发展。20 世纪 50 年代，兰德公司开发了用于研究国家战略问题和国际关系的"政治－军事对抗模拟"。虽然这种方法在二战中已经被德国和日本使用，但作为一种系统性的研究方法于 1954 年在兰德公司首次提出。[9] 在该推演中，代表各个指定国家政府领导人的参演组，包括政治、外交、军事、经济、情报等各方面人员，一起讨论危机态势，分别确定各个国家的利益和目标，考虑各种政策选择，代表其政府做出决策。与仅侧重军事的作战模拟不同，政治-军事对抗模拟特别强调对抗态势的政治、经济、心理和社会的各个方面，强调针对想定态势做出反应的决策过程。[10]

三、从人工到智能

兵棋推演经历了手工推演、计算机辅助和作战仿真模拟三个阶段。直到20世纪70年代以前，兵棋推演仍处于手工推演阶段，即"纸上谈兵"。随着电子信息技术的快速发展，可以储存大量数据、快速运算的计算机系统成为兵棋推演的主要发展方向。计算机兵棋推演首先对作战部队的体制编制、武器系统、战术行动等进行精确评估，将其逐一量化，换算成参数输入计算机数据库中。推演由作战指挥中心、作战演训中心及各作战执行单位指挥所执行，运用复杂的战区仿真系统，输入作战各方的各类参数，连续数小时乃至数月模拟实战环境和作战进程，实施重大战役层级的推演。

1976年，美军在兵棋专家詹姆斯·邓尼根指导下研发的"麦克柯林迪克战区模型"（McClintic theater model, MTM）成为美军计算机辅助兵棋推演的开端。该模型被设计成允许推演者自己在计算机终端前操作的模式，指挥官可以使用特定的关键词以自由形式发出命令。[11] 20世纪80年代初，美军参联会资助设立现代辅助规划项目（modern aids to planning program, MAPP），将计算机简单辅助的兵棋推演升级为复杂的计算机化的作战模拟和兵棋推演系统，即"联合战区级模拟"(joint theater-level simulation, JTLS)。这是一次以兵棋为内核,用运筹分析方法进行集中强化的升级。该系统成为美军、北约盟国及美军伙伴开展兵棋推演的基础。

到20世纪80年代末和90年代初,美国开始广泛推广运用计算机兵棋推演系统,包括在国防大学设立战略战役级兵棋推演中心,在空军军事学院设立兵棋推演中心,在国防部成立"国防建模与仿真办公室"等。"国防建模与仿真办公室"在1999年升级为美国国防部"模拟与仿真信息分析中心"。到90年代末,尤其是经过海湾战争的检验,美国主要形成了高低搭配的三套兵棋推演系统,分别是战区级的"联合战区级模拟"、战役级的TAM手工/计算机兵棋和师级的TAC-WAR计算机兵棋。[12]在海湾战争中,现实的发展几乎完全验证了美军对作战方案的推演过程,使得推演在美国战略谋划领域声名大噪。

进入21世纪后,信息技术的高度发展使得推演主要在四个方向上演进。一是完全基于数学模型和计算机的作战模拟,例如兰德公司开发的联合一体化应急作战模型(joint integrated contingency model, JICM),可用来仿真包括战略机动、联合作战的全球性战争或冲突,在空中和地面等多个战场进行的地区性常规战争、海战以及有限的核生化战争。[13]二是按照比例模拟的沙盘推演(map exercise),也就是传统作战模拟,在沙盘上标图进行的推演。三是嵌入真实装备和军队的分布式交互仿真(distributed interactive simulation, DIS),将实际装备或指挥员命令联入仿真系统,可以和人工生成的模拟单元交互,在广域战场空间内进行作战模拟。四是实兵战场演习无缝接合的综合战争演练场(synthetic theater of war,

STOW），也就是将地理信息系统（GIS）和虚拟现实无缝接合的模拟战场环境，一般用于训练。[14]

四、从棋盘到圆桌

在战略性问题的推演中运用最为广泛的就是研讨式推演（seminar wargaming）。研讨式推演是指以研究讨论方式为主完成交互对抗、博弈模拟及决策制定的推演，更多用于研究综合、宏观的战略性问题，偶尔也用于研究作战问题。研讨式推演最适合的应用领域是研究政治、经济、军事、外交等多种因素相互交织、相互影响的战略层面的问题。例如，从讨论式对抗模拟衍生而来的政策实验中的讨论式博弈，能够借助讨论式对抗手段发现并暴露冲突。在推演中，无论是利益冲突方，还是观察员、政策研究和制定者，都可以深化对利益格局的认识。通过参演人员的研讨以及专业团队在推演中的信息和数据输入，能够更好地分析利益冲突、各方观点和论据，并激发新思路和新见解的产生。[15]

研讨式推演的发端是 20 世纪 20 年代末德国元帅曼施坦因组织的"政治－军事推演"。二战结束后，美国军队和一些地方研究机构也开始组织研讨式兵棋推演。20 世纪 80 年代，约翰斯·霍普金斯大学应用物理实验室的作战分析实验室在政治－军事对抗模拟的基础上发展形成了较为规范的讨论式对抗模拟方法。[16] 此后，讨论式对抗模拟方法又进一步被兰德公司改进，用于其他领域的政策分析，如科学政策的制定[17]、网络犯罪预防[18]、区域治理[19]等。这种推演通常分为两种类型：一是解决问题型，二是预测发展型。不过，二者之间的界限很多时候并不是很明显。这种讨论式对抗模拟为参与者提供了更好的研究与分析问题的平台，通过讨论来形成设想，通过互动来解决问题，把各个方面的专家知识和观点结合起来，用参加者之间的合作效应来促进新见解的产生。[20] 当前，美军"X系列兵棋推演"是最典型的研讨式兵棋推演，其中以"施里弗太空推演"最为著名。[21] 这些研讨式推演虽然有时也会使用一些规则、数据或模型，但人的经验和知识始终发挥着主导作用。

在组织方法上，研讨式兵棋推演与其他兵棋推演大致相同，需要将推演者分为两个或多个对抗推演方，采用"背对背"的形式完成决策、交互和裁决。在讨论式对抗模拟过程中，参加研讨的人员扮演一系列决策者，并代表其进行决策，对抗的双方陈述为什么采取某项行动以及预计会产生什么结果，决策后果由参加者通过讨论来判定，并使用模型和数据库来支持结果分析。[22] 不过，由于推演涉及的知识和信息过于广泛、过于专业，非长期钻研根本无法领悟其中精髓，所以参加推演的人员只能是相关各领域的专家或正在相应岗位上任职的官员。以美国相关推演为例，参与者通常是来自白宫、国务院、国防部、中央情报局、能源部、财政部等相关部门的专家或官员。推演的机制很简单，推演各方一般由若干名推演人员组成，推演控制组也由相应数量的若干名成员组成，推演组中的每个人根据推演主题扮演相应部门领导的角色。各推演方根据提供的态势分析局势，提出相应的目标、战略和计划，然后形成包含决策方案的文档提交给推演控制组。控制组根据各方提交的文档对各方计划进行综合分析，形成新的态势并下发给各推演方进行下一步作业。同时，推演时间根据需要向前推进，推演时间的回合跨度从几小时到几个月不等。[23]

与兵棋推演对信息化环境的高度依赖不同，研讨式推演对环境的要求相对简单，也称为桌面演习（table top exercise）或是自由式推演（free form game）。研讨式推演相对其他形式的推演而言是最"松弛"的一种。首先，它不建立在模型、数据的基础上，尽管也需要将它们整合进推演之中。其次，它不被局限在各种规则、裁定、回合等限制之中。在这种推演中，战略环境的模拟是利用定性的和描述性的情景实现的。参演者正是在有限的环境中基于条件刺激采取应对挑战的决策。这些情景的带入通常是以信息通报的方式进行的，比如突发新闻、信息简报等，为扮演决策者的人员提供一种决策环境的认知。例如，在美国国防大学国家战略推演中心每年一次的核心推演活动中，推演设计者需要借助多种多媒体手段，将推演情景推送给参演者，包括视频投影、在线材料和幻灯片演示等。[24] 在随后的决策环境中，就出现了决策的互动和路径的选择。每个人的决策都会影响事态发展的进程，同时也会让推演进程走向不同的轨迹。当然，在需要的情况下，这种轨迹是可以回退的，回到需要重复研究的节点进行复推。这种可操控性，不只为决策提供了检验的可能，更为决策提供了更多思考的时间。而时间正是危机决策中最稀缺的资源，没有之一。此外，通过对推演过程中参演人员的决策过程进行研究，可以进一步了解角色扮演方的利益认知、政策目标和具体举措思路。各方通过在推演平台上的交流，实现信息的交互、思维的碰撞，最终提升集体的战略研究水准。

虽然看起来研讨式推演对环境的要求相对简单，但作为承担战略级研究任务的关键手段，其实难度更为突出。它比其他类型的推演要求的条件更高、标准更苛刻，更导致了战略级研讨式推演作为一种针对战略环境的人机结合式仿真复杂系统，实施难度更大。研讨式推演高度依赖推演设计和情景想定所提供的战略仿真环境。因此，专家团队的推演专业化素养和业务素养的双重达标是推演成功的关键保障。最重要的是，推演进程的控制和推演信息流的管控是推演成败的核心。传统的对抗模拟采用的是封闭式的对抗，参演者就像敌对的双方一样，在对抗模拟过程中相互之间只共享有限的信息，一方只能通过控制组知道另一方决策的结果，而不知道对方是如何分析决策、做出判断的。讨论式对抗模拟在信息方面是彼此开放的，通过研讨，每一方都可以完整地获取博弈信息，能够分享其他参与方关于局势的分析和思考，因此在问题分析和情景理解方面具有独特的优势。[25]

五、从谋战到谋国

在战略层面开展的推演活动，主要发端于美国对美苏竞争态势进行的推演项目。冷战时期，战略推演的方法得到完善，进一步向解决政经议题、国家综合性战略议题方向发展，逐步发展为大国战略决策的必要辅助手段。二战结束后，战略推演在美苏两大集团对抗中被广泛运用。推演所涉及的情景也从一般的军事冲突上升到国家战略博弈层面。特别是古巴导弹危机后，美国将战略风险评估、战略危机管理等多种理论与技术手段引入国家安全战略决策，形成了针对综合性国家战略的推演。美国战略推演既对苏联的发展前景与美国应对方案进行过对抗式研讨，又通过一系列仿真模拟的方式对美国的"星球大战"等战略进行了较深入的研判。此后，较为著名的推演是美国在冷战期间开展的以苏联解体为想定情景的战略推演。这一进程一直持续到美国赢得美苏竞争。此后美国战略推演在军事领域的应用随着冷战的结束和美苏竞争态势的消解而大幅转向，开始为军事转型等现实需求服务。

冷战结束后，随着国际形势的日益复杂化及科学技术的发展，战略推演所涉及的问题的广度、深度均大幅拓展。美国等西方国家的战略推演发展到一个新的阶段。如美国国防部每四年发布一次的《四年防务评估》，就是借助推演方法来检验当前军事战略是否满足最新国际形势变化，未来一段时期的国防力量建设怎样才能满足整体国家战略需要。同时，美国等西方主要国家开始探讨在盟友内部及与盟友圈外的有关国家，用推演方式探讨国家层面的危机应对战略。战略推演还与战役层面的兵棋推演及实战演习等相结合。如美国牵头的"网络风暴系列多国推演"及美军进行的"施里弗太空推演"等，对网络和外层空间领域安全风险应对等问题进行综合性研讨和实战模拟。

21世纪以来，战略推演成为主要大国政府、智库进行研究和决策的重要手段。美国总统国家安全委员会、国务院、国防部、国土安全部等都建立了推演工作程序，将战略推演作为政策制定和危机应对的必要步骤。近年来，美国几乎就所有重大问题都进行跨部门的推演，如：2001年实施"高官系列反恐演习"；2006年开展"网络风暴"演习；2008年"太平洋视野"对2012—2028年的中美对抗和亚太格局变化进行推演，并由此提出了"空海一体战"的概念；2009年，美国国防部进行经济战推演。同时，美国智库也将推演作为重要研究方法。此外，日本、俄罗斯、印度、韩国等也都频繁进行推演，用于形势研判和军力部署。同时，推演也成为国与国进行接触和外交，以及获取资讯的手段。中美之间围绕防范南海冲突方面的推演，双方试探对方底线，为避免战略误判和建立沟通机制做出了贡献。

战略推演的科学实质是一种以人机结合形式进行的战略仿真模拟活动，是对未来情景进行的一种"小样"试验性质的仿真模拟。这一流派逐渐发展为与兵棋推演并行的独立研究方法，在国际战略斗争实践中发挥了重要作用。但由于敏感性问题，相对于兵棋推演，战略推演更加鲜为人知。相关内容在下一章中展开介绍。

第二节　认识误区

现代推演，毫无疑问是"舶来品"。即使我们可以从墨子救宋的故事中读到"解带为城、以牒为械"的故事，但毫无疑问，包括"推演"这个名称在内的对推演的全部认识，以及扮演的方法和应用都是近代以来的舶来品。在方法和技术领域的舶来品普遍面临的一大问题就是语境变化情况下出现的认识偏差。这一问题在推演领域尤其严重，很大程度上是因为在西文语境下"推演"的概念本身就长期处于发展演进中。同时，推演作为一种跨学科的面向决策实践的方法，既存在建模、仿真等技术运用中诸多概念的干扰，也存在军事演习、政策研究等诸多应用场景的混用。因此，目前国内对推演的所指依然较不清晰。推演到底是兵棋推演、沙盘推演，还是战场推演、战略推演，抑或是推演就是推演？在汉语语境下存在很多混用的状况。为此，本书有必要从宏观应用的视角对此进行区分，从历史源流、用词语义和核心本质等方面对此进行剖析，以明晰认知。这种区分必然是建立在对推演发展源流的梳理基础上，也是建立在对推演如今形成的分野进行厘定的基础上。

一、所指与辨析

现代语义中的"推演"可以追溯到德语的"Kriegsspiel"（战争游戏）。汉语中的"推演"一词来自日本。日本于1883年在东京建立了陆军大学，并从德国总参谋部聘请了陆军少将麦克尔等人到日本教授兵学、军制、参谋演习等课程。源自德国的"战争游戏"（Kriegsspiel）就在此时传入日本，日语刚开始将其直接翻译为"戦争ゲーム"（战争游戏）。随着日本人对它的理解加深，逐步将其翻译为"兵棋演习"。1904年，日本在日俄战争中取胜被归因于日本指挥官从推演中"学到的知识"。[26]也正是因为受到日俄战争惨痛的战败刺激，俄国开始在高级指挥官中推广推演。十年之后，当1914年第一次世界大战风暴逼近时，俄国已经开始通过推演检验军队的移动能力是否足以对抗德国对东普鲁士的进攻。

推演一词的含义几经演进。最初是从棋盘游戏中衍生来的战争游戏，也就是在棋盘上进行的一种战争场景的游戏娱乐活动。英文中的"推演"最初使用"战争游戏"（war game），这是推演的最初形态，也就是一种类似象棋的围绕战争展开的游戏活动。根据维基解密发布的美国国防部2007年版《军事及相关术语词典》的界定，"war game"是指"为刻画现实或假定的逼真情景，运用规则、数据和设计好的程序，通过任何方式，对涉及两支或多支对抗性力量的军事行动所进行的仿真"。[27]在此后的公开版本中，这一词条被删去，如2016年版就不再有关于推演的解释。近年来，推演出现了从"war game"两个单词到"wargame"一个单词的演进过程。这个过程既是从战争游戏到兵棋推演的专业化发展过程，又是一种从原始状态到专门的手工兵棋及其现代化活动的具象化过程。在这个过程中，"wargame"一词的含义实际上变窄了，更加专业和具体了，专指从纸上的手工兵棋游戏衍生而来的模拟活动，也就是类似于《大富翁》《三国志》等电脑游戏的在一个一个的六角格组成的地图上开展的一种回合制活动。这类推演的集大成者就是美国海军战争学院开展的拥有百年历史经验的兵棋推演。其典型成果就是詹姆斯·邓尼根的经典著作《完全推演手册：如何进行、设计和找到他们》。

目前在汉语语境中，对"war game"有诸多不同的翻译，比如战争游戏、战争博弈、作战模拟、作战仿真、对抗演习等。由于最主要的应用环境是战争模拟，最主要的用户是军队，所以日常采用最多的说法是兵棋推演。"推演"在汉语语境中的含义过于宽泛，实际上不利于其作为一种科学、规范的决策辅助工具发挥应有的作用。"推演"在汉语语境中主要包含双重意思，一是推论演绎。汉代陆贾《新语·明诫》提及："观天之化，推演万事之类。"《三国志·蜀志·诸葛亮传》："推演兵法，作八陈图，咸得其要云。"《朱子语类》卷四七："最苦是世间所谓聪明之人却去推演其（释氏）说。"明代归有光《〈经序录〉序》："然虽有成书，而多所未尽，赖后人因其端以推演之。"鲁迅《集外集拾遗》："我说，'多看外国书'，你却推演为将来都说外国话，变成外国人了。"这些"推演"都是"推论演绎"的意思。二是推移演变。清代梅曾亮《答朱丹木书》："夫古今之理势，固有大同者矣；其为运会所移，人事所推演，而变异日新者，不可穷极也。"李大钊《新旧思想之激战》："宇宙的进化，全仗新旧两种思潮，互相挽进，互相推演，仿佛像两个轮子运着一辆车一样。"这些"推演"都是"推移演变"的意思。本书所研究的推演中的"推演"二字，如果放在汉语的语境下推敲的话，"推"既有推理演绎的意思，又指推动事态发展；"演"指角色扮演，同时也有演化、演进和演习的含义。综合"推演"二字，即在假定的情景之下，通过角色扮演，推动事态发展，观察事态演化。这样理解也更符合推演自身所指向的意象演进的特点。

推演的英文词通常用"war game"，部分情况下目前也有用"wargaming""simulation exercise""computer simulation"等词，可以说推演仍处于从"战争游戏"向"仿真模拟"演进的过程中。与这一进程同步发展的，是在20世纪70年代时，推演陆续融入了计算科学发展新成就所带来的计算机仿真方法、二战和冷战推动的军事运筹学理论以及石油危机中应运而生的情景分析方法等。这些多元方法的汇入进一步将推演的发展路径催生得多种多样。实际上，推演也就变得更加多元和自由。这种"招无定式"的演进开始让一些尝试运用及研究推演的机构和学者莫衷一是，也使我们今天对推演产生很多误解性认识。总体而言，单独使用"wargame"的用法已经落后于时代。相对于这种兵棋类的推演，更广义的推演活动则被称为模拟，也就是用"simulation"一词。但单独使用"simulation"的语义还不能满足实际的需要。其原因在于，"wargame"一词除了有战争游戏的意思之外，最重要的是反映了推演的实质在于它是一种博弈（game）活动。因此，通常在谈到推演时"wargame"和"simulation"两个词会连起来使用。例如，美国《全球趋势》系列报告在运用推演时就用"wargaming or simulation exercise"来表述。

二、正确认识推演

由于国内推演领域的专家多从事兵棋推演，且有大量的军棋类游戏爱好者参与其中，因此引起对推演认识的一大误区，就是推演即兵棋。实际上，美军近40年来在战争模拟上所做的绝大多数努力都是不断使得以建模仿真为核心的作战模拟更加符合联合作战训练的需求，在模型、数据及体系上狠下功夫，而不是复兴手工兵棋一系的兵棋推演活动。这些活动中的"wargame"的共用词就是"operational simulation"。这里的"wargame"其实是作战仿真活动的代名词。国内一些专家将这些统统翻译为兵棋，而不谈推演和仿真，在一定程度上与特殊的利益需求有关系。

此外，国内对推演的认识还存在偏于狭义的倾向，也就是向仿真这个角度发展更多，而没有从博弈论（game theory）的角度来认识。实际上，推演的实质是一种博弈活动，仿真只是手段和形式，博弈才是核心和实质。在英文语境下谈论"war gaming"时，其实包含着一种"在战争场景下的博弈"的含义。同时，美国战略推演的发展也与博弈论在国际政治领域的运用和发展进程相伴相生。二战结束以后，伴随着博弈论的出现，推演的内涵也开始向战争博弈拓展，就是运用博弈论的理论和思维对战争的对抗状况进行模拟、分析。正是博弈论在冷战两极极端激烈的竞争中得到了巨大的发展，发挥了至关重要的作用之后，推演作为一种模拟这种博弈的手段和促进博弈结构研究与认识的方法，才得到了广泛的应用和长足的发展。这个时候推演已经不再是兵棋，尽管在英文语境下二者还在使用相近的词。推演极大地丰富了博弈的实践，是一种博弈的模拟行为。

如何认识建模与仿真也是正确看待推演的重要一环。美国兵棋推演专家马修·卡弗里曾指出，有些人将"建模"（modeling）、"仿真"（simulation）和"兵棋推演"（wargaming）当作同一个词来使用，而实际上它们是推演活动中截然不同的组成部分。"建模与仿真"（modeling & simulation）在我国台湾地区也译为模式模拟。翻译后的这些概念的含义都过于宽泛，在军事、技术、材料、装备等诸多学科和领域均被广泛运用甚至混用。事实上，"建模"只是按比例对实际事物所做的描述，根据所抽取对象的不同而不同。比如飞机的实体模型、飞机的设计图，以及用于表述飞机性能的数学方程式，都属于"建模"。"仿真"是对实际事物在时间上进行的按比例描述。例如，一个缩小的机翼对于一个实际尺寸的机翼而言是"建模"，当把这个机翼放进风洞，并测定其在不同风速下所产生的效果时，那么此时所做的就是"仿真"。

美国国防大学在国家战略研究所下设有"国家战略推演中心"（National Strategic Gaming Center, NSGC）。国家战略研究所是美国开展战略预判的主责机构之一，《大国远谋》一书中有专门介绍。该所下设的国家战略推演中心为包括国防大学的学员、军队指挥官、政府的高级官员和国会议员等组织战略仿真演习活动（strategic simulation exercise）。[28] 显然，这里的"战略仿真演习活动"就是"推演"，即博弈活动。而"国家战略推演中心"的工作人员所从事的工作是以演习为目的的，主要是以支持教学和政策训练为目的。"国家战略推演中心"在设置机构时，就没有选用

"wargaming"一词，而是直接采用"gaming"，也就是从兵棋推演演进为博弈模拟，自然研究和演习的活动也就从军事推演上升到了战略推演。这里还有一个经常谈到的问题，就是关于"战略"一词在中英文语境中的不同，《大国远谋》已经谈过——"战略"不是军事战略（military strategy），而是政治战略或国家大战略，也就是我们中国古代所说的"韬略"。

因此，如果要在中英文中反映推演的实质，那么"演绎博弈仿真"（deductive game simulation）是一种不错的解释。也就是说，推演是一种运用演绎思维的博弈仿真活动。其核心是一种不同于传统归纳思维的演绎研究路径。推演的本质是一种博弈行为，而方式和实现路径则是仿真。上述三点构成了推演的核心要素。推演的理念是与传统归纳思维不同的演绎思维，推演的核心是博弈论，推演的方法和形式是仿真模拟。"演绎博弈仿真"能够从思维、核心实质和方法形式三个维度对推演进行较为充分和全面的诠释。这样的阐释有助于在文化差异之中为决策者、研究者和实践者提供更好地理解推演的一点辅助。同时，社会上长期存在对兵棋和推演等词在中英文互译过程中存在分歧的广泛争论。当然，这些争论主要是针对在美国海军战争学院推广的兵棋推演，与本书所讨论的针对战略与政策的宏观综合性推演实际上并不是同一领域。但是考虑到类似词语的相似性和易混淆的问题，上述阐释也有助于在一定程度上消弭这种分歧和争论。

三、推演普遍的认识误区

推演是一种科学的研究方法，而非对未来的简单预言或确定性预报。将推演或者推演的情景设计理解为对未来的预言、对可能发生情况的预报等都背离了唯物辩证观和科学方法论。推演研究的未来情景没有哪一种会必然发生,也不会出现几种想定情景轮流发生的情况。目前,对于推演普遍的认识误区主要表现在推演是对未来的断言、推演是演练而不是研究活动以及将情景想定作为推演的研究等方面。

(一) 推演是对未来的断言吗?

从 20 世纪 60 年代开始,美国战略预警的鼻祖罗伯塔·沃尔斯泰特就开始使用"预见"(foresight)一词来说明战略预判工作的核心目标。但实际上当时的主流还是倾向于一种"预测"或"预报"(forecast)性质的活动。罗伯塔·沃尔斯泰特也是《珍珠港:预警与决策》一书的作者,她的丈夫阿尔伯特·沃尔斯泰特是与她一起供职兰德公司的元老级人物,也是兰德公司初创时的领军人物之一。他在 1958 年发表的论文《恐怖的微妙平衡》("The Delicate Balance of Terror")中第一次向人类揭示了核恐怖平衡。在那之前,"二战临近结束时,美国使用了两枚小型核弹,但并不清楚更大当量和更多数量的核武器可能会导致战争性质发生什么样的变化"[29]。这对为美国冷战期间的国家安全战略做出杰出贡献的伉俪,1985 年在白宫接受了由时任美国总统罗纳德·里根亲自颁发的总统自由勋章。可以说,这是军备控制领域学界的一段佳话。

直到 20 世纪 80 年代后,这种倾向才逐渐由"预测"和"预报"演进为"预见"。虽然在汉语中三者的区别非常细微,但是实际上有本质的不同。当然,与"预测"和"预报"存在一种同质性的活动,就是"预言"(predict),而进行"预言"的人就称为"预言家",或者说就是"先知"(prophet)。"预言"是对于未来发生的事情做出的一种肯定性判断,具有单一性和确定性特点。推演不是"预测"和"预报"未来,更不是"预言",而是"框定未来"(framing the future),就像一个相机的取景器,未来就在这个框里,基本的架构就在那里。框定未来,并不是说未来是什么,必然会怎么样,尤其是不解决具体事件将出现什么结果等问题,应该说是"预见",或者叫洞察。但这很难,"做出决策的用户往往对预测性分析(predictive analysis)持怀疑态度,除非他们亲自做这种分析。他们认为自己对未来的判断最起码与专业分析人员一样好"[30]。

(二) 推演是演练而不是研究活动吗?

存在这样一个误区,即将推演的情景设计理解为编写一种推演的剧本,将推演理解为简单的表演或扮演活动。一些推演中将控制组称为"导演组",使一些人将推演的指挥与控制理解为影视活动中的导演,进而将其前期的推演设计和情景想定活动理解为编剧,是一种发挥个人主观能动性的创作过程。还存在一种误区,即将推演理解为一种演习和培训,将控制组理解为指挥员,将推演设计和情景想定理解为进行演习的脚本。情景想定不同于培训、演习和其他创作中的剧本或脚本,剧本一般设定固定的流程和结果,而情景想定设定场景,但并不预设过程和结果。情景想定不是预言未来一定会发生的情况,而是提出系列情景集合,是对未来可能发生事件的一种科学的综合分析方法。"因为不可能准确掌握未来,所以解决方法就是建立若干个情景想定。这些情景想定实际上是对未来的情景进行特别的构想，每个情景想定模拟一种清晰的、似乎合理的结果。情景想定规定了不确定性的边界，以及似乎合理的未来的限制。"[31] "预报"是一种可量化、可评估的未来事件分析和报告方法。情景想定不对未来可能发生的事件进行规范性的评估，而是只提出可能性，并在此基础上进行科学分析和进一步演绎。"每个情景想定代表未来某一段时期清晰的、似乎合理的图景。"[32] 推演的过程和结果是在各参演人员对抗中自发形成的。上述误区都是推演活动的接触者根据自身知识背景，对类似词语进行简单联想解释，将类似活动进行直观类比理解的过程。类似的误解都忽视了战略推演及其相关配套方法的科学性、系统性和专业性。

推演是一种高级研究活动。那么，如何判断一项活动是不是推演呢？推演根据应用进行分类，主要有两种用于分析研究的和用于教学培训的。实际上，经常见诸报端的推演活动是演习或训练。现在，类似的活动中在很多情况下要使用信息技术辅助和仿真体系的支持。但是必须明确，从本质上讲，演习不是一种研究活动，或者说其主体不是研究活动，不能把它与推演等同。一次演习能否算作"推演"，其决定性因素在于演习中是否存在能够独立思考和行动的假想敌。根据这一标准判断，单方的战略机动演习不是推演，而是一种演练。当然，在很多重要的战略性演习活动中使用推演的思维和方法，能够形成对政策的支持和辅助，也就是检验事态的发展和己方准备的不足，那么我们可以将这种活动作为推演的一种形态来看待，例如，兰德公司著名的"某日之后"核扩散演习和研究。[33]

（三）将情景想定作为推演的研究吗？

近年来，随着"推演"一词的大热，国内很多时局评析类文章开始以推演为名博取眼球。实际上，只要粗略一看便不难发现，这些针对时局的文章充其量采用的是情景分析的研究方法，甚至仔细研究起来能够做到客观情景分析的很少，绝大多数仅仅是面向可能的未来风险的一种推论和臆测，连演绎思维都谈不上。这样的文章太多，有一些是针对全球趋势的，也有一些是针对中美关系的，还有很多是针对经济形势的，本书不一一节录剖析。

自特朗普政府上台、中美关系趋紧以来，越来越多的国内学者尝试使用"推演"一词，来阐释他们对极端情况的想象性评论。而很多被冠以"中美贸易战动机分析与情景推演""十种最差结果"等所谓推演结论的预言，并没有可靠、系统、科学的研究方法做支撑，仅仅是少数个人"危言耸听"以博名利的"奇技"。一些时候，这些极端情况由于所言耸人，的确也受到了政府和公众的高度重视。出现这样的局面肯定是不利于科学和稳健决策的，甚至有可能将国家和民族的命运引向错误的方向。必须指出的是，问题不是出在言者的少数人身上，更不是出在听者的少数人身上，而是出在对"推演"的不解、误解和盲信上。这就更需要一些正本清源的工作，帮助社会理解推演的原理、方法和科学性所在，尤其是帮助决策者和公众分辨什么不是推演，以及为什么有些说法虽然看起来言之凿凿、冠冕堂皇，实则不值一提，更不值一驳。

引申而言，类似推演的运用考验的是智库的良心与决策辅助的界限。清华大学李彬教授指出："有人认为自然现象比社会现象的运行后果更确定,其实不一定。例如,你往清水里滴入一滴墨水,要你预测墨水痕迹在清水里的走势,这是十分困难的。科学家的做法是只说他知道的,如预测某个时刻的墨水的最大扩散距离、平均扩散距离等。预测一个国家某个行为的走势,就像预测墨水的走势一样,有时也会很困难。但我们有可能能够预测其中某些特征的变化,并把这些预测恰当地表述出来。社会科学研究是去发现社会运行的事实和规律;政策研究是根据社会科学的知识整理政策相关的事实、评价和设计政策。科学与工程技术的关系,和社会科学与政策研究的关系类似。做工程技术的过程中有很多人为选择,如是在左侧行驶汽车还是在右侧行驶汽车。这些人为选择有很多是基于人的偏好和价值观的,如修路的时候是优先人行道还是优先汽车道。因此,工程技术不如科学纯粹。一个人是不是有良心,可以在他从事的工程技术工作中体现出来,尤其是当他从事的是工程管理。政策设计也会受设计者的偏好和价值观的影响。关于某些问题的辩论,多数是基于发言者的偏好和价值观,少数是因为对事实的认识有差别。政策研究(如智库)的主要产品是挖掘和呈现政策决策所需要的事实,而不是政策建议。这是为了避免无谓的偏好和价值观之争,就像甜(豆腐脑)党和咸党之争不会有结果一样。如果主要产品是政策建议,那是游说公司,不是智库。"这也正如安德鲁·马歇尔所说的作为智库要"多谈诊断,少谈处方"的意义所在。

第三节 价值与意义

面对传统决策中存在的诸多问题,推演成为一种全方位改进决策思维、流程和体系的有效手段。推演有利于促进战略决策的现代化、标准化和科学化，促进由经验决策向科学决策转变，由个体的单向思维向复杂的多向思维转变，由单一资料源向数据交互式资料体系转变，由"空想式"逻辑推导向实战模拟转变。

一、优化战略决策

决策是在深度不确定的环境中进行的，而战略博弈中的决策则更加突出地与敌我交互态势相关，需要有足够好的方法准确判断敌我对比和互动关系。只有认清所处敌我相对位置和战略博弈环境，才能做出正确的战略决策。同时，己方的行为必然会影响对手的行为，所以在复杂系统中，决策本身就是一种变量。在战略博弈和竞争环境中预判未来会更加困难，不能简单地以自己为中心，而要考虑形势的变化和未来发展趋势。这时推演就成为关键适用方法，必须对复杂环境进行一定的模拟，将决策投放其中进行推演，才能真正评估当下、预判未来。

在传统的决策流程中，决策的传递流程是自下而上的单向流程，一般是由基层和中层人员汇总各渠道情报信息进行研判，并形成决策建议传送给高层决策者，高层决策者再根据各渠道的决策建议形成最终决策，传达给中层和基层实施决策。这种传统的决策流程越来越不适用于现代社会。在单向流程下，最终决策者与信息提供方和决策建议者之间缺乏有效互动。这就产生了很大的问题，"将不知兵，兵不知将"，专家和咨询者的决策建议往往受限于本身的位置和视野，而忽略决策者的感受和要求，无法满足决策者的需求。而决策者对于决策建议的使用效果、满意度及必要反馈也无法及时、准确地传达给专家和决策建议者。双方缺乏有机的、可以循环的互动，大部分情况下是单向传导。同时，不同部门的专家、决策者之间往往存在部门鸿沟，沟通不畅是普遍存在的。各部门都是依据本身掌握的信息、部门偏见、自身立场来判断事态，无法对信息进行综合而形成整体的判断。这些决策建议往往失之偏颇，容易误导决策者或者增加决策者的决策难度。此外，现代社会是信息爆炸的时代和大数据时代，媒体、专家、公民个体对在提供信息和决策建议等方面发挥的作用越来越大，如果还是依靠传统的官僚体系单向流程，甚至依靠公文上传下达，则所能包含的信息量过少，无法涵盖事件的整体，无法及时提升决策质量和应对新形势。高层决策者面临大量不同甚至相背离的决策建议和信息轰炸，做决策需要考虑的变量越来越多，大大影响了决策的效率，无法整体提高决策效能。

　　推演对决策的革新最主要体现为：推演有利于打破部门藩篱，深度交流信息、观点和判断，对信息、决策、执行等部门进行高度整合。推演需要不同机构、不同部门、不同领域、不同身份的多层次人才参与，形象地模拟和仿真了决策体系，可有力地促进决策的科学化、系统化。因此，推演能够在不打破现有编制的情况下，实现各部门的有机协调和协作。与此同时，推演有助于在决策者和执行者之间统一思想、加强战略决策协调，从而更好地推行决策层的战略意图。美国国防大学国家战略推演中心专门为跨部门协作提供战略推演环境，帮助政府部门和军队开展联合协作推演。通过推演，这些部门的参加者进一步了解协作的需求和解决方案，从而改进在战略决策和政策制定及执行中的跨部门协作。这些推演往往有国家战略的决策和执行部门的高级官员参加，包括国务院、财政部、商务部、国防部、国际发展署和国会代表等。[34] 此外，推演所带来的是更科学的思考方式。推演是指通过多要素、多线程、多角度审视一项战略决策，不仅审视将要采取的战略决策，也审视和试验这项战略决策之外的战略选项，避免人云亦云、思维固化和同化。可以说，推演赋予战略决策流程以系统性、演进式的思考方式。

推演尤其有助于为"黑天鹅"式的重大突发事件未雨绸缪，提前制订预案，避免出现重大损失。重大风险意识与底线思维是决策者与执行者必须具备和着力提升的基本素养，推演为应对各种触及底线的事件提供了测试平台。借此平台，试验和测试某些黑天鹅事件或小概率风险事件对系统的影响，进而未雨绸缪，做好各种应急预案，降低最坏事件所造成的不利影响。对多次推演的事后调查表明，参演者普遍反馈通过推演改变了此前先入为主的刻板印象和固化思维，对于推演的问题有了更为深刻、生动的认识，提高了大局观和全局观，当推演中的情景真的发生时，有了更好的应对。例如，中美在危机的推演中形成的报告建议和知识，在后来两国的冲突管控机制中发挥了重要作用。

二、改进战略文化

推演绝不是一次性的，而是需要不断重复的过程。这样的推演在研究形势、助力决策的同时，成为培训并提升行政机构执行决策的能力、改进战略决策和执行文化的重要手段。传统的决策系统是守旧型封闭系统，除非遇到大的变故，否则往往僵化，难以自我改进、学习，只能借助外力来推动其发生变化。因此，要使推演成为常见的工作方式，并在部门决策中蔚然成风，只有不断重复推演，其作用才能充分显现。这种作用就集中体现在对决策文化的优化和改进上。

　　推演是培训决策者和储备战略专家的过程。由于战略决策所涉及领域的特殊性、战略性等特点，从业人员很难得到机会锻炼自己，常规的培训制度如集中授课等往往等同于传统的填鸭式教育，缺乏学员的参与和反馈，个人成才只能依靠个人悟性和机遇，很难有合理的检验和反馈到具体个人。每次大的战略推演活动都有大量各单位专家、学者、决策层人员参与或观摩。战略推演活动是一场生动的教育培训活动，而且这种教育的效果更为鲜活深刻，参与者更能身临其境、设身处地，体会到问题的全局，因而比一般的集中式培训有更好的效果。推演通过"以人演人、以团队对抗团队"的方式，强制性地从对手角度看问题、进行集体研讨和模拟多方对抗，为充分调动参演人员的直觉、常识和想象力提供了环境。这个过程不仅可以促使参演人员对推演问题进行全面、客观、科学的认识，提高参演人员的战略素养，强化其战略执行能力，也有助于在决策执行层面增强统筹兼顾的思维，考虑多方因素，考虑各部门关切，考虑各方研究和分析的成果，避免单一思维和"所有人都像我们这么想"的镜像思维。在参与推演的过程中，参演人员往往被赋予角色相互"对抗"和"交锋"，复盘中又对推演情况和推演人员的表现进行针对性点评，加之在形成推演报告等成果的过程中进一步深刻研究和思考，这些都加深了参演人员对于本领域深层问题的认识，使参演人员获得了大量实践知识，从而有利于提高专家的研究水平,以及决策者的判断和决策水平。

  实际上,在欧美发达国家的一些研究和培训机构中,已非常普遍地采用推演作为人才培育的重要手段。它们设定的情景常常和现实没有任何关联,也不是为了解决真正的现实问题,而纯粹是为了对参与者进行锻炼和提升。例如,美国亚太安全研究中心对虚拟情景进行角色扮演的研讨和争论。事后,由专家点评各组和每人的表现。美国国防大学国家战略推演中心专门为美国未来的战略决策和研究者们提供这种训练和培训。它们每年组织一次针对国家战争学院国家军事战略课程学员的推演,让他们代入情景和角色,来挑战当前的国家安全战略和政策。推演活动先是让他们明确当前的美国国家战略目标和全球战略需求,随后将他们代入角色,即总统亲自任命的国家安全委员会决策协调委员会,专门负责为总统提供政策建议和参考。在前三天的推演中,参演者聚焦于现实威胁、政策选择以及现有资源和条件。第四天,由他们将推演的成果,即对国家安全战略决策的建议提交给国家安全委员会,注意,是提交给真正的总统国家安全委员会。[35]

注 释

1 Dunnigan J F. The Complete Wargames Handbook: How to Play, Design, and Find Them[M]. William Morrow & Co., Inc., 1992:13.
2 Cornell T, Allen T B. War and Games[M]. Boydell Press, 2002.
3 Russell J A. Deployment: Will TRANSCOM Make a Difference?[C]. Military Logistics Forum. 1987:42.
4 Dunnigan J F. The Complete Wargames Handbook: How to Play, Design, and Find Them[M]. William Morrow & Co., Inc., 1992:13.
5 Perla P P. The Art of Wargaming: A Guide for Professionals and Hobbyists[M]. US Naval Institute Press, 1990:8.
6 Harrigan P, Kirschenbaum M. Zones of Control: Perspectives on Wargaming[M]. Cambridge: The MIT Press, 2016.
7 Morton L. Japan's Decision for War[M]. Center of Military History, United States Army, 1990:73.
8 Morton L. Japan's Decision for War[M]. Center of Military

History, United States Army, 1990:69.
9 Goldhamer H, Speier H. Some Observations on Political Gaming[J]. World Politics, 1959, 12(1):71-83.
 Jones W M. On the Adapting of Political-Military Games for Various Purposes[R]. RAND Corp Santa Monica CA, 1986.
10 胡晓峰, 司光亚, 吴琳, 等. 战争模拟引论 [M]. 北京: 国防大学出版社, 2004.
 徐学文, 王寿云. 现代作战模拟 [M]. 北京: 科学出版社, 2001.
11 Cornell T, Allen T B. War and Games[M]. Boydell Press, 2002.
12 彭希文. 兵棋: 从实验室走向战场 [M]. 北京: 国防大学出版社, 2013:58, 266.
13 Congress U S. Office of Technology Assessment, Distributed Interactive Simulation of Combat[R]. OTA-BP-ISS-151, Washington, DC: US Government Printing Office, 1995.
14 李亚. 利益博弈政策实验方法: 理论与应用 [M]. 北京: 北京大学出版社, 2011:55-56.
15 Pace D K, Gingras R E. A Retrospective on Warfare Analysis at APL[J]. Johns Hopkins APL Technical Digest, 2000, 21(2): 192-202.
 Gingras R E. APL's Warfare Analysis Laboratory- Applications and Accomplishments[J]. Johns Hopkins APL Technical Digest, 2000, 21(2): 217-224.
16 Kahan J P, van de Linde E J G, van het Loo M, et al. Vision of the Future of Scientific Research: Focal Points for Policy[J].

RAND-PUBLICATIONS-MR-ALL SERIES- MR1433.3.

17　Botterman M, Cave J, Kahan J P, et al. Cyber Trust and Crime Prevention: Gaining Insight from Three Different Futures[J]. RAND Corp Santa Monica CA, 2004.

18　Kahan J P, Van het Loo M, Franco M, et al. A Seminar Game to Analyze Regional Governance Options for Portugal[J]. RAND-PUBLICATIONS-MR-ALL SERIES-MR-1031-RE/FLAD, 1999.

19　胡晓峰, 司光亚, 吴琳, 等. 战争模拟引论[M]. 北京: 国防大学出版社, 2004.

20　刘源. 兵棋与兵棋推演[M]. 北京: 国防大学出版社, 2013.

21　司光亚. 战略决策综合集成研讨与模拟环境研究与实现[D]. 国防大学博士学位论文, 2000.

22　刘源. 兵棋与兵棋推演[M]. 北京: 国防大学出版社, 2013.

23　McCown M M. Strategic Gaming for the National Security Community[R]. National Defense Univ Washington DC, 2005.

24　Davis E A. Use of Seminar Gaming to Specify and Validate Simulation Models[C]. Proceedings of the 18th Conference on Winter Simulation. ACM, 1986: 242-247.

25　McHugh F J. Fundamentals of War Gaming[M]. Government Printing Office, 1966:2-18.

26　War Game: A simulation, by whatever means, of a military operation involving two or more opposing forces using rules, data, and procedures designed to depict an actual or assumed real life situation. US Department of Defense. JP 1-02. Dictionary of Military and Associated Terms[M]. 2007. https://www.wikileaks.org/wiki/War_ game_(military).

27 McCown M M. Strategic Gaming for the National Security Community[R]. National Defense Univ Washington DC, 2005.

28 Marshall A W. Strategy as a Profession in the Future Security Environment[J]. Zarate R, Sokolski H. Nuclear Heuristics: Selected Writings of Albert and Roberta Wohlstetter[M]. Lulu Com, 2014:625.

29 克拉克. 情报分析：以目标为中心的方法 [M]. 马忠元，译. 北京：金城出版社，2013:253.

30 Millot M D, Molander R, Wilson P A. The Day After··· Study: Nuclear Proliferation in the Post-Cold War World, Volume 1, Summary Report[R]. RAND Corp Santa Monica CA, 1993.

31 Ibid.

32 Clark R M. Intelligence Analysis: a target-centric approach[M]. CQ Press, 2016.

33 克拉克. 情报分析：以目标为中心的方法 [M]. 马忠元，译. 北京：金城出版社，2013:253.

34 McCown M M. Strategic Gaming for the National Security Community[R]. National Defense Univ Washington DC, 2005.

35 Ibid.

第三章

战略推演

我们给出诊断,而不是处方。[1]

——安德鲁·马歇尔

战略推演是鲜为人知的推演巅峰。推演在冷战时期向解决政经议题、国家综合性战略议题方向发展，逐步发展为大国战略决策的必要辅助手段，也就形成了一支独立的流派——战略推演。正是在美苏两国疯狂开展"死亡竞赛"的强烈现实需求中，国家间战略博弈研究异军突起，成就斐然。战略推演作为推演的巅峰，不但自成流派、相当成熟，而且早已在残酷的冷战两极"死亡竞赛"实践中经过检验和持续完善改进，可以说是最能够经世致用的推演。经过严格的现实检验，战略推演淘汰了一系列"不通之途"，二战中的运筹学、战后的系统分析等方法集中暴露出严格定量路径的缺陷，一再证明简单数学化方法与国际竞争实践之间路径不洽的重大现实。随着智能化思路和方法的发展，战略推演进入了更高水平的发展阶段，成为对传统研讨和研究方法的重要革新，在中长期趋势预判与战略规划、应对重大突发事态、检验重大战略决策、识别战略误导与欺骗等方面创造了突出的应用和实践价值。

由于战略推演突出的"经世致用"特点，其理论、方法、实践及经验都深刻关联国家现实战略及未来走向，既不能拿来作为学术成果发表，也不能用来投入商业开发，于是形成了"不为外人道也"的现状。想要管窥一二，亦是困难至极，以致出现了"剑宗"高张、"气宗"无名的现象，也就是兵棋推演大行其道，战略推演不为人知。正因如此，本书对战略推演进行了更加深入的研究，以呈现推演全貌，纠正认识误区，切实服务大竞争时代的战略决策实践。

第一节 "死亡竞赛"衍生品

战略推演的快速发展演进离不开二战以来，尤其是冷战期间残酷而激烈的国际竞争。残酷的两极竞争，赋予了战略推演优越的试验场和难得的发展机遇。伴随着一系列优秀科学成果的大繁荣，战略推演也在冷战期间孕育、发展，最终大放异彩。战略推演所谓的"战略"，不是军事领域的"战术—战役—战略"中的战略，而是国家宏观政策方面的综合战略。战略推演在美国制定包括核战略和导弹防御战略等"国之重器"的战略方面起到了具有历史性意义的关键作用，在多条战线上帮助美国赢得了与苏联的"死亡竞赛"。在冷战后，战略推演迅速投入了新的"战场"，极大地影响了冷战后的世界格局，也带给今天的战略研究和决策者诸多启示。

一、"脱胎"兵棋

20世纪40年代，还处于二战中的美国空军前身——陆军航空队出于作战研究的需要，在飞机机库中投资设立了一项研究计划。最初，它被称为兰德项目（Project RAND），也就是研究与开发（research and development, R&D）的缩写，这就是兰德公司的前身。1948年5月，美国空军刚刚组建，兰德公司成为其下属的一家非营利性研究机构，正式以兰德公司的形式出现。成立兰德公司的初衷是帮助美国空军在作战中提高效率、降低损失。进入50年代后，兰德公司的研究重点拓展为如何提升美国远程轰炸能力，从而增强美国空基核威慑，并逐步延伸到弹道导弹投送核弹头的威慑研究。

兰德公司成立初期，其先进的管理体制为当时的思想创新提供了良好的环境。兰德公司坐落在美国西海岸城市圣莫尼卡的海边，初生的兰德可谓风光旖旎、高朋满座。1950 年，兰德公司专业人员的平均年龄仅为 28 岁。这是罕见的优秀研究环境，避免了学术圈或正规研究机构的长期桎梏，使有意愿处理最广泛的国家安全问题的个人得到了快速发展。当时举行的会议和讨论中没有层级之分。管理者和研究人员都发现，在思考与现实斗争紧密相关的战略和政策问题时，诺贝尔科学奖的获得者并不比刚毕业的研究生强多少。这对年轻人来说是个理想的环境，他们得到的平等对待促使其加倍努力贡献出创新的活力和智慧。在 50 年代初期，几位杰出人士为兰德公司的战略研究奠定了思维的基调和风格。当时，查尔斯·希契和约翰·威廉斯分别担任经济部和数学部主任。除了各自在智慧上的贡献，他们还鼓励大范围讨论，重视平等，关注培养年轻人，重视新的分析方法，这一切都有利于对美国面临的战略问题进行最充分的检验。当时，兰德公司可以自由地选择研究课题。这和其他与政府签约的研究机构不一样，与现如今的绝大多数智库更是不同。兰德公司创立初期另外一个特别有利于战略思维和创新的特点，是坚持邀请一流人员到访并做夏季访问。这就创造了一个环境，其重点是尝试开发利用全国最杰出的人才。其目标不在于让兰德公司现有人员做出最佳成绩，而是集中整个国家的最优秀人员来完成分析。从本质上讲，任何一个机构都不可避免地受人员数量、能力、擅长领域的限制，兰德公司这种寻找最佳人才、发挥最佳才干的做法，是在研究思考任何问题时达到卓越的关键。不幸的是，绝大多数机构并不以这种方式运作。[2]

兰德公司初创时的宽松环境催生了大量的新理论、新方法，对美国后来在冷战中赢得"死亡竞赛"做出了不可替代的重要贡献。其中之一就是在这种宽松环境中孕育形成并不断发展完善的战略推演。在兰德成立之初，新招募的许多优秀科学家和研究人员就经常在研究之余开展一种他们称之为 Kriegsspiel（德语，意思是"战争游戏"）的兵棋活动，尤其是在兰德特有的夏季访问活动以及专门项目的封闭研究过程中。兵棋活动甚至成为当时兰德雇员们闲暇时光最主要的消遣活动，几乎所有的兰德雇员都参与其中。赫伯特·戈德海默是早期政治和危机推演的开创者之一。根据很多回忆录和类似文献记载，当时包括戈德海默在内的兰德公司早期研究人员在工作之余都以兵棋为消遣。这种兵棋与一般的棋类游戏不同，是一种信息不对称的博弈，即一方玩家只能看到自己的棋子，看不到对手的棋子。这相当于一种战争迷雾的仿真，比传统兵棋更加接近真实情况。活动中设置一名具备掌控完全信息资格的裁判，也就是我们今天在推演中常说的导控人员（导演与控制）的"上帝视角"。这名裁判负责裁决每一步行为是否"合规"，并提供"将军"或"吃子"的信息。这种活动显然已经与普通娱乐或竞技中的棋类博弈相当不同，而是对"战争游戏"进行改良后的新型兵棋，对战争中的信息不对称性有了更深一步的仿真，也加深了参与活动人员对真实世界中博弈活动的认识。战略推演正是由此伴随着博弈论孕育衍生而来的。

最早在1950年，兰德形成了"理性选择"学说，也就是假定决策者是根据收益的计算结果进行理性决策。这在第一章关于决策问题的讨论中已有论述。但很少有人知道诸如理性人假设、博弈论等先进的学术成果都是发端于一个面向战略和政策实践的智库。确实可以说，实践出真知，残酷而紧迫的实践出先进而深刻的真知。当时，兰德公司年仅 21 岁年轻的经济学家肯尼斯·阿罗开创了针对苏联决策集体的"效用函数"。阿罗在 1972 年因一般均衡理论而获得诺贝尔经济学奖。他通过建立一套固定的选择参数，研究苏联领导人在国际事务中的行为，通过判断什么选择能够为他们带来最大的利益来预判他们的决策。这套函数的核心是研究一个集体如何选择各项参数，让集体中的每个人都能从一项决策中得到同样的满足。而最终的结论是，集体理性决策从理论和逻辑上来说是不可能的。显然，时至今日，随着社会科学的发展和发达，我们已经能够轻易理解这个结论。而这个结论后来被称为"不可能定理"，它运用毋庸置疑的数学论据构建了一套基于经济学的价值体系，动摇了多种社会契约理论的正确性。理性选择学说最大的影响是在随后的几十年里，以它为支柱，催生了大量的经济学和政治学理论，其核心都是分析个体，无论是决策者还是经济人，都是理性的行为体。在这种假定中，人都是为自我利益所驱动的，人们的行为理性都是向着个人利益的最大化。到 60 年代后，大量兰德的学者进入美国政坛，这种理性行为体的分析思维极大地影响了美国随后几十年的战略决策。

这些深远影响中最关键的成果之一，就是博弈论的出现。博弈论的出现显然与兵棋类的推演活动是分不开的，而这也是那个年代兰德早期研究者颇为热衷的娱乐活动。1950 年，兰德公司数学家梅里尔·弗勒德和梅尔文·德雷舍尔首次提出博弈论最经典、最基础的"囚徒困境"理论。博弈论在此后一个时期内迎来蓬勃发展。在兰德公司工作的经历使弗勒德发现进行博弈推演或称之为做游戏

（playing game）正是人所擅长的活动，一个"博弈结构"设计精良的游戏往往能够给人带来灵感，对在特定的战略问题上形成合理的解决方案有诸多有益启示。而这种效果要远远优于枯燥的博弈论分析所产生的数学解。因此，从20世纪50年代开始，兰德公司就大量使用竞争性推演的方法开展研究。

这种从游戏衍生来的理论最终极大地影响了经济学、政治学，并对冷战的进程和两极的决策产生了无比深远的影响。1950年，博弈论学科的创始人，大名鼎鼎的数学家约翰·冯·诺依曼加盟兰德。著名经济学家、诺贝尔经济学奖获得者约翰·纳什也在1950年夏天受聘兰德。那时兰德公司正在试图将博弈论用于冷战时期的军事和外交策略。尽管冯·诺依曼在数学圈内因为代数学、点阵理论等而声名大噪，但他在冷战时期最伟大的成就却是博弈论。1944年，冯·诺依曼与普林斯顿大学经济学家奥斯卡·摩根斯特恩的著述《博弈论和经济行为》通过阐释二人零和博弈理论，正式奠定了现代博弈论的基础。博弈论的核心假定就是博弈方都是理性人，因此出现了"零和博弈""囚徒困境""极小极大定理"等影响深远的知名理论。到50年代中期，兰德已经成为博弈论的世界中心。冯·诺依曼在1928年提出的极小极大定理和纳什1950年发表的均衡定理奠定了博弈论的整个大厦。通过将这一理论扩展到牵涉各种合作与竞争的博弈，纳什成功地打开了将博弈论应用到经济学、政治学、社会学乃至进化生物学的大门。纳什的非合作博弈（non-cooperative game）理论及"动态管理"理念事实上是推演实践的根本理论支撑，因为"推演是最好的探索（决策和博弈）进程的方法"[3]。托马斯·谢林也是因为"通过博弈理论的分析加深了我们对冲突和合作的理解"而获得诺贝尔经济学奖。他著有影响深远的《冲突的战略》一书,而这些工作都是在 20 世纪 50 年代他还在兰德供职时期进行的。

纵观 20 世纪 50 年代,博弈论在研究美苏竞争,尤其是战略核力量博弈方面取得了一系列进展。1954 年,兰德公司开发出了一款原型式的兵棋推演——"战略空战推演"(strategic air warfare game)。该推演通过研究人员扮演美苏双方,对美苏冲突中由小规模冲突升级为核战争的过程进行了模拟。当时,经过改进,研究人员在推演中设计了复杂的对胜负关系的绩效衡量标准,尤其是对核战争造成的双方本土经济目标的损伤进行了评估,从而较为全面地在推演中评估双方的战略损失。这种评估精细化的改进有效提升了推演的仿真程度。自此,提高推演的仿真程度,成为兰德公司内部推演活动不断演进的发展主轴,由此也可以管窥美国战略研究领域的战略文化特色。

二、"两脉"并进

兵棋盛名昭彰,却并不是推演的全部,邓尼根的《完全推演手册:如何进行、设计和找到他们》堪称推演的奠基作,但并不是推演"武功秘籍"中的精华。实际上,早在 20 世纪 60 年代后期,推演就出现了主要流派的发展分流。这时,在全世界推演领域,基本上出现两大流派分野的大趋势,我们姑且称之为推演的"剑宗"和"气宗"。"剑宗"一派是以詹姆斯·邓尼根为代表的兵棋推演流派,他们将兵棋推演发挥到极致,在图上作业和沙盘推演的军事、商业化开发方面不断探索,涌现出了如彼得·波拉和托马斯·艾伦等

"推演专家"。他们的著作无疑都是聚焦于推演的游戏性、娱乐性、商业开发价值等议题,往往以手册性的介绍为主。邓尼根及其最早供职的"仿真发行公司"（Simulations Publications Incorporated,SPI）等商业仿真企业将在推演方面的实践转化为兵棋游戏的开发经验。最早的兵棋游戏开发可以追溯到 20 世纪 50—60 年代,当时成立的"阿瓦隆山"游戏公司（The Avalon Hill Company）到 1963 年时就已经出品了 18 款兵棋游戏。1969 年成立的 SPI 公司则以每年 30 款左右的频率持续发布兵棋游戏。到 1980 年时,娱乐用的兵棋游戏市场已经增长到 220 余万款游戏的销量规模。这一年,手工兵棋游戏市场达到巅峰,此后随着计算机技术的不断发展,兵棋游戏开始向计算机游戏发展。毫无疑问,兵棋成为推演的一个关键流派。怎样识别这一流派? 非常简单,这一流派的封面设计上必然有正六边形的网格,类似跳棋的棋盘,这也是兵棋留下的符号印记。

"气宗"一派则是"净评估"大师安德鲁·马歇尔领衔的战略推演流派,也就是以推演为辅助手段之一,开展战略评估、分析和预判工作。冷战期间,当时还不为人知的"净评估"帮助美国赢得了与苏联的"死亡竞赛"。美国长期资助在国防部"净评估"体系下的战略推演活动,将其作为感知战略竞争态势、获悉竞争对手战略选择、进行科学战略决策的一种有效方法。长期参与这些工作的不仅包括马歇尔在国防部净评估办公室的"圣安德鲁预备校"的门徒们,还包括詹姆斯·邓尼根、马克·赫尔曼等"剑宗"一派的大佬作为外围参与者。这一流派由于深度参与美国国家和军事战略的规划、决策,因此很少公开谈论推演,他们对推演的思路、方法和经验都高度保密。可以说,这一流派是真正能够助力决策的流派,也是大象无形的流派。

1977年,时任国防部长办公室"净评估"主任的安德鲁·马歇尔邀请邓尼根参观五角大楼,并与邓尼根签订了全球级兵棋推演系统的开发合同,即著名的战略分析仿真(strategic analysis simulation, SAS)系统。这套系统由邓尼根当时所在的"仿真发行公司"(SPI)承担,至今仍在美国国防大学被广泛使用。该系统"允许推演者对国家指挥当局、参联会、总司令以及舰队指挥官等不同层级的决策进行分析,它模拟了在主要的陆海空力量之间的武装冲突,支持国防大学每年的演习活动,并在实践中不停改进"。[4] 项目启动后,邓尼根很快离开了SPI,而接手的人正是马克·赫尔曼。

"气宗"一派长期紧密服务美国国家大战略的规划和实践,显然比"剑宗"一派的视野更为宏观、资源更为丰富、路线更加上乘。两大流派虽然分野,但是相伴相生。邓尼根也受雇为马歇尔开发推演平台。但与邓尼根不同的是,马歇尔并不是一位"推演宗师",推演只是他的兵器谱中重要的一个罢了。"马歇尔探索了所有已有的分析模型和推演工具,最终根据需要进行了创新。"[5] 这一"从需求到理念"的创新也促成了兰德公司开发针对宏观综合战略和政策分析的研究工具,也是一种新的分析方法体系,就是兰德战略评估系统(RAND Strategy Assessment System, RSAS)。当然,直到晚年,马歇尔依然对推演眷恋颇多。在人生最后的五年里,他仍多次努力,试图推动促成中美联合战略推演的想法,可惜最终未能达成。这个故事我们放在后面"时代终结"中来介绍。毫无疑问,"气宗"这一流派在"剑宗"纷纷出书、办企业、开发游戏等扬名立万的映衬下，格外出世，也格外不为外人道也。但真正的大佬，必然是"人已不在江湖，但江湖上依然流传着他的名字"。无论是赫尔曼、艾伦，还是邓尼根、波拉，以及其他后来人，他们的著作中毫无例外地必然提及马歇尔对推演的发展做出的不可磨灭的贡献。而这种贡献，正是我们在开展国家和商业战略级推演中所真正需要的。因为这是从战略需求出发，指导战略研究，服务战略实践的真正妙招、绝招。正因为如此，本书将此专设一章，系统讨论从运筹、分析、评估到战略推演的"气宗"发展路径。

三、时代特质

早在 1953 年，经总统杜鲁门批准，美国国家安全委员会就曾设立秘密委员会，就苏联可能对美国发动核攻击的影响进行年度"净评估"。最初该委员会称特别评价分委会，1955 年改称净评估分委会。这个委员会负责对苏联核打击造成的美国伤亡和政治经济后果进行评估，提供年度报告。到 1964 年 12 月，国防部长麦克纳马拉认为这些研究已无价值，不能为战略规划提供支撑。次年，该委员会被撤销。1969 年，在兰德公司工作了 21 年的战略研究部主任、48 岁的安德鲁·马歇尔接受基辛格的委托离开兰德公司，开始了为美国政府的净评估工作服务的后 40 余年生涯。马歇尔的上一任兰德战略研究部主任詹姆斯·罗德尼·施莱辛格是美国第 7 任中央情报局局长、尼克松和福特政府的国防部长、卡特政府的第一位能源部长，可见这一岗位的分量之重。一开始，刚就任的总统尼克松委派基辛格找到了马歇尔，委托马歇尔对总统收到的情报进行调研，改善情报质量，缓解尼克松对情报和战略决策支持能力不足的严重不满。为此，马歇尔对整个情报系统进行了深入调研，相关情况在《大国远谋》第八章有阐述。1971年，尼克松签署命令，在国家安全委员会设立净评估组，负责审查和评估所有情报产品，并对威胁美国国家安全的对手与美国的能力对比进行净评估。[6] 1973年9月1日，在同时主管国务院和国家安全委员会的基辛格的大力支持、推动下，第178、186号《国家安全研究备忘录》和第224号《国家安全决策备忘录》对设立国家净评估项目、完善国家净评估流程以及启动第一份国家净评估报告的研究进行了明确规定。这一年真正成为美国净评估元年。第一份报告的任务是对美苏地面部队的成本、能力和表现进行评估、比较。1973年11月，基辛格又签署了第239号《国家安全决策备忘录》，将国家净评估计划转移到国防部。从此，净评估办公室正式成为美国国防部的一个常设机构，直至今日。

安德鲁·马歇尔认为的第一份净评估产品首次对美国在与苏联竞争中所处的位置进行了评估，包括对关键军事力量的平衡及长期趋势进行了分析。[7]这种力量的平衡就是在对抗中的平衡，而不是简单的数量平衡。通过对这种平衡情况的分析，对竞争中一方所处的位置实现有效评估，就是"净评估"。"净评估就是对美国与其他国家之间在武器系统、武装力量及政策方面的精细比较，要根据可能发生的冲突和对抗的结果来评估当前的竞争现状，要比较包括美国在内的主要力量开展竞争战略的费效比（也就是投入的花费和产出的效益之间的比例）。"[8]要想研究这些潜在的冲突和对抗后果，研究开展竞争的成本与收益的对比，就必须采用推演的方法，对潜在的对抗和竞争进行仿真分析。这种分析是面向未来的趋势性分析，其目的是指导当前的政策制定。"国家政策制定者非常想知道美国在不同领域的国际竞争中处于怎样的相对位置。他们感兴趣的是我们的相对位置以及任何可能对此产生影响的趋势。更进一步说，最重要的是理解这些趋势是怎样发生的，是什么因素导致了这些趋势。"[9] 事实上，国力的评估和军力的平衡都不是绝对的，而永远是相对优劣的。同时，这种优势与劣势都不是简单比较的，而是不同领域的不同特质对抗性比较的。

"净评估"出现的动机就是美国在美苏竞争中亟须了解所处的位置，具体而言就是在关键领域的平衡，或称战略优势与劣势。其长足发展是从1975年拉姆斯菲尔德首次入主五角大楼开始的。在这之前，虽然有马歇尔称之为事实上第一份净评估产品的1966年启动、1970年成型的《美苏军事态势净评估：总结、结论与建议》[10]，但是在1975年之前，所谓净评估研究还不具备成型的体系化研究方法，仍是摸索和发展阶段的成果。到了1982年里根政府时期，在净评估方法的助力下，美国逐步对美苏竞争中的相互位置、优劣和成本有了更加清楚的认识，用国防成本的沉重负担拖垮苏联的策略就更趋明确了。1982年5月，里根签署"第32号国家安全决策指令"，要求提高"苏联支持和利用代理人、恐怖分子及颠覆性力量的成本"，也就是要在未来很长一个时期内创造机会向苏联强加与其国力不相称的国防成本。[11] 这时候，完成这项战略研究工作的任务就交给了国防部和中情局。国防部的主责单位就是净评估办公室，而中情局的主责单位就是国家情报委员会。关于国家情报委员会的介绍可参考《大国远谋》第三、五、七章。

经过评估，美国在冷战期间明确了三项战略性军事优势，只要继续较少的投入就可以牵制苏联，迫使其投入大量资源来抵消美国的三项优势。已知其中两项分别是隐形轰炸机和静音潜艇。而第三项在如今的中美博弈中发挥着关键作用，还没能像前两项一样被解密。美国空军于 1981 年 10 月决定装备和部署 B-2 隐形轰炸机机群，确保能以很高的胜算突破苏联最先进的防空体系。而 70 年代末，美国海军的核攻击潜艇已经能够悄无声息地追踪苏联"扬基"级弹道导弹潜艇数周之久。包括这两项优势在内的三大战略性军事优势为美国提供了重要战略机遇，只需建立一个 B-2 机群就可以让苏联在广袤国土边境部署的大量防空部队、装备和指挥控制体系变得一文不值，且不得不为此继续大规模增加防空投入；只需一艘静音潜艇，就能让苏联所有的舰队都不堪一击、所有的战略目标都面临被突袭的风险。为此，苏联不得不全方位提升各种能力，而达成这一目标所需的资源是极其庞大的。这种相比较的优势，就是净评估的最主要成就，简单而言就是"强加成本"战略，也是在 20 世纪 80 年代末美国公开宣称的竞争战略。[12] 这与简单的同类装备数量和性能比较可以说有天壤之别，与经过各种加权、赋值和模型运算的军力、国力计算比较也有根本的不同。

  这种评估和认清相对优势，进而运用相对优势拖垮对手的策略的核心就是发现己方可持续的优势，也就是最容易保持最长时间的优势，同时探索对方一直存在的弱点和脆弱性。这非常有趣，深入到了战略文化领域。一个国家、一个民族往往有其他国家和民族所不具备的特质。这一点在二战期间就已经被美国等西方国家的研究者所深刻认识，汤因比就是其中的代表。民族性和战略文化的优劣如果转化到现实政治和技术领域，就很容易形成可持续的优势或是无法改变的劣势。非常简单的现象就是在微软公司推出的策略类游戏《帝国时代：民族的崛起》中，不同民族及其文明都有独特的优势与劣势。这在游戏中表现得淋漓尽致，自然在现实政治斗争和博弈中更会被深刻认识并有效利用。也就是说，将竞争引导到特定的领域，在这些领域中，己方具有潜在的优势，花费较少的成本就可以轻松保持竞争优势；同时，引导对方将资源投入其具有战略劣势的领域，从而花费更多而收益更少。归根结底，竞争战略就是一种提高投入效率、提高对方费效比的策略。

上述思路也有助于中国人更清楚地认识自己与世界上其他民族的不同。明清时期很多外国人的游记都记载了中国岭南、潮汕等地区的能工巧匠能够以惊人的技艺仿制出任何有价值的灵巧玩意儿。而这种特质在改革开放初期也集中地体现在相同地区。类似的例子不胜枚举，但人们往往在日常行为中忽视这种自身与外部世界的差异，或者说自身的突出特质没能在实践前得到充分认识和更大程度的运用。出现这样的问题是因为我们对世界的平行比较不充分，也就是出现经济学中的"信息差"——由于对别人了解不足，导致对自己的理解不客观、不充分，以至于对自己位于世界民族之林中的特质并不那么明晰。这种认知与现实的偏差往往不利于形成有针对性的竞争战略。

"净评估"受到热烈追捧，不仅是因为它作为科学评估方法确实具有较高的理论和方法先进性，也是因为它在助力美国在美苏竞争中获胜上取得了切实且具有颠覆性的实践应用效果。同时，"净评估"热还有两方面值得思考。一方面是对"迷雾"制造的崇拜。安德鲁·马歇尔从未言明什么是"净评估"，这层神秘的面纱让"净评估"成了任人打扮的小姑娘,于是国内外有很多理论对其进行了泛化解释。尤其夸张的是运用形而上的语言,对这种形而下的具体方法进行延伸解释,使其成为一种无所不包、概莫能外的超级评估思维,或是使其成为源于中国思维和实践的"剽窃"方法。这些显然都是完全违背科学方法的基本出发点的,没有了边界的方法根本不能称为方法,没有实践路径的方法解释基本只是情绪的渲染。马歇尔自己反复强调,"净评估"只是一种诊断,而不是处方。它只提供对客观现实的真实认识,以及对问题更加清晰的感知,而不是提供一种策略。

另一方面是用静态、停滞的观点看待"净评估"。净评估发端于二战结束到冷战高潮这一阶段,历经20～30年。"净评估"有效分析了美苏战略力量平衡和竞争,尤其是核力量稳定使美国决策者清晰认识到自己的长期竞争优势所在,以及如何采取策略来扩大竞争优势,增加对手负担。所谓"净",就是在攻防结构中相互抵消后所处的位置。净评估就是全因素分析,实际上还是穷举法,分不同维度进行全面分析和评估。方法是固定的,逻辑和原则是灵活的。[13] 显然,这一分析方法极大地解决了冷战两极争霸结构中的简单(战略力量)军事平衡问题。冷战结束后,马歇尔着力解决"反介入/区域拒止"(A2/AD)能力扩散对美国造成威胁的问题。这一方面起源于对冷战期间欧洲中部战线上"北约"与"华约"对峙过程中衍生事态的一种思考、对"空地协同"(空中力量与地面力量协同作战)进一步推广的认识,以及对"察打一体"和"精确制导武器"能力被对手掌握的反思。另一方面是相对简单的双边战略平衡被打破后,复杂的多元行为主体之间的复杂战略手段博弈更难简单地以传统评估方法和框架进行分析的结果。连马歇尔的门徒们都直言，由于冷战结束后美国的相对战略优势突然形成了大幅盈余，仅仅是像伊拉克、叙利亚、阿富汗这一等级的对手，对美国而言，已经不需要用"净评估"来评估实力、预判风险、指导决策了。[14]

因此，冷战结束以后，马歇尔将目光转向美国的"军事事务革命"（revolutions in military affairs, RMA），这些工作更多地来源于对官僚体系、军种竞争的长期体会，也是对非对称军事行动的反思。可以说，"净评估"在这个阶段已经逐步褪去了神秘的光环。在拉姆斯菲尔德的军事事务革命之后，"净评估"已经走完了荣耀之旅，向更先进、更科学、更适用于新时代的方法演进了。此时如果固守静态思维，简单追寻一种万灵药式的"方法"来解决新出现的各种现实问题，恐怕除了落伍并不能得到更好的结果。历史发展进程中的大量案例就揭示了这样的道理：用来解决问题的方法都是匹配于当时情况下的技术水平和现实条件的。正所谓走什么样的路穿什么样的鞋，鞋子舒不舒服，只有走路的人自己知道。

四、"风洞"试验

推演是"净评估"的三个支柱方法之一。"净评估"是理解竞争态势中的相对优势、劣势的一种分析框架，其关键价值是用于向竞争对手施加不对称代价，从而形成一种具有竞争优势的战略。净评估的核心就是在关键竞争领域识别和探索对己方有利的不对称结构，并寻找办法消除那些对敌人有利的不对称结构的影响。除推演外，"净评估"的另外两种方法分别是趋势分析和情景想定。趋势分析就是对具有较高时间序列稳定性的关键影响因素进行趋势外推分析，如人口、宏观经济、部分领域的科技发展等因素相对其他因素具有更高的长周期稳定性，在中长期评估中可资依凭。情景想定是"壳牌石油"在应对1973年阿以冲突导致国际油价大幅波动时涌现出来的成功实践，主要是帮助决策者展望可能的未来，辅助决策者思考如何应对特定的形势和挑战，从而对混乱中的可能性进行较高区分度的辨析式感知，实现在极不确定的世界中以长远眼光看待问题的目的。这两种方法在《大国远谋》第四章和第六章中都已着重介绍过，本书不再过多阐述。

冷战期间，美国进行了大量的推演工作来帮助国家决策者清楚地认识在战略竞争中的相对位置，研究关系国家存亡的重大战略决定。"净评估"体系下的战略推演活动通过在特定情景中模拟竞合双方的博弈，研究对手可能的战略选择。推演中特定的情景通常将已经确定的大趋势和可能发生的关键不确定性进行组合，最终形成特定情景集合。在这些关键战略决策中，核武器与导弹防御体系无疑是美苏冷战中战略博弈的核心焦点。毫无例外，在这两个核心焦点上，美国的国家战略都受到推演结果的深刻影响。在推演的过程中，一些逐步披露的信息引发我们对美国战略决策文化的深思。而推演形成的一些反常识结论，更成为我们了解和认识推演对战略决策具有关键作用的重要启示。

（一）"骄傲预言者83"

"骄傲预言者83"是一场改变了美国核战略的绝密推演。为了开展一项高度机密的推演活动，1981年，时任国防部长卡斯帕·温伯格直接授权国防大学设立"战略概念开发中心"（strategic concepts development center）。该中心直接向国防部长和参联会主席汇报，尤其是具备在任何有需要的时候直通国防部长的特权，可以说是最高层级的国防特殊项目机构。

战略概念开发中心最敏感和机密的项目就是1983年6月开展的为期两周的推演活动——"骄傲预言者"（proud prophet），参演规模超过300人。推演的情景想定之一是在一年内，北约和华约的部队进行了集中调动，最后在中东地区引发了冲突，进而蔓延到欧洲。推演出现了剧烈的"针对军事力量"的核打击现象（intense nuclear counterforce attacks）。美国核部队严格执行北约作战条令，在冲突中对苏联的核力量进行了打击。该条令要求对北约与华约之间的常规冲突进行有意识的升级。苏联则同样对欧洲目标进行了大规模核报复。推演最终结束于美苏大规模自杀式的战略报复，尽管在进程中双方都竭尽所能地尝试避免使局势滑入一场核战争。

这场推演的敏感和机密之处并不是场景的敏感，也不是推演结局和结论的骇人，而是史无前例地有两位秘密成员全程参与了推演活动。他们就是时任国防部长温伯格和参联会主席约翰·维西。只有战略概念开发中心的主任及少数几个成员知悉此信息。推演中，温伯格本人直接扮演蓝方的首脑，即美国总统。他以本色出演，有意识地尝试践行当时美国在执行的军事战略，也就是敢于按照条令做出升级冲突的战略决策。而这也是史无前例的，以前的国防部长都还没有尝试过如此践行美国军事战略，也就是忠实地执行对等升级战略，并敢于做出实施有限核打击的战略决策。[15]

演习的高潮出现在温伯格扮演的美国总统决定完全实施五角大楼对全面核战争的作战计划。也正因为这场推演如此真实地反映了美国的战略决策、战略条令和战略意图，尤其是国防部长和参联会主席全程亲自参演，因此这场推演的定密极其严格，任何参演人员25年之内都不能对外提及这场活动。因此，直到2008年，战略概念开发中心前主任菲利普·卡博尔才首次公开披露了1983年"骄傲预言者"推演活动的内幕。

推演的复盘报告（postmortem）仔细回顾了苏联方面是如何应对美国方面每次对冲突升级的战略选择的。看过复盘报告后，温伯格对维西说"我们的战略彻底失败了"，并据此对美国战略方案中的薄弱环节进行了反思和改进。可以说这场推演极大提高了国家实际决策者对战略危机的深刻认识，检验了美国既有的战略方案，并彻底暴露出其缺陷。推演表明，美国当时的国防和军事战略完全无法阻止美苏之间常规冲突的升级，更重要的是，这些战略、条令会将常规冲突推向核冲突，将有限核冲突升级为大规模核报复，最终走向互相毁灭。而这并不是美国制定这些战略的本意，恰恰与之背道而驰。

这次推演后，在温伯格和维西的推动下，美国对相关战略进行了较大幅度的调整，包括放弃一系列军事战略计划，比如基于预警的发射、常规对等升级、过早使用核武器，以及以牙还牙原则的核报复等。这次推演还对温伯格产生了深远的影响。直到里根政府的第二任期，温伯格仍在致力于寻找避免美苏核对抗的更优策略，努力探求如何在苏联入侵西欧这种可能出现的意外情况下避免依靠核手段来解决危机。温伯格直言："没有人在像我一样听取那么多关于核武器的简报、参与那么多核危机推演之后，还会对避免核战争的绝对必要性存有任何疑虑。"[16]为此，温伯格专门在国家顶层竞争战略实施委员会之下设置了"推演委员会"（War Game Committee），负责评估特定的军事装备采购项目在执行竞争战略方面的效用，尤其是批准该委员会高等级的数据涉密程度，以进一步提升其计算机模型和仿真分析与现实的贴近程度。

（二）导弹防御推演

导弹防御推演是一场彻底颠覆精英的普遍常识的推演。在基于情景的推演活动中，最成功的案例当属20世纪80年代美国国防部开展的"战略防御倡议"（SDI）系列推演。该推演揭示了一个重要的反常识结论，那就是弹道导弹防御系统远不需要做到万无一失就可以保证美苏核战略平衡和稳定。

1984年，美国洛斯拉莫斯科学实验室受国防部战略防御倡议办公室的委托，利用研讨式推演方法研究了美国和苏联的导弹防御体系对战略核平衡的影响，尤其是评估了各种类型的导弹防御体系。辅助这场推演的是博思艾伦咨询公司的战略分析仿真（strategic analysis simulation）系统。这套系统经过升级改进后已经实现了在个人计算机终端上的自动化运行。

为了验证各种组织架构和不同可靠性的导弹防御系统带来的战略影响，尤其是检验战略界对90%以上的拦截成功率这一标准的要求是否合理，这次一共组织了14场推演活动。在推演之前，90%的拦截成功率远远不能让美国战略界满足。其原因就在于针对同一个目标，为了挑战美国90%的拦截成功率，苏联只要增加一倍的攻击力量，就可以使美国的两次拦截都成功的概率降至81%，也就是随着苏联增加攻击力量，美国的拦截成功率会指数级下降。这是概率论所取得的结果。与此相对应，为了提高对单一苏联弹头拦截的成功率，美国可以加大拦截弹的发射数量。比如两枚90%成功率的拦截弹同时拦截苏联一枚弹头，其成功概率就达到99%。这在概率论上基本是可以做到确保摧毁的。这也是美国战略界将单个拦截弹的成功率指标确定在90%的原因。然而在假想的美苏核战争爆发的情景下，苏联如果对美国发动大规模核打击，显然美国需要在平时建设并维持极其庞大的导弹拦截系统才能达到保平安的要求。而这在国防预算方面是难以承受的，也就是说，在美苏战略攻防方面，美国的导弹防御体系是处于预算被动的地位的，这是一个选错了边的"被强加成本"的战略方案。

为此，美国设计并举行了这场重要的推演。在这些推演活动中，由情报界的苏联专家扮演了苏联方面的角色。推演的结果出乎意料：与美国战略界用常规思维和概率论演算的防御体系安全性需求完全不同，美国只要保有极其微弱的导弹防御能力，就会对美苏战略平衡产生显著影响。这就是推演所能实现的特殊研究效果。扮演美国的研究团队设计了不同指标的导弹防御系统，将其投入推演中，检验对战略平衡的影响。推演结果表明，如果美方能够将拦截的成功率提高到90%以上，则苏联在各种层级的冲突上都受到了极为显著的威慑。而最夸张的莫过于远远偏离现实的对最小战略防御底线的试探性摸索，也就是最不管用的导弹防御系统最差到什么程度就可以产生战略影响了。推演结果表明，只要有15%的拦截成功率，即在85%的情况下都拦不到来袭的导弹，就可以对美苏核力量平衡产生深刻复杂的影响。其原因就在于，苏联的战略规划者对突防成功率有很高的要求——超过90%。在"净评估"办公室的战略防御倡议推演中，苏联方面由于要将太多弹头对准美国的洲际弹道导弹部队，因此即使是拦截成功率极低的美国导弹防御系统也会给苏联方面造成巨大压力。即使建立可靠性非常低的防御体系，对攻击一方所造成的不确定性也足以让对手难以承受。苏联并没有任何信息显示能够全部运用有限资源，在第一波打击中成功摧毁美国的战略力量，甚至对摧毁"三位一体"核威慑中的飞机、潜艇和洲际导弹中的一支力量都没有足够的信心。简单说，就是不是防御体系客观抵消了对手的战略能力，而是防御体系造成的不确定性深刻灼蚀了对手的战略信心。苏联军事理论和实践都要求非常高的任务成功率，可以说，在核和导弹领域甚至在常规作战方面都强求"万无一失"。在此情况下，即使美方参演者建立可靠性极低的防御体系，苏联方面的参演者在严格遵循苏方扮演规律的情况下就不得不部署大量额外的弹头，以维持进攻的成功率。这显然极大地增加了战略资源的负担，也对资源配置的均衡性造成了不利影响。

因此，美国并不需要无限地追求导弹拦截的成功率，美苏的战略平衡其实已经实现。况且在这种费效比的博弈策略中，美国只要少量投入稍微提升导弹防御能力，苏联就需要大规模增加弹头投入，以提升弹头突防概率，达到预期的摧毁率。这一点具有极其重要的启示意义，即使对今天的国家间博弈，甚至市场和企业间的博弈也是如此。改变博弈结构是那么微妙，以至于我们用通常的思维都很难演算和想象到这种结构的改变，而推演则提供了这样一种仿真环境，让我们轻松地观察到很多突破我们惯性战略思维的特殊现象。常规情况下，我们更多关注自己，担心受到威胁和挑战，这无疑放大了这方面的认知而偏离了对事实的客观评估。就像美国战略界只考虑确保自己拦截的成功率，以降低己方面临的威胁，但事实上对手的博弈结构也在本方的行为中相应改变。些微的调整就有可能让对手应接不暇。美国只要建立15%成功拦截能力的防御体系而漏掉85%的进攻，苏联方面就因为坚持极高的成功率而被拖入战略导弹的大规模投入陷阱。显然，苏联方面对这样巨大的成本也是极其敏感的，以至于漏洞百出的"破衣衫"就让已经拼尽全力的对手不敢再尝试进攻了。也就是说，战略威慑的目标已经达到了。这远远偏离了我们的常规认识，也恰是推演所能够带来的启示性作用。

（三）冷战后的新"战场"

美国在冷战后推动军事事务革命的进程中大量运用了推演方法，并将其有机地与历史方法结合起来，取得了突出的效果，目的无不聚焦于如何赢得对华假想战争。例如，美军在1991年海湾战争中突出的察打能力使美国战略界受到很大的启发，一个有益的思考就是如果这种能力不是出现在如此不对称的全球霸主与一般国家之间的严重不对称战争中，而是发生在世界两极之间，将会产生什么样的后果。实际上这也反映出：从20世纪90年代初开始，美国的战略界着眼的一直是大国争霸，抑或说两极争霸的竞争思维一直贯穿美国战略始终。因为只有维护霸权是驱动美国继续强大的唯一动力，所以当前美国对华战略出现的重新校准，实际上有长期的思维脉络。

20世纪90年代以后，科技的快速变革对军事技术和事务革命产生了重大的推动作用。美国战略界忧虑于对未来战争形态的辨析不明，担心潜在的竞争对手选择的军事技术发展路径优于美国，或者说能够克制美国。因此，净评估办公室专门组织了一系列推演和仿真活动，研究战场空间感知能力在未来战争中的影响。[17]事实上，这就是对如何驱散战争迷雾的研究，为战场提供一种全息的信息状态。而推演的结果再一次为战略研究人员提供了打破传统思维的结果，那就是美军虽然在远程察打方面具有绝对优势，但这种优势并不是静态的，而是在博弈环境中动态发展的。美军的绝对优势会刺激对手发展抵消美军远程能力的手段，甚至采取非对称的战略武器以求平衡美国的技术优势。这对美国的战略安全显然造成了不利影响。推演的情景想定是在诸如北约和华约这样实力相对均衡的对手之间，前线一旦拉开距离，形成数百公里宽的非接触地带，那么远程察打能力将产生决定性影响。实际上这一想定为未来美国的"介入作战"概念提供了肥沃的土壤。介入作战就是远程奔袭，其前提就是远程察打的信息足够全面。推演的结果显示，远程察打能力一旦在对抗双方中出现了不对等存在，即一方隐藏、一方暴露，将对战争进程产生决定性影响。这样的结论真实可靠地为美军的军事事务革命指明了方向，对全人类的未来战争形态产生了深远的影响。这也反映了推演的基本作用——不是确定性的对未来的预见，而是在过程中提供启发式的环境，辅助创新性思维的产生。

推演的结果反映出美军的远程绝对优势可能引发三方面的后果。一是出于短期内平衡美国战略优势的考虑，对手着力发展核打击能力，以遏制美国在常规作战方面的优势。二是经过一段时间的发展，美国开始面对一个或多个在远程能力方面快速追赶美国的对手，也就是采取追随策略，与美国发展同样的技术路径，最终形成常规领域的远程能力均衡。这就是美国在数年后提出的"反介入/区域拒止"能力。事实上当时推演出的这种可能性在不长的周期内就变为了现实。三是推动一些永远不可能抵消和反制美军远程能力的国家或行为体，转而发展一些非对称的手段，也就是发展非常规的作战概念。这种策略接近于自杀式的袭击，不计自身损失，想尽一切办法加剧对美国造成的杀伤和损失，并以此形成一定的威慑能力。此后十余年的情况演变也符合这一结果的预判，诸如多种多样的恐怖袭击手段、运用宗教等社会因素进行的颠覆和叛乱、宣传战、网络战、脏弹、生化武器等多种形式不对称手段纷纷出现，实际上制衡和抵消了美国具有绝对优势的远程能力，这些现象在推演后的 10～20 年里纷纷出现在中亚、西亚、东欧等世界众多国家和地区。

整个 20 世纪 90 年代，净评估办公室将大部分精力用于推演，从而进行更加深入的案例分析，以推进对美军军事事务革命的研究，并想尽办法向国防部高层申请推演和仿真工作的经费。这些推演的结论基本上可以总结为：数据融合问题是战场指挥控制网生效的关键，应该是撑起四梁八柱的关键环节。这一系列推演活动的最终阶段是进行了一系列名为"20××"的推演，意在指向 21 世纪上半叶某个未来时间节点的推演。这些推演的情景想定是当美国和主要对手都完成了军事事务革命，形成了相对平衡的实战化的远程精确打击能力。这些活动也顺利地转入战略与预算评估中心（CSBA）进行。"20×× 年兵棋推演"系列由战略与预算评估中心（CSBA）与科学应用国际公司共同主导，以实力不断壮大的中国为假想的未来竞争对手，分析未来作战形态及相关的部队能力、评估新的军事作战与组织概念等。"20××年兵棋推演"系列以净评估办公室于1993年发布的《2020年战区作战概念》为开端,从1995年11月一直持续到2001年12月为止,该兵棋推演系列分别针对航空航天问题、海上问题、领域控制、组织与指挥和控制、机器人技术和生物技术以及军力重塑等问题进行了专门研究。[18]

五、时代终结

在人生的最后阶段,马歇尔设想并试图推动中国与美国开展联合推演,可惜由于种种原因,胎死腹中,成为时代终结的标志。2010年后,辉煌数十年的美国净评估体系已处于"风雨飘摇"之境。年逾九旬、仍未退休的马歇尔作为从尼克松政府时期就直接对历任国防部长负责的战略大师和国防部元老,与新组建的奥巴马政府任命的国防部高层关系不睦。与中国开展联合战略推演,作为马歇尔极具前瞻性的一项重要举措在客观上存在相当的困难。这样的倡议还从未在两个主要大国间提出过,更没有实践过,具有极强的开创性,也自然会面临严峻的现实挑战。净评估办公室虽然想要推动与中国开展联合推演活动,但这样的邀请会违反美国法律,因为净评估办公室不具备国际合作的职能,而是专注于研究目前及未来的政策。因此,哪怕是与中国进行公开接触都是"违法"的。

当时,净评估办公室面临严重的政治困难。新任国防部长哈格尔在发布会上公开了净评估办公室新的领导体制,打破原有的工作架构,不再接受马歇尔的直接汇报,而是通过一位对评估和战略规划均不熟悉的女副部长来领导净评估办公室。这一改革直接打破了从尼克松政府时期就一直保持的净评估办公室的特殊地位。同时，国会参议院通过新法案，明确净评估办公室要独立，脱离政府体制。该决定与哈格尔的命令出现龃龉。净评估系统的高层人士仍在忧虑：在两种相互龃龉的方案之间，总统将做出何种决策。无论如何，在当时的情况下，净评估办公室在政府内的地位以及与国防部的关系均变得甚为敏感。净评估办公室人士纷纷指责当时的美国政府政策评估不是净评估，进行的决策也相当混乱，简直到了一种"礼崩乐坏"的气人程度。可以想见，推动中美开展联合推演活动受到了不同方面的限制。

马歇尔关于中美联合战略推演的倡议已经酝酿颇久，是在内部充分研究相对成熟后才抛出的。只可惜时运不济，在即将推进的时候，美国政府换届，新总统与国防部长对净评估办公室的依赖和信任大幅下降。现在看来，短短 3～5 年之后，马歇尔当时思考和希望通过推演来解决的中长期战略博弈问题已经在中美间迅速凸显。如果当时能够实现联合战略推演，也许会有不同寻常的裨益。2019 年 3 月，马歇尔逝世，享年 97 岁。马歇尔在人生最后时期精心构想和运筹的中美联合战略推演未能实现，推演在大国战略竞争与合作舞台上的新角色和新贡献只能留待未来的智者再创造、再推动、再实践了。但毫无疑问，在经历美苏争霸的残酷博弈后，能否运用推演来化解世界主要大国之间战略博弈中的误判，尽可能提高各方战略决策的稳健性，成为未来战略推演工作重要的实践应用方向，也是未来用推演服务构建人类命运共同体的一个重要路径。如今斯人已逝，"净评估"的大时代已经落幕，记录下这些尘封于历史中甚或是在萌芽时就已经被消灭而未能成为历史的点滴，让它为未来的人类贡献些许价值，也是一种纪念吧。

第二节　走过的弯路

战争作为最残酷、最激烈、最紧迫的竞争、对抗与危机环境，对催生新的战略研究思路、检验和淘汰华而不实的研究方法起到了孵化器的作用。也正是在二战和冷战的推动下，美国从运筹学、系统分析直到推演，形成了一条战略研究方法的演进路径。这些方法被统称为作战模拟。两个世纪以来，作战领域的模拟和仿真发展迅速，被世界主要大国普遍使用，其应用覆盖战略、战役、战术等层面，并发展到政治决策、国际关系和危机处理等领域。[19] 然而实践的反复检验表明，依据数据基础、计算机运算的作战模拟与现实情况以及战略需求相去甚远。尤其在战略实践中积累的纯数据化和过度模型化等经验教训，时至今日依然有很强的现实意义。特别是在人工智能大热的今天，要想知道在战略决策领域如何开展相应的探索，就需要回头看看前人走过的弯路。

一、从运筹学到系统分析

战略推演的形成与二战期间运筹学（operational research, OR）在作战规划中的成功运用有深刻的关系。运筹学是对现有系统进行研究，寻求更为有效的方式去完成具体的任务。运筹学这一翻译方法借鉴了汉语中运筹帷幄、统筹安排等语义，实际上从字面意思上来说，是一种操作或作战的改进研究。这既适用于军队运筹部队，也适用于国家运筹力量，以及企业运筹资源，都是对顶层调动资源和力量的行为所进行的改进。二战期间，美军运用运筹学通过深入的数学分析和运算为战争中的美英等盟军的潜艇战、空战等提供了更具费效比优势的作战方案，这对作战方案选定、作战装备发展策略等都起到了决定性作用。军事运筹分析在二战水雷和反潜作战应用中的成功，导致美国在二战结束后的一段时间出现了忽视推演的倾向，转而期求以纯数学分析的方法依靠计算机来实现对战争的全面模拟。当时，推演的方法被认为明显缺乏严密性。取而代之的是"在程序中输入所有合理、可能的决策，机器会快速计算出这些决策带来的结果"。

军事运筹学在越战中的"糟糕表现"最终宣告了它在美国战略层面军事仿真方面应用的终结。越南战争开始一个月后，美军参谋长联席会议的联合作战局（joint war agency）开始运行一款名为"Sigma-64"的运筹分析工具，用于讨论一些战略性事务，如是否应使用战术型核武器、是否应宣告局部动员等。这款工具的最终效果不得而知。但越战期间另一款运筹分析工具则被普遍认为"表现糟糕"。该模型设计的目的是"模拟越南发生叛乱的条件，有序地表现军方和非军方因素的关系"。这样的模型设计存在严重缺陷："更糟的是这个模型通过硬性设定一些数值来反映军事行动的方方面面，包括非军方人员在政治、经济、哲学社会领域受到的冲击和影响。"毫无疑问，这样的模拟无法让美国在越南避免一系列军事和政治战略上的挫败。事实证明，以数学方法、模型设计、计算机模拟为核心的军事运筹学无法解决复杂的宏观战略级仿真问题，甚至在纯军事战略领域的应用也越来越困难。

在二战期间兴起的运筹学基础上，1947年，兰德公司开创了"系统分析"（system analysis）概念。当时的兰德还隶属于道格拉斯飞行器公司。兰德公司在战后继续发展这一方法，形成了"系统分析"方法体系。系统分析的目标是运用体系思维解决复杂的问题，其理论基础是博弈论及其理性行为体假说，三大核心要素分别是系统思想、数学方法和计算机技术。系统思想就是系统论、控制论和信息论，在此基础上形成了一系列新理论、新学科。数学方法主要是运筹学，讲究从全局出发，通过建立模型对问题进行精确计算，进而求得统筹规划、合理安排的最佳效果。计算机技术的辅助主要是加快计算速度、提升数据处理能力。在此意义上，系统分析在更广泛的领域应用运筹学，是运筹学的一种升华。

相比于运筹学，系统分析法所研究的问题面更广，它并不是基于现有条件进行的最优化方案的数学研究，而是从更多尚未经过具体设计的、可供选择的系统之间进行选择，其自由度和不确定性更大。系统分析的难点就在于决定要做什么以及怎么做。[20] 这句话说来简单，实际上是非常深刻的，也就是解决问题的关键在于确定目标。运筹学是从欧洲传入美国的一种方法，它的逻辑基础是承认已有的体系、认清基本情况，竭尽全力在此条件下寻找最优化的结果。而美国人的创新思维在于，他们并不满足于已有的体系，他们不愿受现实条件的束缚。系统分析的思维起点是：我们想要什么，如果目前不能够实现这个目标，那么创造出这些实现目标的条件，需要什么就去创造什么。这种思维的演进已经非常深刻，直至今日，仍然颇具启发意味，那就是抛弃现实对思维的局限，大胆想象，按照自己的意愿去改造现实，去影响世界。这种思维充满了自信，没有什么障碍是无法克服的，只要我们去想、去努力、去创造。

1960年，为了实现新任国防部长麦克纳马拉——也是当时美国历史上最年轻的44岁的国防部长——对国防预算成本效益的系统分析要求，国防部设立了系统分析办公室（office of systems analysis, OSA）。就任前，麦克纳马拉还是福特汽车公司史上最年轻的总裁。他集结了一批被当时的人们誉为"神童"的年轻人，以数学的方法全面改造了福特的生产和经营流程，使之焕发勃勃生机。而麦克纳马拉改造福特的思路实际上与兰德公司的系统分析不谋而合。在麦克纳马拉和兰德公司共同努力推动下，运用系统分析手段，形成了著名的"计划—规划—预算系统"（PPBS）方法和麦克纳马拉对核打击的运算方案，即"打击财富的瞄准策略"（countervalue targeting）和"打击军事力量的瞄准策略"（counterforce targeting）。从此以后，系统分析这种方法频繁出现在美国政府的文件、规划、战略和预算方案中。而后，与很多方法的发展历程一样，系统分析被泛化了。当每个人都说系统分析、每项研究都使用系统分析方法时，系统分析就因为被滥用而走到了尽头。

尽管系统分析在其形成初期发挥了重要作用，但是到20世纪70年代中期，它已经成为战略性思考的障碍。系统分析的问题很明显，那就是基于各种各样的假定来创造一个体系，而这些假定很多是难以验证的。同时，定量化的问题同样突出。当你对复杂系统进行分析时，诸如感情、信仰、道德等因素是无法在量化系统中被反映出来的。同样，一些可分解的因素由于分解后无法量化，只能被打包处理，而这对现实的偏离程度就更大了。很多有必要在战略规划中考虑的问题，系统分析人员却发现很难处理。在某种程度上，当时系统分析人员形成了例行的分析方式，不再充分关注采购某一武器装备所涉及的复杂后果。系统分析长于分析和评估成本，短于评估效能。计划性行动、采购特定武器系统、采用新作战概念,以及设定军队的新战略目标,这些都会产生复杂的影响,包括对潜在对手的信仰、行动和资源分配方式的影响。这些影响大部分未在标准的系统分析中得到考虑。它所导致的一个结果是国防部最高领导层在进行真正的战略决策时,从参谋人员那里得到的帮助微乎其微。这是由于这些参谋人员的工作重点、他们所使用的标准,以及他们对效能的衡量往往过于狭窄,不足以解释高层决策者所必须全力考虑、关注和负责的那些问题。[21] 净评估及战略推演方法体系就是在这种反思下逐步演进成型的。系统分析与推演的距离就在于是纯数学方法的定量分析,还是更贴近现实的模拟仿真。这也就是系统分析与推演的差别所在。这两种思路的差别经过 20 世纪 60 年代美苏激烈博弈的现实检验后,胜负优劣逐步浮现在美国战略研究领军人物的脑海中。

二、严格数据化的缺陷

早期兰德公司原型式的兵棋推演系统进行了严格的绩效定量评估,类似于兵棋推演中进行的打分和裁定。这种完全依赖定量方法的推演形态很快就被证明不切实际和不够先进,最关键的是难以对现实世界进行简单的严格定量化的评估和仿真,因此很难向研究战略问题的更高层次拓展。

20 世纪 60 年代,兰德公司逐步创建"战略与军力评估"(SAFE)推演,用来研究美国和苏联的不同战略预算可能方案。通过推演,优选出最可行的战略规划的武装力量部署方案。这个推演项目及演练和研究活动一直持续了十年之久。在实践的过程中,美国的战略研究家们逐步认识到,完全依赖数据、模型和算法的仿真式推演实用性不高。一是对数据依赖度太高，数据的可获取性不强，获取数据的资金、人力和时间成本都难以承受。二是完全依赖建模的计算机仿真运算对现实的模拟程度不尽如人意。这种推演对战争胜负关系的运算根本难以达到现实世界高度复杂的环境的要求。三是运用这种方式对未来进行模拟的结果并不可靠，难以将其投入国家生死攸关的战略竞争实践中。在这种情况下，一些充分参与到现实政治实践中的战略研究家们，转而更倾向于依靠有经验的政治、军事等领域的实践者，让他们来扮演特定的角色，从而进行情景想定中的角色扮演式推演。

到了20世纪70年代末，随着对美苏竞争评估可靠性的进一步提升，美国战略研究界对于定量评估与仿真的不充分性的认识越发深入了。时任国防部长帮办、专门负责项目分析与评估办公室中战略项目的托马斯·布朗在1978年国防科学委员会的战略研究项目中提出，推演方法是有助于将定性的决定性因素与定量的指标体系结合起来的战略研究新路径。这种观点被广泛接受。布朗正是20世纪60年代兰德公司"战略与军力评估"（SAFE）推演的参与者之一。通过长期参与推演活动，布朗深刻认识到，在精心设计和运筹下，推演可以整合各种关键决策因素，包括深入研究更广泛的危机情景、不同的预警时间、指挥控制体系的脆弱性以及战后的重建能力等。所有这些因素在传统的评估和研究方法中都没有涉足。布朗的观点代表了当时的一种先进观念，即周密设计的推演能够为评估美苏战略核力量竞争情况提供具有极高价值的支持，助益于形成更高质量的评估成果。[22]

数据是基础性的，在第七章"决胜未来"中将着重讨论，但数据绝不是决定性的。数量化与重要性之间的关联性事实上是很差的，用西方的一句俚语来说就是：一个最基本的原则是，并不是所有容易"数"的数都"作数"，也不是所有"作数"的变量都可以"数"出来（Not everything that can be counted counts, and not everything that counts can be counted）。因为定义一个指标本身就存在客观缺陷，而运用这些指标来衡量现实，其中的漏洞就更为严重了。完全排除人的主观判断，单纯依靠客观数据所进行的评估和仿真是失之偏颇的。虽然在部分技术密集的研究领域是可行的，但是一旦进入更为复杂的社会科学领域，考虑更多的国际政治、机构理论以及认知和心理等因素，数据客观支持和人的主观作用就不可偏废了。"简单的假设检验，撕裂国际关系与政策研究的关系。定量越用越多，多为入门者。这种方法主义至上的现象形成风气后，造成理论家日渐少。"[23] 这种现象最为典型地体现在综合国力评估方面。在这些研究中，很容易就陷入了简单的定量分析以及数量对比之中。未来的某些侧面比其他侧面更好预测，例如，人口趋势、经济增长速度等相对更可预测，不同社会的文化信仰相较其他侧面也更稳定。[24] 很多看似精良的战略评估和分析成果恰恰是充分利用了这一点，只预测可预测和好预测的部分，而忽视不易预测但重要性更加突出的方面。

三、过度模型化的教训

1978 年，进入五角大楼主持净评估办公室已经 5 年的安德鲁·马歇尔开始推动研发新一代推演方法。自然，对于研制、组建和管理更先进的推演系统而言，最有竞争力的承包方必然是兰德公司。1979年4月,马歇尔向时任国防部长哈罗德·布朗汇报了整个方案,提出了数年周期的建设方案,并寻求动用"国防部长特别研究基金"来获得项目的自主权。布朗丝毫没有犹豫,立即批复:"此事确需推进!"[25]

兰德公司对新一代推演系统的设计思路是运用当时最先进的人工智能打造自动化运行的 Agent 模型软件,即让计算机在推演中代替人来参演,而不再是人机结合和人机竞演。[26] 尽管当时另一家在本领域具有领先优势的企业科学应用国际公司(Science Applications International Corporation,即 SAI 的前身)提出的人机结合方案实际上更符合推演的理论和哲学发展路径,但显然人工智能和纯自动化推演系统的噱头很容易就打动了当时绝大多数战略研究人员。这种现象在今天也突出地存在,成为推进推演工作中必须尽可能避免的教训。最终,兰德公司研发出"兰德战略评估系统"(RAND strategy assessment system, RSAS),具体情况在《大国远谋》第六章第三节中已经阐述。[27]RSAS 被设计为一种分析型的推演系统,既可以作为一种封闭的纯计算机仿真模型系统,也可以容纳数组专家参演团队,在部分或全部自动化的环境中进行推演。这种以纯模型和自动化仿真为基础的推演系统受到热烈的追捧。国内对此也给予了较为充分的关注。[28]

然而,这种推演系统的弊端也非常突出,并没有得到足够的认识。最主要的问题就出现在理念方面。这种推演系统过于模型化和数字化,从而忽略了大量不可定量和模型化的因素。最主要的是对模拟情景的事前和事后因素缺乏考虑,这在战略研究中是大忌。只模拟核冲突,而不考虑从小摩擦升级到战略冲突的过程;只研究大规模战略冲突的发生，而不分析危机后的恢复能力、残余力量的二次运用因素等情况。显然，这样的战略评估与分析是僵化的、没有生命力的，不是生动的对现实世界的真实仿真。这样的推演表面光鲜，而实质上成为数学、算法和模型的作秀。问题尤其突出的是对现实世界的过度模型化极大地降低了对研究对象的仿真程度。最为典型的就是对苏联的模型化与对美国的模型化采取相同的路径。这严重偏离了现实，因为苏联的战略文化、战略规划和指导体系、战略决策方式、作战条令等方方面面都与美国有天壤之别。计算机仿真方式根本无法将这些定性因素考虑在内，或者说即使考虑在内，也很难将组织行为模式、官僚体制影响等诸多不确定性纳入模型，从而将一种极具特性的行为体，尤其是在特定情景下的行为具有深度不确定性的角色，简化为了一种计算机模拟的个体。不可否认的是，作为一种方法论，以定量为基础、依赖模型和计算机仿真的人工智能路径，一直是推演中的主流方法之一，尤其是在以训练、演习和装备验证为目的的军事推演活动中。较为典型的就是军事系统工程和装备想定推演。[29]这些活动较多地停留在战区或军种层级，很难应用于国家大战略和企业综合战略方面。很多类似的推演系统非常先进，集成了大量的先进技术，但事实上无法胜任国家重大战略研究和决策需要。

从更深层而言，如何正确看待过度模型化的问题呢？实际上，科学的认识论强调通过逻辑、拟合、验证三种方法来检验理论的可靠性。理论是现实的简化，能否最大限度地拟合现实，是战略研究的核心价值所在，而无关于采取定量方法还是定性方法、计算机模拟还是人类扮演。检验算法和模型可靠性的方法其实非常简单，就是把它们投放到历史情景中进行验算，看运算的结果与历史的发展是否一致。这和中长期风险评估与战略预判的检验是相似的。《大国远谋》研究了 20 余年的美国"全球趋势"，正是历史的演进让我们有机会检验过去的预判的成败，也给了我们改进预判方法的机会。[30] 而对仿真模拟的验证则相对简单，因为可以投入任何已经发生的经典历史案例中。例如，RSAS 最初开展的验证就是对 1940 年 5 月德国对法国和低地国家㊀成功实施的闪击战。但检验的结果很不尽如人意，原因就在于过度依赖计算机仿真模拟的系统对定性因素加权的方法论研究并不过关。尽管进行了充分的数据准备，作战单元和武器的计分表设计，以及战损比和理论加权体系合理，但实际结果是：能够对战争结果进行可靠预测的分析工具仍不存在，也就是验证了机器仿真的方法论路径的可行性仍然不足。

第三节　价值与边界

相对于兵棋推演，战略推演在指导思想和组织形式方面都进行了较大幅度的改进，相对于传统研讨也得到了整体性的质量和效率提升。借助思想、方法和技术的多方位革新，战略推演成为重要和有效的战略研究新手段，在中长期趋势预判、危机管理、检验重大决策和识别战略误导等方面具有相对突出的价值。与此同时，推演是一种科学方法，必然有其界限。包罗万象、包打天下的手段一定是伪科学的。"专业推演者必须谨记滥用推演的潜在风险，尽管推演很强大，但它终究只是一个工具，而且是一面'映照现实的不完

㊀　低地国家是对欧洲西北沿海地区荷兰、比利时、卢森堡三国的统称。

美之镜'。"[31] 搞清楚推演的短板所在，对推动在更适宜的应用场景下借助推演改进决策具有重要意义。

一、战略研讨的革新

战略推演主要以对抗式研讨存在，是对传统研讨和兵棋推演的综合改进，形成了重要的战略研究手段创新。一是战略推演给定情景，也就是未来的重大事态情景或即将出台的政策。情景想定在推演之前，本身就是对问题的"预研"，同时给定情景保证了研讨的聚焦性、有效性，避免传统研讨的无序和过分发散。战略研讨是指按照问题发展规律，对事态发展的全过程进行考察，既有发散式的，也有按照时间轴给定时间和进程的，形成决策压力。相比而言，传统研讨的时序是线性的，议题是发散的，不具备对抗性。二是战略推演打造了多层次的互动式研讨环境。参演者代表不同的战略博弈方，按照角色进行重新定位，使研讨更加复杂，更强调对抗性。角色分配使得参演者在研讨中的立场和角度更加立体化，保证了研讨的科学性。三是战略推演借助一定的技术手段和工具，包括数据系统、态势感知系统和交互式系统等。借助这些系统，研讨的质量和效率都得到了整体性提升。

兵棋推演作为一种成熟的军事运筹工具，虽然也做了引入政治、外交等综合性因素的尝试，但最成功的应用还是军事层面的作训、教学、演习等活动中的仿真模拟。兵棋推演对确定规则的严格要求和对量化仿真的持续追求注定了它不能进一步发展为战略级问题研判可用工具的宿命。20世纪60年代，美军联合兵棋推演局（JWGA）曾经尝试研发一款战略级严格式计算机兵棋推演系统，名为"科技、经济、军事、政治评估程序"（TEMPER），用于模拟冷战和局部战争中的国际冲突。该系统可以模拟三个国际阵营共 39 个国家。系统可输入各个国家的相关数据，涉及人口、能源、国民生产总值、增长率、武装力量，以及与国家生存息息相关的其他战略因素。这些国家之间可以相互影响，并对它们的军事、经济、政治、科技、心理、文化和意识形态七个方面的属性进行编辑修改。国家的动机可以通过后三项属性，即心理、文化和意识形态来体现。系统的时间跨度为一周至一年不等，可以支持对十年计划的模拟。但是，该系统最终还是遭到了否决。原因是战略层面涉及的因素太多、关联太过复杂，很多因素根本无法进行量化分析，有些甚至都没有认识清楚，转变成计算机程序更无从谈起。[32] 这就意味着战略层面的推演根本不可能找到可依托的兵棋系统。再加上推演涉及很多领域的专业知识，评估和裁决远远不如战役战术级自由式兵棋推演中那样容易驾驭，导控人员在其中基本上只能起到协调作用。所以，经过不断的探索，研讨式兵棋推演便最终成为研究战略问题的最有效形式。

战略推演与兵棋推演对于仿真战略环境和博弈活动的指导思想有明确区分。战略推演是抓大放小，认清事物发展主线。这与兵棋推演中的战术性环境仿真有本质区别。战略推演与兵棋推演都涉及数学、工程学、博弈论、系统工程等理论，最大的不同在于：兵棋推演所涉及的军事领域如武器、军人数量、战斗力等军事数据较容易量化和赋值，在现实中更加依赖一定规则，因而严格式的兵棋推演特别强调兵棋规则。饶是如此，军事运筹分析和系统分析依靠纯数学分析的方法与计算机模拟方法在越南战争等现实检验中仍然暴露出较为严重的缺陷。在实践中，必须避免生硬的赋值和数学模型推演。而战略推演所涉及的变量远远超过兵棋推演，且影响各参演国战略和政策的内外因素过多，不确定性过大。战略推演的设计思路并不追求严格的计算机仿真，而是依靠对现实问题的高度概括，依托参演人员丰富的决策和政策实践经验，将相关国家的战略进行高度概括浓缩，经过推理演绎，形成某一假定场景下可能出现的大致情况。例如，在国家推演中，每个国家的实力、军力、经济力、对外政策虽然都有基本的量化和模型化支持，不可能信马由缰，但这种量化和模型化是原则性的，更多是基于众多专家和决策者的经验，而非具体的数值。正如战略和政策研究一样，虽然有不确定性、黑天鹅事件等一系列因素，"然而大体的计算是可能的，估计前途的远景是必要的"。战略推演的目的恰恰是针对各种可能性较大的风险进行测试并寻找预案。

在规则的设定方面，兵棋推演与战略推演有显著区别。任何推演都要基于一定规则。没有规则的推演，势必会一片混乱。兵棋推演基于军队数量、武器、战斗力等可量化因素进行，因而其规则非常清晰。而战略推演所面对的是各国的战略，战略交锋和博弈难以像兵棋推演那样去判定战斗或战役的胜负，常常难以严格量化和数字化。因此，战略推演的难度更大，对导控和参演人员都提出了更高的要求。全流程中如果出现一环的疏忽，可能导致结果出现很大偏差。在战略推演中，之所以要有众多专家和有实务经验的决策者参与，是因为各方的出招要符合现实经验，不能凭空想象、恣意妄为。对影响推演进程的关键因素和争议出招，必须由控制组判定。因此，综合来讲，战略推演通过体系化设计，汇聚导控和参演专家团队的集体智慧,从而避免个人主观因素干扰,保证战略仿真度和可靠性。

二、多领域服务战略决策

战略推演已经成为世界大国进行战略规划和危机管理的重要手段。总体来看,现代战略推演主要包括军事、大型企业、非营利性组织和全球议题四种形态,主要是基于服务对象和研究领域的差异。在西方国家,战略推演作为一种战略决策文化,在各决策部门广泛推行。国家进行中长期战略规划及预判中长期趋势,需要借助战略推演进行检验;应对重大极端突发性情况和危机事态的准备是否充分,有必要借助战略推演予以验证;即将出台的重大战略和政策,应该通过战略推演进行模拟检验,测试各方反应和可能后果;面对主要对手的重大战略挑战,可以借由战略推演来研判其中战略欺骗和误导的可能。

战略推演服务于中长期战略趋势研判与战略规划。推演从战术性问题向战区、战役层级上升后,又从军事战略向政治经济问题拓展,最终成为一种进行全球性中长期趋势预判进而指导国家中长期战略规划的重要方法。战略推演能够为战略趋势研判提供全方位的立体研究平台。战略趋势研判既需要"大家"(研究专家)的深度,也需要"大家"(集体智慧)的广度。一个能够有效融合各方观点的战略问题研讨平台,是一个国家提高战略思维能力的必需手段,也是推演重要的应用领域拓展。关于推演在中长期风险评估与战略预判方面的应用,《大国远谋》一书已经进行了相对详尽的阐述,本书仅做简要介绍。战略评估与趋势预判的一个重要发展趋势是将情景分析与战略推演相结合。《全球趋势2035》在认识到"采用沙盘作业和推演不够,对潜在失衡或失调的关注不足,对不起眼的后果可能引起的影响关注不够,对过激行为体在关键时间点上的动向及其影响把握能力不足"之后,[33] "大量运用分析仿真——让专家团队扮演关键国际行为体——探索未来全球区域发展趋势、国际秩序、安全环境和全球经济"[34]。这种将情景分析与推演相结合的做法在国际上日趋成为主流,也成为各类机构竞相开展国家安全战略评估与趋势预判的重要手段。其基本特征就是运用情景想定和战略推演相结合的研究方法开展涉国家安全重要战略议题的预判性研究。美国国家情报委员会在国家安全战略评估与趋势预判活动中也采用了这种方法。美国国家情报委员会负责战略评估与趋势预判的是"战略未来"项目组。"该机构也是美国国家情报委员会开展战略推演的主责单位,经常性组织开展推演活动,其主题包括'2012年以后的伊拉克''伊朗核武''苏丹解体''阿富汗未来'等。"[35]

战略推演用于应对重大极端突发性情况与危机事态。战略推演从三个方面应对、处理危机。一是"全概率"的情景想定。战略推演不是预测未来,而是对未来可能发生的情况逐一进行罗列,评估这些情况发生的概率。二是专门针对极端情况的模拟仿真,观察事态演变,查找己方应对此类危机的政策漏洞。三是在实际推演过程中发现潜在战略风险。实际推演过程中总会发生"意想不到"的情况。战略推演的目标是:研究这些情况发生的原因,判断这些情况属于模拟环境下的系统"误差"还是真实环境中被忽略的风险,以及在复盘中重新审视这些情况。三种不同的目标使得不同的战略推演在情景设计、组织形式上会有细微的差别，但基本的方法论是一致的。在实际情况中，一次战略推演会侧重一个目标，但并不忽视另外两个目标。例如，一场为检验政策设计的战略推演，同时也会考虑政策推出后可能发生的小概率突发事件，整个推演过程同样会促使大家对此类问题进行再思考。

重大战略决策模拟检验。为己方即将推出的重大政策提供实践检验环境是战略推演的一个重要目标。在一项政策推出前对其可能引发的系列连锁反应进行"模拟实验"，检验、修正、完善政策，是各国在政策制定环节的现实重大需求。例如，美国决策者经常问，如果我们采取某项决策，普京会怎么办？[36] 美国中情局从20世纪50年代开始尝试对决策建议进行预测性检验。例如，1952年曾报送题为"试图推翻阿尔巴尼亚政权的后果"的国家情报评估。1954年，中情局被要求对美国在越南使用核武器的反应做出估计。[37] 到20世纪70年代，为满足美国政府加强冷战双方经济的相互依赖，中情局被要求评估美苏开展贸易合作可能带来的影响。中情局将此类评估称为"机遇分析"。[38]

识别主要对手的战略欺骗与误导。《孙子兵法·九地第十一》："为兵之事，在于顺详敌意。"了解敌人的战略意图就是战略研究。战略推演是识别和防范战略欺骗最重要的有效手段之一。通过将战略互动投放在仿真环境中进行模拟，可以较为有效地甄别战略意图、确定战略动机、分析战略能力及目标。

三、局限性与边界

战略推演作为一种科学研究手段，必然有其边界，也必然存在一定的局限性。最根本的是，战略推演不能预言确定性的未来，不能解决全部关于未来不确定性的问题。必须反复强调的是，推演的目的不是预测未来，而是对未来可能发生的风险进行防范和制订预案。推演不是用于推出未来、不在于进行简单的预测，而是通过设定可能发生的重大战略情景，模拟主要行为体反应，从而检验当前战略和政策的可靠性，或检验即将出台的战略和政策的可行性。

在推演过程中，战略和政策也会因为组织、设计、运行等方面的问题出现一定的失真和偏差。推演客观上面临三方面永恒存在的客观困难。一是理想的推演需要更加充分有效的，或者说全息的信息和数据保障，从而形成高质量的仿真环境。二是战略推演的仿真路径要求仿真度很高。但实际情况往往是参演人员和组织者的认识都存在客观的局限性，扮演方的决策者很难通过了解其特点的专家来完全准确模拟。这种扮演的偏差在影响仿真度的同时，也影响研判的准确性。三是技术本身的局限性。对人类社会的计算机仿真还远没有达到可以应用于实战的程度，"以人演人"最终将逐步向更多的计算机仿真辅助发展。在对人类行为的仿真方面，还没有出现任何经过实践检验的技术可以替代人脑，对于扮演者的思维方式和行为模拟仍存在较大的限制。未来必然需要在前沿算法、仿真技术思路和战略环境仿真科技方面取得较大的突破。

战略推演成果是决策手段的一部分，但是推演成果的运用仍面临很大问题。《大国远谋》中指出的"评估—预判—决策"的正向反馈循环体系的建立，仍需要基于较长时间的战略实践和官僚体系运行。战略推演是一种决策文化，但在发展中国家中要成为主流的战略文化之一，还需要相当长的时间，对此的期望不能过高。必须强调的是，战略推演是一种决策辅助方法，必须与数学分析、历史分析等其他方法一起组成综合研究的有机共同体。只有协同作战才能够真正理解现实、预判未来，进而服务战略研判，助力稳健与成功决策。

注　释

1. Krepinevich A F, Watts B D. The Last Warrior: Andrew Marshall and the Shaping of Modern American Defense Strategy[M]. Basic Books, 2015.
2. Marshall A W. Strategy as a Profession in the Future Security Environment[J]. Zarate R, Sokolski H. Nuclear Heuristics: Selected Writings of Albert and Roberta Wohlstetter[M]. Lulu Com, 2014:628-630.
3. Perla P P. The Art of Wargaming: A Guide for Professionals and Hobbyists[M]. US Naval Institute Press, 1990:9.
4. Lawrence R D. The Role of War Games and Simulations[J]. Phalanx, 1986:8.
5. Allen T B. War Games[M]. Berkley Publishing Group, 1989:295.
6. Nixon RM. Organization and Management of the US Foreign Intelligence Community[R]. Memorandum, 1971:4-5.
7. Krepinevich A F, Watts B D. The Last Warrior: Andrew Marshall

and the Shaping of Modern American Defense Strategy[M]. Basic Books, 2015.

8 Marshall A W. The Nature and Scope of Net Assessment. NSC Memorandum, August 16, 1972, p.2. Quoted in Krepinevich A F, Watts B D. The Last Warrior: Andrew Marshall and the Shaping of Modern American Defense Strategy[M]. Basic Books, 2015.

9 Marshall A W. Definition of the National Net Assessment Process. NSC, memorandum for the record, March 26, 1972, p.1. Quoted in Krepinevich A F, Watts B D. The Last Warrior: Andrew Marshall and the Shaping of Modern American Defense Strategy[M]. Basic Books, 2015.

10 Marshall A W. Net Assessment of US and Soviet Force Posture: Summary, Conclusions and Recommendations, NSC, 1970, top secret, declassified March 26, 2004. Quoted in Krepinevich A F, Watts B D. The Last Warrior: Andrew Marshall and the Shaping of Modern American Defense Strategy[M]. Basic Books, 2015.

11 Marshall A W. Long-term Competition with the Coviets: A Framework for Strategic Analysis[J]. United States Air Force Project RAND R-862-PR, 1972.

12 Andre D J. New Competitive Strategies, Tools and Methodologies. Volume 1: Review of the Department of Defense Competetive Strategies Initiative, 1986-1990[R]. Science Applications International Corp San Diego CA, 1990:2.

13 Chien J. Analyzing Two Key Points of the Huaihai Campaign Using Sun Tzu's Net Assessment[J]. 2015.
Swaine M D, Eberstadt N, Fravel M T, et al. Conflict and Cooperation in the Asia-Pacific Region: A Strategic Net Assessment[R]. Carnegie Endowment for International Peace Washington DC, 2015.

14 Krepinevich A F, Watts B D. The Last Warrior: Andrew Marshall and the Shaping of Modern American Defense Strategy[M]. Basic Books, 2015.

15 Bracken P. The Second Nuclear Age: Strategy, Danger, and the New Power Politics[M]. Macmillan, 2012:88.

16 Weinberger C W. US Defense Strategy[J]. Foreign Affairs, 1985, 64: 675.

17 Commander Jan van Tol, Brief on Early RMA Gaming Insights, Prepared for the Joint Requirements Oversight Council, OSD/NA, July 14, 1995. Quoted in Krepinevich A F, Watts B D. The Last Warrior: Andrew Marshall and the Shaping of Modern American Defense Strategy[M]. Basic Books, 2015.

18 Vickers M, Robert M. Future Warfare 20XX Wargame Series: Lessons Learned Report[J]. Center for Strategic and Budgetary Assessments (CSBA), 2001.

19 Saunders D, Severn J. Simulation and Games for Strategy and Policy Planning[M]. Psychology Press, 1999.

20 Abella A. Soldiers of Reason: The RAND Corporation and the

Rise of the American Empire[M]. Houghton Mifflin Harcourt, 2009.

21　Marshall A W. Strategy as a Profession in the Future Security Environment[J]. Zarate R, Sokolski H. Nuclear Heuristics: Selected Writings of Albert and Roberta Wohlstetter[M]. Lulu Com, 2014:631.

22　Krepinevich A F, Watts B D. The Last Warrior: Andrew Marshall and the Shaping of Modern American Defense Strategy[M]. Basic Books, 2015.

23　Mearsheimer J J, Walt S M. Leaving Theory Behind: Why Simplistic Hypothesis Testing is Bad for International Relations[J]. European Journal of International Relations, 2013, 19(3): 427-457.

24　Marshall A W. Strategy as a Profession in the Future Security Environment[J]. Zarate R, Sokolski H. Nuclear Heuristics: Selected Writings of Albert and Roberta Wohlstetter[M]. Lulu Com, 2014:625.

25　Marshall A W. Improving Analysis Methods for Strategic Forces, Memorandum for the SecDef, April 17, 1979:1.

26　Davis P K, Winnefeld J A. The Rand Strategy Assessment Center: An Overview and Interim Conclusions about Utility and Development Options[R]. RAND Corp Santa Monica CA, R-2945-DNA, 1983:v.

27　杨霄. 大国远谋：国家中长期风险评估与战略预判 [M]. 北京：

时事出版社, 2019:162.

28 李健, 毛翔. 兰德战略评估系统及其影响 [J]. 军事运筹与系统工程, 2015(1):5-12. 蔡承学. 兰德战略评估系统方法与推演设计建模 [M]. 北京: 航空工业出版社, 2015.

29 古平, 张学民, 李思. 装备想定推演 [M]. 北京: 国防工业出版社, 2012.
刘忠, 林华, 周德超. 军事系统工程 [M]. 北京: 国防工业出版社, 2014.

30 杨霄. 大国远谋: 国家中长期风险评估与战略预判 [M]. 北京: 时事出版社, 2019:258-261.

31 Perla P P. The Art of Wargaming: A Guide for Professionals and Hobbyists[M]. US Naval Institute Press, 1990:11.

32 Hausrath A H. Venture Simulation in War, Business and Politics[R]. 1971:267-269.

33 US National Intelligence Council. Global Trends 2030: Alternative Worlds. 2012.

34 US National Intelligence Council. Global Trends: Paradox of Progress. 2017.

35 Treverton G F, Ghez J J. Making Strategic Analysis Matter[R]. Rand Corp Arlington VA National Security Research DIV, 2012:3.

36 Greg Treverton and Bob Hutchings. Rebuilding Strategic Thinking[R]. CSIS, 2019, a follow-on to their forthcoming book, Truth to Power: A History of the U.S. National

Intelligence Council, Oxford University Press, 2019.

37 Kent S. The Law and Custom of the National Intelligence Estimate[J]. Sherman Kent and the Board of National Estimates: Collected Essays, 1979.

38 Kennedy D M. Sunshine and Shadow: the CIA and the Soviet Economy[M]. President and Fellows of Harvard College, 1991:112.

第四章

推演实践

　　如果你是决策者，假如有一架望远镜，可以在造成无法挽回的后果之前、在付出血的代价或者遭受巨大的资产损失之前，观察到行动实施的后果，无论组织或者机构的规模大小，也不论是战争还是非战争的事态，这样的望远镜，你不需要吗？[1]

——马克·赫尔曼

推演是一项聚焦高级战略研究活动的系统工程，具有沉浸式博弈互动、全进程信息控制、全过程复盘分析等主要特点。推演的全流程一般分为推演设计与情景想定、实施推演、开展复盘并形成报告等阶段，是一个"两头粗中间细"的过程。也就是说，广为人知的推演活动和推演结论在推演实施过程的时间维度上只占很小的部分。而开展战略推演需要系统、周密、科学、完备的前期准备和后期复盘，关键在于围绕战略研究需求形成高质量的专业推演报告。前期准备和实施推演大概占全部推演工作的一半，复盘总结、系统研究和形成报告占剩下的一半（见图4-1）。由于信息不充分，通常所见的所有关于推演的资讯大多是两方面的内容，即推演实施过程中的活动以及推演形成的结论。这种信息失真造成了普遍认识中对推演的"管中窥豹"现象，即只见活动和结论，不见全貌。这就影响到对推演活动的客观认识和对推演成果的借鉴运用。本章以大量国外推

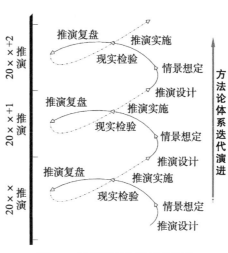

图4-1 推演流程与体系化演进

演实践案例为依托，对推演实施的全流程进行说理与描摹相结合的介绍，对推演实践方法进行深入探讨，从而构建起一幅能够遍览推演全貌的图景。

第一节　推演设计

尽管推演的实施阶段长不过数天至十数天，但前期准备的时间很长，通常需要大半年至一年，也有两年的。前期准备阶段的主要任务包括资料准备、人员组织与培训、推演平台研发与调试、推演场地与环境保障准备、推演设计及预演等环节。推演的前期准备中，推演设计是其核心环节，是对整个推演活动的实施流程、人员组成、组织形式等进行周密安排的过程，需要科学和标准的实施方案。推演设计的主要任务之一是运用"情景想定"建构起模拟未来环境的仿真架构。

一、建构解析未来的框架

作为一种深度跨学科综合研究体系，开展推演活动首要任务之一就是借助"情景想定"开展推演设计，建构模拟未来环境的基本仿真架构。"情景想定"的质量直接关系到对未来博弈环境的仿真效果，最终决定了一次战略推演活动的成败。没有好的"情景想定"，就无法形成流畅、高效、优质的推演，尤其是不能够实现聚焦于特定战略决策需求、以服务现实决策为最终目的的高质量推演活动。情景想定的方法是唯物的、辩证的，其核心是破除"用孤立的、静止的和片面的观点去看世界"，要求多方人员集体开展研究，从集成的、系统的和发展变化的视角，通过事物的内在和外在等多方面去看待世界、研究问题，运用一系列系统、科学、周密的方案和手段对未来进行系统研究，集成决策方、研究者和推演组织实施人员的智慧，全面研究战略问题，形成系统推演方案。[2]

"情景想定"是用于早期预警和预见的重要政策研究方法，又称为"情景建构法""情景分析法"等，是指在决策研究、趋势分析等过程中，为解决系统高度复杂、关系深度不确定和重大突发事件等难题，通过建构与研究对象相关的情景集合，以情景的形式对未来的目标模型进行描述，开展分析研判，从而解释或预见现象。"因为不可能准确掌握未来，所以解决方法就是建立若干个'情景想定'。这些'情景想定'实际上是对未来的情景进行的特别构想，每个情景想定模拟一种清晰的、似乎合理的图景。'情景想定'规定了不确定性的边界，以及似乎合理的未来的限制。"[3]

"情景想定"是对未来可能发生的事态的模拟。在大多数情况下，对未来目标模型的研究一般采用"情景想定"的形式。情景就是对于未来的可能性分析，它们建立在扎实的数据分析和研究基础上，是通过科学、系统的方法形成的。制订"情景想定"方案时需要全盘考虑当前的形势，高度依靠哲学和科学的理论支撑，由高级决策人员和资深专家制订。"情景想定"的方案既不是一两个专家拍脑袋想出来的，用极端情景耸人听闻、博取眼球，也不是对于未来的预言，而是一种对于未来的启发性思考。也就是说，"情景想定"的方案是指假设出现这样的情景，那么世界会是怎样，我们应该怎么办，尤其是为了应对这样的情景发生，我们应该提前做什么。

一般情景想定主要包括论证性情景想定、驱动力情景想定、系统变化情景想定和时间片段情景想定等形式。[4] 建立情景想定的方法有案例式模型、前后关系映射和交叉影响分析等方法。[5] 通常情况下，情景想定实施的过程中有多个步骤需要通过设计情景想定调查表收集情景想定专家意见。例如，按照因素的新旧和是否变动进行分类的办法。在当前状态的基础上，按照不变因素预测、变化因素预测及变化和新因素预测三种方法制定出未来状态。[6] 对调查表格进行汇总和分析后，再形成下一步骤的调查表，重复分发和汇总分析步骤，不断滚动，形成系统的情景想定方案。各个模型是在一个迭代过程中建立的，每个模型都是以前面的模型为基础的。迭代是处理复杂问题和复杂模型的关键。基本的分析范式是建立目标对象过去和当前状态的模型，然后建立关于其未来可能状态的模型，通常是以情景想定的形式创建。[7] 利用这种方式，可以更加客观和科学地汇聚专家的经验和智慧，避免个体的认知偏差和主观臆断。

情景想定与分析本身是一套独立的战略研判方法，主要应用在战略、安全、商业和情报等领域。在中长期预判领域，使用情景想定描绘的未来趋势，可以帮助决策者确定各种力量之间的关系、哪些力量对组织或局势可能产生影响及产生何种影响、采取行动的关键决策点和决策基础与战略等。情景想定的目的是透过"不确定性万花筒"预判风险的可能性，也就是进行全维度的风险评估。[8] 通过提供一系列逼真的可能性，整套备选的情景想定可帮助决策者确定无论在发生哪种备选情景的情况下，可能出现的对组织产生影响的问题所具备的共同特征，并在此基础上制订政策预案。在安全领域，情景想定用于战术或战役计划的制订，如禁毒。[9] 在商业领域，情景想定被用来制订战略计划，如用于分析备选的并购对象或考虑新的生产线。这些经常是全球性的情景想定。此外，情景分析方法的一种应用是验证竞争性假设。对于原因未知而只知道部分证据的事件，可用情景分析方法检验可能的根源，这就是竞争性假设法。[10]

"以'情景分析'为核心的战略预判方法"以及情景分析与仿真模拟和稳健决策的"一轴三元"方法体系在《大国远谋》一书中已经较为充分地论述过,本书不再展开介绍。

二、设计好一场推演

战略推演的目的是通过情景想定制订战略推演的设计方案,服务推演全程的指挥控制和推演活动,促进战略推演紧密围绕研究议题,形成完备、高质量的推演报告。战略推演的情景想定工作着重在前期准备阶段,同时会贯穿推演实施的全程,必须有专门的战略情景想定团队负责实施。

战略推演设计中的情景想定环节的实质,简单而言就是"分情况讨论+穷举法",大致按照以下八个步骤实施。[11]

(一)明确核心研究议题

只有明确要研究的问题,才能使整个研究活动目标明确、用力聚焦、高效有益。例如,在推演前,明确此次推演的议题是"未来伊拉克的局势""2030年北京市城市发展趋势"或"中亚地区未来投资市场"等。确定推演及其情景想定的问题范畴主要适用于三种情况。一是决策需求方已有一定的决策预案,需要根据准备推出的决策来测试环境、效果及反馈。二是为应对极端突发情况进行战略准备和战略预置,检验当前的预案,查找部署方面的漏洞,验证对策、资源等储备是否充分等。三是两种情况互相交织,即主动行为和极端情况同时存在,如已陷入危机中,要对多种预案进行先期检验,同时想定更加极端的突发情况。

（二）梳理全部驱动因素

在明确核心研究议题后，需要厘定所有对该研究对象有影响的驱动因素。对于战略推演选定议题的全部影响因素，要充分掌握并有机地运用唯物辩证法进行研究，周密、系统地考察事物内部的因素、外部联系和影响的因素、事物发展变化的因素等。在研究问题时，可以按照不同的分类综合考察：内部因素与外部因素；经济、政治、军事、宗教、社会、科技等不同领域的因素；具有连带作用的间接影响因素等。例如，对于"未来伊拉克的局势"问题，可以厘定以下驱动因素：伊拉克内部政局的各种势力、外部周边国家或其他大国的影响；政权结构及稳定性；军事力量的对比和部署；油气价格、自然资源分布、极端主义思潮和势力；社会组成和教育情况等。对于"2030年北京市城市发展趋势"和"中亚地区未来投资市场"等问题，也可以从类似的方面厘定驱动因素。厘定驱动因素的步骤务求完备，不考虑其影响程度的大小、排序等问题。

（三）确定核心驱动因素

在建立驱动因素完备集合的情况下，进一步对核心因素进行分析。控制主要变量，忽略微扰因素，抓住主要矛盾，反映事物的主要影响因素，忽略对体系发展不造成显著影响的因素。考察核心驱动因素的指标主要体现在影响力和不确定性两个维度。对研究对象和事态发生作用程度高的因素，很显然更会成为核心的驱动因素。但同时要考虑到因素的不确定性。不确定性较低的稳定驱动因素，不是战略推演的情景想定环节着重考虑的因素，这与战略推演的特点和任务是紧密相关的。因此，可以对所有驱动因素进行双因素交叉分析，也就是处理好影响程度和影响可能之间的关系。

（四）建立影响频谱

核心驱动因素的作用情况是情景想定考察的关键。显然，所有的驱动因素都会有向不同发展方向发展的可能。例如，政权稳定性有可能向稳定发展，也有可能向不稳定发展；周边环境有可能向一体化方向演进，也有可能向分离主义方向发展。因此，要对梳理出的核心驱动因素建立双维度的频谱，从趋势和冲击两方面对核心驱动因素的频谱进行研究，也就是"趋势－冲击"（trend and shock）方法。

"趋势"是指问题发展的方向有明显的可预见性，是当前状态的延续。趋势的形成往往有深刻的历史原因，是多种合力作用的结果，一旦形成将具有强大的惯性。"冲击"是指那些可能改变趋势的事件，一般的表现是问题突然恶化，发生重大突发性危机事态或危机事态突然出现根本性好转。一般来讲，冲击发生的可能性小，容易被忽略，一旦发生则必须重新对问题进行审视、评估与应对。例如，美苏冷战在二战后延续了四十多年时间，可谓两国关系甚至整个国际关系的一个长期核心趋势。其间发生了柏林危机、古巴导弹危机等冲击，险些使冷战全面升级；当然，里根的"缓和"政策、戈尔巴乔夫的"新思维"也可视为对原有趋势的一种反向冲击。这些冲击都未根本性改变"冷战"趋势，但足以考验双方的战略应对能力。直到苏联解体，两极格局发生根本性改变，"冷战"趋势才土崩瓦解。趋势改变造成的巨大而深刻的影响随之而来，国际舞台上发挥作用的每一个国家都迅速调整本国战略。考虑到冲击更易成为政策的盲区，想定各类可能发生的冲击，将之细化为推演场景，对政策制定和现实检验意义巨大。

总体而言，明确当前趋势、发现可能冲击的"趋势－冲击"方法可以帮助推演设计者更加清晰地设计推演场景，研究应对之策。趋势－冲击方法主要有以下四个步骤。一是趋势研判。系统研究问题的历史成因、现状以及未来发展存在几种可能趋势。二是冲击评估。在趋势研判的基础上，广泛邀请专家，综合可能发生的冲击情景。专家必须运用发散思维，提出有可能发生的危机而不考虑危机发生的具体可能性，可以借助"事态推移表"等工具。三是冲击筛选。根据专家意见，判断冲击发生的可能性和对己方的影响，挑选其中的重要冲击。四是场景设计。根据挑选出来的冲击设计有针对性的场景。

（五）建立情景集合

确定核心驱动因素及其发展的整体频谱后，就要对其进行交叉分析。在选定的变化方向上进行矩阵分析，形成完整的故事链条。例如，如果只有政权稳定性和周边环境两个因素，则只会形成"2×2"的矩阵，这样就会形成四个故事脉络。简单而言就是政权稳定、周边融合的情景，政权脆弱、周边融合的情景，政权稳定被孤立的情景，政权脆弱被孤立的情景。然而，对于重要的战略研究，其核心驱动因素往往并非像上述情况那样简单。例如，五种核心驱动因素的情况就会形成表4-1所示的矩阵。

表 4-1　推演设计中的情景想定矩阵表

情景		A		B		C		D		E	
		A+	A−	B+	B−	C+	C−	D+	D−	E+	E−
A	A+										
	A−										
B	B+										
	B−										
C	C+										
	C−										
D	D+										
	D−										
E	E+										
	E−										

这还仅是在每个核心驱动因素的变化频谱只是两分法的情况下。而通常情况，是每个核心变量的赋值很有可能大于两个。例如，某国政府对海外投资的态度：积极支持、漠不关心、从中作梗等。在此情况下，就要建立如表4-2所示的推演情景想定精简表。

表 4-2　推演情景想定精简表

情景	A		B		C			D			
	A+	A−	B+	B−	C+	C0	C−	D++	D+	D−	D−−
情景1	√		√		√			√			
情景2	√			√	√			√			
情景3	√		√			√		√			
情景4	√		√				√	√			
情景5	√		√		√				√		
情景6	√		√		√					√	
……	……	……	……	……	……	……	……	……	……	……	……

如此建立的一套系统完备的情景想定表中情景的数量是各核心

要素赋值量的乘积,即 $Q(X) = C_{n_A}^1 \times C_{n_B}^1 \times C_{n_C}^1 \times \cdots \times C_{n_X}^1$,这样会产生大量情景,因此有必要对这些情景做进一步梳理。

(六) 选定高价值情景

选择最重要的情景需要考察以下因素:

一是情景是否紧密围绕核心研究议题。根据因素和变量的评估得到的情景集合是一种机械的想定集,其中很有可能出现偏离核心研究议题的情景。因为一些因素变化的结果很有可能在议题关注的范围外引发情景,也有可能形成不是决策方迫切需要了解的情景。在选定情景的环节,首先要剥离此类情景,促使推演活动紧密围绕核心研究议题。

二是情景是否与当前情况有所不同。根据推演方法在战略研究中的特殊任务,推演研究的内容应是与现状不同的情况,尤其是与现状按照一般逻辑发展形成的趋势不同的情况。因此,如果情景集合中出现与现状高度相似的情景,运用推演手段研究的价值就不高,开展推演的费效比不佳,应予排除。如果存在一定的研究价值,可以转用一般研究方法开展相关研究。

三是情景是不是多种因素综合的效果。战略推演研究的是高度复杂的深度不确定环境。如果一些情景的出现只是由单一变量引发的,不存在多种因素相互交织影响的情况,可以考虑将其排除,因为这样的情景会游离于推演情景发展主线之外,成为孤立的情景。孤立的情景难以得到系统、周密的研究,不利于发挥战略推演在战略研究方面的优势。如果是特别极端的情况或存在重大战略突发性,则应作为一种极端情况单独列入推演计划,或者以此为情景,再进行一轮情景想定，制订相应的推演计划。这也符合设计出理想的预测情景想定就需要迭代过程的科学基础。[12]

四是情景的可靠性。部分因素的变化是相关的，简单的列表考察可能忽略其中的联系而产生相互矛盾的结果。例如，某些政策类因素的变化必然会连带引发民意的变化，因此两方面因素实际上是相互关联的。在某些环境中，政策因素变化引发的民意变化也是确定性极高的，则与事实相悖的情景显然可靠性不足，自然不具备足够的研究价值。因此，需要剥离部分明显存在事实矛盾的情景，也就是对情景的可靠性进行审查。在此过程中，尤其要注意避免因为简单的人为臆断和刻板的认知判断而将重要的"黑天鹅"情景排除，也就是说，某些极端矛盾的情景也极有可能是具有重大战略研究价值的情景。做出这种判断必须基于问题研究专家的领域经验和推演情景设计的专业经验。

五是情景是否改变了整体环境的发展，是否值得研究。这存在两种情况：一是如果不存在对整体环境的深刻影响，研究价值就不突出；二是如果影响整体环境发展的方向是向好的，在研究过程中就无法突出对突发性问题的研究，这样的情景在很多情况下也是不值得研究的。

判断情景必须避免从情景发生的概率出发。通常的误区是看到一个不熟悉的情景就简单判定其"不可能"。越是具有专业背景和知识体系的决策者、专家，越容易用既有的经验判断情景的可靠性。这违背了进行情景想定的初衷，更不符合科学性。很显然，越是出乎意料的、不可能发生的情况，越会造成不可估量的后果。对于这些情况更值得进行先期研究，早做预置，才可能用更小的成本应对极端的情况。越是我们的知识体系尚未涉猎的情景,越适合用战略推演的手段进行深入研究,填补知识空白,弥补其他手段的局限性。

(七)形成设计方案

对上述选定的高价值情景建立推演实施方案的核心原则,是围绕与自身决策有关的核心驱动因素及其频谱建立推演检验的流程和树形实施图,如图 4-2 所示,结合自身施动因素(也就是己方的核心驱动因素)的作用,检验受动因素(也就是外部核心驱动因素)的变化,验证战略预置、战略准备和防止战略突发情况的效果,如表 4-3 所示。

对于上述选定的情景表,就以己方核心驱动因素为主要变量,建立推演实施流程图,即以 A 为主节点,检验不同的 B、C、D 频谱。

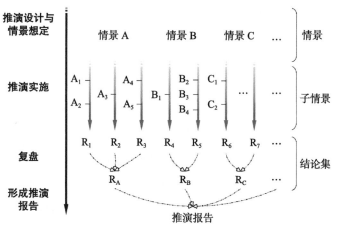

图 4-2　推演设计、情景想定与全流程实施方案

表 4-3 核心驱动因素与推演情景的选定

情景	己方核心驱动因素 A		外部核心驱动因素 B		外部核心驱动因素 C			外部核心驱动因素 D			
	A+	A-	B+	B-	C+	C0	C-	D++	D+	D-	D--
选定情景 1	√		√		√				√		
选定情景 5	√		√		√			√			
选定情景 9		√	√			√		√			
选定情景 14		√	√				√	√			
选定情景 25		√		√	√						√
选定情景 36		√		√		√				√	
……	……	……	……	……	……	……	……	……	……	……	……

（八）完善阶段性场景

形成推演设计方案还需要准备不同事态发展方向的阶段性场景，在控制组引导推演的进程中进行阶段性刺激。准备这些阶段性场景要进行三方面的工作。一是以控制组和问题研究专家为主体，仔细梳理上个阶段形成的推演主体情景的发展脉络，研究其中的细节和关键节点，将其中具有战略性和全局性影响的细节进行剥离，设计相关的阶段性场景。二是以控制组和推演实施专家为主体，根据推演的实施需要、技术需求和组织方式等条件，设计完整的推演环节，将阶段性场景细化到推演整体设计脉络中。三是以决策方和推演实施方为主体，紧密围绕决策方的潜在决策检验需求和突发情况对策需求，进一步完善和细化推演方案，建立推演关键节点、复推场景和推演完备流程体系。

三、推演设计案例

西方发达国家普遍将战略推演作为国家战略制定与评估的重要

方法。一般情况下，类似推演作为决策的方法并不公布，仅公布其推演成果，如《恐怖的海峡》。但相关推演的情景想定环节具备一定的借鉴价值，现举例介绍。

(一)"某日之后"核战略推演

20世纪90年代初，正处在苏联刚刚解体的混乱时期，美国空军针对冷战后的核扩散开展战略推演研究活动，委托美国兰德公司设立"某日之后"的推演研究项目，审议冷战后世界核武器及其相关能力扩散对美国国家安全和军事战略的影响。[13] 这项研究的目标是：使国家战略相关决策者、研究者和实践者更加深入地了解美国今后十年将面临的主要核扩散问题，意识到国家安全领域特别是华盛顿的智囊群体可能提议的备选战略、政策和选择。这项活动涉及范围极广，涵盖了大量的决策机构、智库和战略研究专家。

推演的情景想定团队首先审议在全球核态势现状中影响或引发重大外交政策危机关键变化的节点。例如，苏联核武库失控，对中东地区拥有核武器的国家进行军事干预，朝鲜半岛出现核扩散，南亚地区发生核战争，等等。在关键节点之后，研究美国总统面临的使用核武器的决定，想定总统和国家面临的一组新的决策选择。该环节包括对情况发展的趋势进行研究，对各方的可能反应进行研判，对相关情报信息和数据进行汇聚和研究等。

随后将想定的重点转至关键节点之前数月或数年，考虑执行此种方案的前景，探讨其他减轻后果的决策所面临的挑战。例如，废除相关国际条约的可能性，灵活反应战略的不足之处，选择干涉或不干涉政策的优势与困难，延伸威慑的效果与不足等。主要的想定场景有四个。一是针对核武库的集中控制权消失。苏联解体后的各加盟共和国争夺核武器的控制权，造成苏联庞大的核武库管理失控。二是针对美国是否采取干涉政策。中东地区出现拥核国家的情况下进行军事干预的战略决策，主要是针对核武装的伊朗进行军事干预，以保护科威特和沙特阿拉伯，以及保持对海湾地区石油通道的掌控。三是美国的盟国面临核武威胁。1993年早春，朝鲜半岛因核扩散问题局势极端恶化，南北双方均做出重大战略调整。四是两个新的拥核国爆发冲突与战争。1996年，印巴局势一度十分紧张，印巴两国都事实上拥有核武器，两国间频繁的摩擦很可能升级为核战争。

"某日之后"推演针对上述想定制订了系统的推演方案。每次推演针对一个推演主题情景，按照计划以3小时长度的会议研讨形式完成，其间提供该主题情景下的各种情况仿真信息和支线情景。推演组织多是由6~12名参加者组成的小组，扮演美国总统的顾问班底。推演的过程主要是模拟一次总统缺席的国家安全委员会会议。会议以提交给总统的备忘录草案为主要成果。每个情景的推演，同时有两三个小组平行推进讨论。在推演过程的适当时机，将各小组集合到一起进行集体研讨和复盘。推演的组织者还设计了针对最关心的一些重要战略问题的问卷，以引导推演研讨向目标领域推进。在每次推演结束后，对各小组的讨论情况和成果进行平行比较，从而绘制出较为全面的备选战略、政策和选项的综合路线图。最终综合各个系列情景集合，研究制定美国关于核扩散政策的中长期目标与策略。

"某日之后"战略推演随后成为美国战略研究领域的重要方法。

推演研究的是"0日之事",情景就是"第0天"。从情景发生后,开始推演发展变化趋势。通过推演,最重要的是回到"0日"之前,即从现在开始到发生那样的情景之前,一方面研究应该提前做什么样的战略储备,也就是未雨绸缪,准备应对未来;另一方面研究如何干预或者防范发生我们不希望出现的情景,也就是主动影响未来。"某日之后"战略推演正是针对苏联解体这一重大历史突变带来的诸多深度不确定性,对大量可能的情景进行系统、深入的研讨式推演,最终统筹形成可以有效应对当下形势并能在中长周期中稳健运行的战略决策。

(二)"朝核问题"战略推演

日本在推演领域有较为悠久成熟的经验、较为体系化的方法和力量结构,因此经常运用推演手段开展战略问题研究。例如,日本外务省㊀2013年委托日本国际问题研究所(JIIA)实施为期两年的关于半岛问题的推演研究项目,将其称为"朝鲜半岛的情景规划"项目。或许是基于学术方法严谨性上的考虑,也可能是从研究问题敏感性上出发,日本官方将其称为"情景规划"研究,但该项目致力于站在对手的立场来思考问题,通过情景来分析形势与政策,实质上就是推演。[14]

这次日本外务省关于"朝鲜半岛问题的情景规划"研究的主要精力放在了情景想定和推演设计环节。在进行了充分的情报搜集及分析工作的基础上,推演组织方邀请了日本的许多知名专家,包括日本防卫研究所东北亚研究室主任阿久津博康、关西学院大学教授

㊀ 日本外务省为日本政府负责对外关系事务的最高机关。

平岩俊司、静冈县立大学教授伊豆见元等日本最权威的朝鲜问题专家。推演设计阶段首先明确推演的研究议题为"2015—2018 年间朝鲜半岛的局势变化"。研究的主要行为体包括朝鲜内部的金正恩、朝鲜劳动党、人民军等，主要涉及朝核国家，如中国、美国、俄罗斯、韩国、日本等。研究范围包括朝鲜的内政、外交，以及主要涉及朝核国家的外交、国防政策等。

随后，进入推演情景想定集的设计阶段。在前期相关情报搜集及分析的基础之上，邀请项目组专家团队填写"事态推移表"，罗列朝鲜半岛未来短、中、长期趋势发展的各种可能性和可能发生的"冲击情景"，从中抽出符合设定的时间范围的趋势和冲击情景。最后，经专家集体研究，筛选对推演影响最大、发生可能性最大的"趋势－冲击"情景集。经过上述程序，推演的情景设计以"安定－不安定"为横坐标，以"保守强权－稳健改革"为纵坐标，将朝鲜内政可能的未来走向建立"2×2"的四条故事线索，即安定的保守强权、不安定的保守强权、安定的稳健改革和不安定的稳健改革。每个走向中又设计了若干个阶段性"冲击情景"。通过评估每个情景对日本的影响，最终设计七个推演情景。

这些情景的具体推演过程和结论是东北亚研究的范畴，本书不赘述。不过一些有趣的情况可以摘录在此，以飨读者。例如，其中的"美朝讲和"情景在 2018 年果然成为现实。日本这次推演之后两三年之内，美朝关系突然大幅转圜。当时的推演情景想定就是为回应朝鲜对美国的"示软"姿态，美国决定重启与朝鲜的对话，朝核问题谈判有所进展，最终可能出现美朝缔结"和平协定"、美朝邦交正常化等情况。推演结论反映的是：美朝缓和是日方所乐见的，因为缓和意味着对朝核问题的升级将发挥制动作用，六方会谈也有望重启。但与此同时，日朝关系面临停滞风险。美朝开启对话、朝韩关系缓和后，日本对朝鲜的战略意义必然随之大幅下降。因此，推演结论是：建议日本必须为此做两手准备，一方面最大限度地发挥美朝、朝韩、日朝关系的正面效应，另一方面积极利用六方会谈等框架推进相关领域的外交工作。此外，对"朝韩缓和"的情景，推演结论同样指出日本必须看到其中潜藏着对"日朝协议"、美日韩三边安保合作和对朝经济制裁措施的不利影响，建议继续完善美日韩三边及日韩双边的情报共享机制，并及时调整相关政策。

推演的实施阶段就按照上述情景想定和推演设计评估每个"冲击情景"对日本的影响，进而更加细化地推演其中的"重要冲击"。实际推演中的一个重要环节就是明确日方在朝鲜问题上的基本利益所在，进而明确政策的根本出发点。因此，推演明确以日本安保战略领域具有最高法律效力的《国家安全保障战略》（2013年版）为基本方针，其核心为"基于国家合作主义的积极和平主义"。在此大方针的规范下，明确日本在朝鲜半岛的中长期战略目标：一是维护包括朝鲜半岛在内的东北亚地区的和平、稳定与繁荣；二是防范不测事态，如一般战争、非对称战争、核扩散、大量难民涌入等；三是通过外交渠道解决"绑架问题"及朝鲜核导等问题。这种在推演中明确己方利益所在和基本政策目标的做法也是推演的重要实施环节之一。

（三）"美俄关系"战略推演

2014年10月，为预判乌克兰危机后5年内美俄关系走向，向美国政府提供对策建议,美国陆军战争学院组织开展了为期半年的美俄关系战略推演。2015年5月,推演报告《从合作到竞争:美俄关系的未来》发布。[15]该报告的副标题就是"一份关于美国陆军战争学院实施的一次跨学科推演的报告"。推演的背景是2014年俄罗斯在乌克兰和东欧地区采取的较为激进的对外策略让美国措手不及,迫使美国重新评估对俄战略,研究应对措施。"俄罗斯采取了非线性方法突破传统冲突底线,通过挑战美国和北约的政策获利。"

推演项目共分为初期研究、"头脑风暴"、进一步研究、对俄罗斯内政外交走向开展预判、外部调研、实施推演等六个阶段。推演实施中的主要成员来自三方面。俄罗斯组由美国国务院、国防部、部分高校的俄罗斯问题专家组成,扮演俄罗斯决策层。美国组由北约战略规划人员、美欧著名智库、高校及美军的欧洲安全问题专家组成,扮演美国决策层。控制组由战争学院师生及来自北约成员国、东欧国家的访问学者组成,任务是评估前两个小组的政策选择及影响。这场战略推演围绕美俄关系共设计了六个不同维度和方向的情景。

第一个情景是当时乌克兰局势,以及美国、俄罗斯、欧盟三边互动的趋势性延续,也就是俄罗斯与西方国家围绕乌克兰的博弈持续。欧洲国家将对美国实力变动和优先政策选项与政策目标产生怀疑,乌克兰的经济和社会状况将继续恶化,而俄罗斯将继续在舆论战和信息战中占据优势。

第二个情景设计的是"情景一"的大趋势向极端情况发展,乌克兰东部冲突升级。除乌克兰外,俄罗斯、美国、欧盟均接受《明斯克协议》。俄罗斯支持的乌克兰东部民间武装进攻马里乌波尔,在乌克兰执行培训任务的两名美军士兵被炸死,格鲁吉亚在乌克兰局势升温后积极游说其加入北约。俄罗斯认为时间优势在自己这边,耐心与西方国家周旋,通过为局势降温设置条件而"谋取小利",以等待下一次机会。美国的政策则相对被动。

第三个情景设计的是另一个方向的极端情况,即欧洲迅速迈向能源独立。俄罗斯为破坏北约内部的团结动用能源工具,却招致欧洲国家的反弹,加速推动能源独立。推演过程反映出此情景过于聚焦美俄战略博弈,忽略了其他重点问题。在更宏观的层面上,欧洲各国通过全面协调彻底地摆脱对俄能源依赖并不符合美、欧、俄各方利益。

第四个情景和第五个情景设计的都是俄罗斯国内可能出现的极端情况。"情景四"设计的是因普京长期指责北约东扩并借此煽动反西方情绪,俄罗斯国内出现民族主义和爱国主义相结合的危险倾向。在此情景中,俄罗斯国内或周边国家俄罗斯人上街游行,抗议普京在解决乌克兰危机、应对经济恶化上束手无策,要求其采取强硬行动。拉脱维亚的示威运动领袖被警察射杀,相关视频在互联网上传播,愤怒的抗议者认为普京过于软弱,甚至呼吁推翻普京。美国和北约向俄罗斯发出的错误信号,可能让有意为局势降温的俄罗斯做出误判。美国升级对抗的单边行动也将疏远欧洲盟友。"情景五"设计的是普京被俄罗斯内部精英赶下台。虽然俄罗斯民族主义高涨,但因腐败、企业亏损和资本外逃,俄罗斯经济继续滑坡,迫使普京政府加强对权力和财富的控制,并逮捕反对派领袖,最终导致俄罗斯经济寡头和地方要员"叛变",寻求替代普京的人选。美、欧密切协调,抓住俄罗斯政局变化的窗口期,推动俄罗斯立刻就欧洲安全问题展开磋商。

第六个情景设计的是美俄关系的"理想状态",也就是向总体缓和与合作的方向发展。美国在与俄罗斯打交道时考虑到"尺度与效果的关系",即美国利益遍布全球,俄罗斯战略目标则高度集中。美国经过深思熟虑,很好地调整战略政策,修补这一"错位",强有力地从战略上塑造美俄关系。

总体而言,上述六个情景中的第一个和第六个分别是大趋势的发展方向推演。而情景二至情景五,则是对极端情况的考察。对这些极端情况的推演,研究成果和结论并不仅仅局限在极端情况发生后才起作用,而是对如何应对当时的美俄关系、美俄欧三边互动和乌克兰局势具有诸多的启发意义。类似的推演设计亦可资借鉴。推演最终形成了四方面的建议,包括重新认识与俄罗斯的战略竞争,明确对俄罗斯、东欧和乌克兰的政策立场,在意识形态及战略影响方面与俄展开竞争,必须加大对俄罗斯2018年大选的影响。

第二节 推演实施

推演实施过程,也称为实推,着重推进的是分析利益所在、明确政策目标、设计决策措施、观察博弈效果等。对抗与交互是推演的核心所在。美国推演专家彼得·波拉指出:"一堆模型摆在一起并不能称为推演,甚至不能称为'系统'。它们仅仅是一个完整系统的各个部件而已,而推演系统应该看作是一个复杂、动态沟通交流的过程。"[16] 实推需要大量人员参与,一般主要分为指挥控制、参演、督导、协调与保障等不同功能的人员。各类人员需要在推演平台上依靠技术系统的辅助,按照推演设计和控制组指令进行密切协同。越是大型的推演,研究问题越综合、越宏观、越复杂,推演设置的功能组就越全面,组内力量配置也相对充分(见图4-3)。

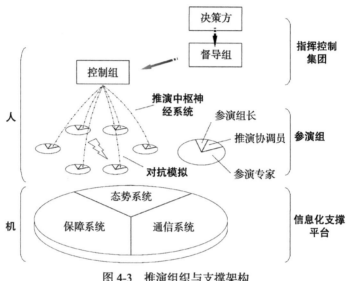

图 4-3 推演组织与支撑架构

一、建立中枢神经系统

控制组是战略推演实施的"神经中枢"。战略推演中的控制组是控制推演走向的关键,控制组对推演活动的驾驭能力的大小决定着一场推演活动能否成功、能否达到预期目标。组织战略推演,是对控制组驾驭能力、专业能力、政策把握能力、应变能力、创新能力的综合考验。确定控制组的人员组成是推演设计需要首先考虑的事情。一般来说,控制组至少包含以下人员:资深问题专家,一般是资深学者,对所推演场景中的一个或多个问题研究得深入、到位,保证控制组在所推演问题上的知识储备以及对专业问题的驾驭能力；相关部门高级负责人，具有常年一线实践经验；推演专家，掌握推演方法论，有丰富的战略推演经验，熟悉如何根据问题需求去设计推演活动、组织实施推演活动；情景规划专家，一般是情景规划组中的核心人员，将情景规划辅助贯穿战略推演的全流程，保证推演的实施与情景规划的目标相一致，根据推演需要对情景进行必要的调整及进一步演化。最后，还有最重要的一类成员，是决策者代表。作为推演结论的实际运用方，越高层级的决策者越能明确推演的需求和任务目标。战略推演是一门实用学科，其目的是服务战略决策。决策者是开展战略推演的实际需求方。整个战略推演活动的主要目的是服务于决策者。决策者参与控制组，不仅能够保证推演的组织实施与现实需求间不产生大的偏离，还能够从"全息视角"观摩整场推演，进而加深对问题的把握和理解。

  一场满足决策需求的战略推演，控制组的工作必须首先做到预见性、规范性以及专业性。控制组的内部分工及运行机制必须在推演设计阶段就根据人员安排形成可行方案。这些方案包括但不限于解决如下问题：控制组内部是平行机制还是设置总指挥？控制组内部是否具体分工？控制组内部发生分歧时应该如何处理？控制组的指令分类，如强制性的、问询性的、提示性的，不同指令的要求是什么，以及如何发往各组并接收反馈？采用什么样的措施保证控制组意图的执行，如果某一参演组忽略了控制组的指令应该如何处理？控制组对各参演组的介入程度是否有界限、如何掌控推演秩序？在解决上述问题的同时，最关键的在于控制组如何驾驭推演活动，使其高度聚焦于目标问题。在推演对抗博弈中，很多时候各方在互相"出招"对抗，整场推演活动的聚焦点会随之被某个问题带离原定推演轨道。面对这种情况，控制组要解决以下问题：应该按照什么原则处理？控制组可以采取什么样的手段引导问题聚焦，是强行介入还是缓慢引导？控制组如何控制推演活动进程，是设置时间轴还是采用回合制？

为提升指挥控制专业化、科学化水准，一些大型的战略推演活动会设置技术辅助组，其目的是审核和判定各方政策出招是否符合客观现实，在一些深度复杂问题上，可以参考引入实时裁决等兵棋理念，甚至采用计算机随机裁决、概率论裁定等方式。随机的问题在战略推演中出现的机会不多，如气候问题、自然灾害问题、金融市场波动问题。

二、实现高水平仿真

美国战略研究泰斗谢尔曼·肯特指出："战略研究人员必须有一种意愿，把自己当作对象国的动员负责人，他能意识到当时的形势，然后看自己会采取什么行动。"[17] 作为系统论的一种典型实践，推演活动的根本性主体依然是人。对推演的仿真效果起决定性作用的是参演专家的沉浸式角色扮演，也就是依靠"以人演人"建立一个"又红又蓝、红蓝对抗"的仿真系统。参演组扮演的各方角色中，除己方外，其余扮演方均为"蓝方"。有一些推演活动不采取角色扮演，而是基于情景想定进行演绎研讨。这只是一种理论上的推演，或者称之为理念上的推演研讨活动，这种情况在研究战术问题、装备问题、战役问题、军事战略问题、大战略问题等方面均有体现。

与一般性研讨不同，参演方需要对各自扮演的角色有深入的理解，即"进入角色""演得像"。"红方"相对好扮演，可以请决策者或相关职能部门的领导和实践者扮演。最难的是"蓝方"的组织,"蓝"的重要性是深化推演的要点所在,研究"到不到位、深不深入"会直接影响角色扮演的仿真度。必须通过"演得像"保证"蓝的更蓝",促进有效、合理的对抗和碰撞。在这方面,美国的战略研究者提供了相关经验。他们要求"只有真正认识敌人,才能像敌人一样思考"。深度认识对手至少要达到三方面要求:首先,要充分了解敌情。其次,要深入理解敌人行为。最后,也是最重要的,必须"像敌人一样思考",只有这样才能做到对敌人行为的预见。[18]引而论之,开展战略推演必须有一支庞大的高水平专业研究队伍,培养出一批"深蓝队伍"。尤其是经过长期推演实践,积累和培育出类似于部队"敌情中心"或"红旗靶场"中的专业化蓝军部队。

专业化参演人员的推演活动具有一定的普遍特征。一是符合仿真现实。例如,参演方的出招必须基于客观能力,不能超出己方能力范围。在符合常规的经验范围内,若不清楚是否符合现实,则由控制组判定。二是鼓励灵活出招。规则并不等于限定各组出招。鼓励各参演组在符合经验范围内灵活创意的出招,以检验各种可能性、发现"黑天鹅"事件。三是"红而不红、蓝中有红"。常规的兵棋推演是"蓝的更蓝",但战略推演是要检验各种情景和决策选项,所以不但要扮演得像,还要在像的基础上做到超脱于红方自身特点,尤其要解决路径依赖问题,从而达到试验其他可能选项的目的,也就是要超越自身,"红而不红"。蓝方在扮演蓝方时,在符合蓝方行为模式的情况下,也要抱着测试红方的心态,去不断挑战红方的弱点,从而达到测试红方的目的。

与控制组类似,在推演设计阶段就必须对参演组的职能定位及其运行规则等形成可行方案。这些方案必须解决的一个重要问题是人员配置与角色划分。根据不同推演任务的需要，推演的角色扮演有不同的精细度。例如，对一个国家决策机制的仿真可以精确到部门，如国防部、财政部、外交部等。但为了进一步模拟决策的实际运行机制，有时需要将组内的角色细化到扮演方决策者本人。例如，扮演国的总统、国防部长、总统顾问、官房长官等。一般来说，如果考虑某方内部决策机制、决策环境的问题，就需要设计更精细化的人物扮演，有可能的情况下应该加入国别人物研究专家的支持。此外，必须考虑的另一个重要问题是组内决策形式，这完全依赖于扮演国的决策模式。

可视情况在参演团队中设置督导成员，一般由有推演需求的实际提出部门或更高级部门的人员组成。通过邀请更高层次的决策层领导现场观摩，可以帮助推演团队从更高视角观察和指导推演。同时，战略推演也使决策层可以更直观地领悟和熟悉推演领域，使其知悉决策的缘由，洞悉决策中存在的问题、各方的具体政策主张，做到兼听多领域意见、熟悉各方意图，从而为提高决策的科学化、规范化水平做出贡献。

三、操控时间

推演的关键是时间管理，可以说"操控时间"就是推演的艺术性所在。时间控制必须足够紧迫，加强推演的真实感。而影响推演效果的最大问题往往是推演过快，很难允许各方进行充分的研究和决策。这时，必须在时间的紧迫性和充分性方面做好平衡。以美国海军战争学院每年夏天组织的"全球战争系列推演"为例，该推演大概用一天的时间来处理两周左右的实际作战时间。推演通常延续三周时间，也就将推演情景的实际时间限制在一年内的作战周期。

要控制、驾驭一场推演在既定场景下按照控制组的意图有序顺畅地进行，一般有回合制和即时制两种方法。回合制强调控制组的绝对控制，强调各参演组在控制组的指令下"一步一动"，优点是问题聚焦，一个回合思考一个回合的问题，同时整个过程都在控制组的完全掌控下开展。即时制与回合制相比，控制组的介入程度相对较低，各参演组自由发挥空间大，思维发散程度高，往往能发现新问题。采用回合制推演时，控制组在推演开始时发布背景和当前战略态势，同时也明确提出参演组需要思考的问题。各参演组接收到控制组的指令后，针对控制组的意图，可以进行组内研讨，也可以开展组间对抗；在规定时间内，各参演组将决策结果提交给控制组。控制组对各方决策汇总、研究后，下发新的态势、指令，新一回合开始。采用即时制推演时，控制组设定背景，各参演组在此背景下沉浸于自身角色中，开始自由博弈。在此过程中，控制组可以通过暂停、重启、调整时间轴等操作来控制推演节奏，也可以通过发布刺激条件等方式影响推演走向。想定场景下一般使用模拟时间作为推演时间，模拟时间和真实时间（自然时间）一般不是同一时间，而且推演不同的情景时也会做到快慢有别。控制组通过控制模拟时间来对推演进程进行控制（见图 4-4）。

事实上，把推演时间掌控得精妙平衡是极端困难的，尤其是在多方博弈活动中。由于推演是有具体目标的，所以红方很容易受到其他各方的集体"刁难"。给红方出足难题，就是推演检验己方战略和政策的基本目标。这种情况往往造成一种严重的时间失衡现象，很多话语权和影响力不足的参演方绞尽脑汁提高角色的参与度，给自己"加戏"，但即使这样，也很少得到主要博弈方的理会。因为在纷繁复杂的战略问题刺激下，这些边缘参演方对红方的战略性影响不足，往往受到忽略，甚至有一些参演方陷入"无事可做"甚至"无事找事"的境地。与之相反，红方受到集体围攻，即使使出浑身解数，也应接不暇，无法见招拆招，基本上出现了无从招架的局面。在决策方面出现的情况就是红方时间过于紧迫，基本无法进行充分的研究和做出合理的决策。这种失衡实际上是对推演的时间管理的一种更高要求和更大挑战。控制组必须储备足够的推演方法才能够解决推演的时间管理问题。

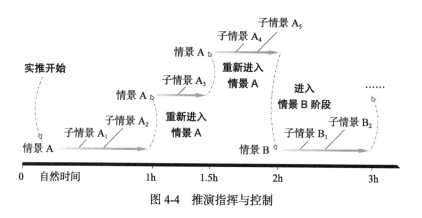

图 4-4 推演指挥与控制

四、推演实施案例

（一）未来科技风险

随着技术进步和军事应用的推广，自主智能武器系统越来越成为现实冲突中的潜在风险点。自主智能武器系统自主选择攻击目标和武器，不受人指挥或部分程度上受人指挥。这样的先进技术产品被投入冲突中后将引发严重的战争、政治和伦理后果。而该技术最早由美军研发并已投入实战。早在 2001 年 10 月，美国就首次在反恐行动中操控远程无人机发动攻击。2013 年，美国舰载隐形无人机 X-47B 在美军航母上完成弹射起飞和着舰复飞试验。类似的试验和实践非常多。近年来，全球范围内武装无人机发展迅速，越来越多的国家开始研发和部署自主智能武器系统。

2016 年 10 月，英国皇家国际事务研究所（Chatham House）围绕如何在一些潜在分歧领域弥合美欧关系、建立更加有效的未来伙伴关系开展了四次系列推演。其中最后一场围绕国际热点冲突中可能出现的自主智能武器系统的影响进行了推演。前三场推演的主题分别是伊核协议破裂及俄土冲突等潜在的美欧分歧问题。自主智能武器推演也是类似的美欧潜在分歧领域之一。[19] 此次推演共邀请了 25 名专家。

推演设计了不同危机的发展线索。通过推演，分析利益所在、明确政策目标，突出放大了参演各方在自主智能武器系统发展和应用方面的利益分歧，为未来的国际治理提供了有益思路。尤其是在对冲突爆发后的危机处置过程中，美欧不同国家以及不同国际行为体的参演方对自主武器系统的管控限度暴露出超过日常判断的明显分歧。

首先，在根本性国家战略利益和基本国防政策方面，美国认为必须着力发展海上和空中力量。考虑到自主智能武器在潜在军事行动中可能发挥决定性的关键影响，美国组在参演过程中实际设立了寻求扩大自主智能武器的发展和应用的政策目标。而欧洲国家的参演方则将俄罗斯作为主要战略威胁来源，长期坚持维持欧洲大陆常规力量平衡的基本策略，因此，欧洲国家着重考虑发展混合型和非常规战争，反对发展自主智能武器。同时，由于拥有前沿先进技术的巨头企业主要聚集在美国，欧洲国家强烈感受到美欧之间潜在的科技领域战略性竞争态势。在跨大西洋关系的确定性大幅衰退的时代，欧洲国家也具备强烈的潜在意愿来加强先进技术监管，以此拖住美国凭借科技革命性发展而甩开欧洲的脚步。

其次，在对国际军备控制条约的定位方面，美国方面将国际军控视为掌控国际战略秩序的手段，奉行只针对战略性武器打造国际军备控制框架的政策，如《中程导弹条约》《新削减战略武器条约》等，而在其他领域则普遍采取拒绝国际军控的政策，以防影响霸权、主权及肆意行为受限的情况出现。这方面的案例太多，例如，美国组拒绝签署《联合国海洋法公约》，拒绝《禁止生物武器公约》审议会达成新的文本等。与此显著不同的是，欧洲国家普遍有更强烈的崇高理想追求，更倾向于接受基于人道主义、人道伦理的军控条约，如《渥太华禁雷公约》《国际禁用集束炸弹公约》等。

再次，在如何看待科学技术进步的自然哲学方面，美国组的立场更加务实，更愿接受新技术。而欧洲国家的参演方相对保守，认为"杀人机器"无权剥夺被攻击的人类的生命权，必须严加监管。美欧双方对技术变革给国际秩序、人类社会带来的影响的认识在哲学观念上就存在根本差异，因此双方不仅在自主智能武器的使用上有分歧，在数据保护、网络主权、转基因安全等诸多新兴技术领域亦存广泛争论。

最后，推演通过沉浸式决策扮演暴露出了各角色间的大量矛盾，为我们更深刻地理解在本领域内的各方立场提供了一个高清"放大镜"。一方面，欧洲内部严重缺乏协同行动的能力。欧洲主要国家对如何运用现有国际军控体系存在严重分歧。在推演中，德国组坚持认为应在现有军控框架内采取措施限制自主智能武器，而其他欧洲国家则认为应该为自主智能武器搭建适应性更强的全新国际军控架构。英国组更加有趣，力推参照在网络安全领域的做法，利用"五眼"情报联盟的主导性作用形成对自主智能武器的管控。另一方面，推演中深刻暴露了非政府组织立场的独立性及其与各国政府立场的天壤之别。各非政府组织均高度致力于全面禁止自主智能武器的开发和使用，不断推动组织大型示威活动，同时试图召集日本、韩国、加拿大、挪威等20余国联合签署自主智能武器禁止公约。与此相反，国防产业界扮演者则以保护国家安全和就业为名，抵制对自主武器系统的限制。不过总体而言，各非政府行为主体的影响力非常有限。在各国政府形成统一意志后，其他行为体的反对行为几乎不构成什么影响。

（二）全球能源政策

石油和能源产业界不仅对美国及全球能源政策的影响非常大，在历任美国总统选举中也都扮演了重要角色。为了增加政府和社会对能源危机的真实感触，尤其是提升决策者和潜在决策者对能源问题的重视程度，美国能源产业界成立了"确保美国未来的能源安全"项目组，并以此为依托，从2005年开始持续开展"石油冲击波"（oil shockwave）系列推演。为扩大影响，同时提升推演的仿真度，推演邀请了美国多位知名前政要，包括美国前国防部长罗伯特·盖茨，前财政部长罗伯特·鲁宾、劳伦斯·萨默斯，奥巴马政府国家经济委员会主任吉恩·斯珀林，前国家安全顾问斯蒂芬·哈德利，对外关系委员会主席理查德·哈斯，前白宫新闻主任阿里·弗莱舍、迈克尔·麦柯里、约瑟夫·洛克哈特，前中情局局长詹姆斯·沃尔赛等。同时，推演组织者对推演时机和场所的把握颇用心，其中就包括瑞士达沃斯世界经济论坛、比利时布鲁塞尔北约总部、美国科罗拉多阿斯平的阿斯平研究所以及华盛顿国家能源安全峰会等。

2007年11月，"确保美国未来的能源安全"项目组与跨党派政策研究中心（Bipartisan Policy Center）联合举办了第二次"石油冲击波"战略推演。推演面向石油能源危机决策，想定情景包括阿塞拜疆石油管道爆炸、美国与伊朗冲突一触即发、国际油价飙升至150美元/桶、美国启用战略石油储备并被迫实行定量配给等。

实推场所设于豪华饭店的会议室，经过精心布置，营造与白宫西翼地下战情室（situation room）相同的决策环境，甚至连战情室四周墙上的显示屏都原样模拟，展示的数据不时刷新。战情室最醒目的展示屏上不断刷新全球各处布点机构传回的最新情况，电视大屏幕中同步播放虚拟的电视台"GNN"头条新闻，一位演员主播不停地播报"里海危机"等紧急事态。借助这样的模拟设置，营造一种逼真的决策环境，尤其是将华尔街哀鸿般的惊恐情绪成功地渲染到"总统决策团队"中。这个团队包括九位最关键的总统决策幕僚，他们的扮演者几乎全部是美国前政要，包括扮演总统国家安全事务助理的克林顿时期财政部长罗伯特·鲁宾、扮演能源部长的原环境保护署署长卡罗尔·布朗内、扮演总统高级顾问的克林顿总统新闻秘书迈克尔·麦柯里等。更为逼真的扮演者还有布什总统第一任期时的副国务卿理查德·阿米蒂奇直接扮演他的顶头上司——美国国务卿，中央司令部前司令约翰·阿比扎伊德扮演参谋长联席会议主席等。此外，还有一位石油问题研究专家、普利策奖得主丹尼尔·叶尔金。可以说，无论是决策环境的模拟，还是角色扮演的仿真度都达到了至臻之境，反映出美国开展战略推演的思路和水平。来自美国政府多部门、国会、智库、媒体等方面的近200人作为观摩人员参与了推演。这也反映出这一类推演的特殊目的所在。这两家机构精心设计的逼真模拟环境和高度仿真的角色扮演，就是要通过更加直接、真实的体验向政府和社会提示美国对来自动荡地区的石油进口过度依赖将对国家安全产生的灾难性影响，并希望推动国会加强能源立法，促进能源安全议题成为总统大选中的主要议题之一。

危机情景出现在2009年5月4日，诱因是美国极力促成并于2006年5月正式投入运营的巴库—第比利斯—杰伊汉输油管道（BTC）的阿塞拜疆部分于当日遭人为破坏爆炸，被迫关闭。危机事件直接导致国际油价由当时的95美元/桶迅速升至110美元/桶。随着推演的进行，伊朗因素被作为刺激情景注入进来。8月，伊朗秘密铀浓缩工厂被发现，美国等西方国家对伊朗实施大规模制裁。伊朗石油出口锐减，委内瑞拉等主要石油输出国也同步反应，全球原油市场日供油量减少70万桶，油价快速飙升到150美元/桶。

在推演过程中，美国总统的高级决策幕僚深刻意识到，牵涉诸多地缘安全问题的重大石油危机一旦发生，美国总统很难拿出有效的应对策略，一方面平复国内的恐慌，另一方面维持地区和国际局势的稳定。大部分情况下，美国只能眼睁睁看着形势不断恶化，进而演变成一场全球多点爆发的复杂危机。

（三）培训管理团队

规模最大、历时最久且能够为外人所知的战略级推演是美国海军战争学院每年夏天组织的"全球战争系列推演"。托马斯·B.艾伦在《战争与推演》一书中较为详细地介绍了该学院举办的保密级别较低的战略级研讨式推演。例如，1988年，该院再次举行著名的"全球战争系列推演"。但这一年度的推演与此前不同，是一次不涉及具体作战行动的战略级研讨式兵棋推演，目的是分析红蓝双方及相关盟国将如何根据自身军事、经济和外交能力，选择最有利的战争结束方式。该推演设置了控制组、推演组、核武组、空间组、环境组、后勤组和分析组等。其中蓝方的参演组包括国家决策层、国家安全政策制定方、对外谈判力量、国家动员机构以及战争资源委员会等。[20]

类似的推演一般历时三周，每周为一个阶段。推演使用的辅助设备极其简单，就是一些文具和一个危机模拟推演文件袋，里面装有一份推演目标的说明、一张时间表和名为"某次危机想定"的文件。[21] 推演是该学院年度国际安全研讨会的组成部分，参与者大多数是军官，军衔最高的一般是少将，其中也包括退役军官、政策研究人员、智囊团人员、国防产业代表、国防部文职人员、中情局苏联问题专家、军事情报人员、国会有关防务问题工作人员、军事历史学家、国务院人员等。此外还包括一些北约盟国的军方代表。[22]

推演开始后，首先用 1 小时来帮助参演者沉浸于角色中，讨论战略利益、战略目标和政策选项。经过沉浸式研讨，参演者感受到一种能够控制事态发展的状态。此后，参演者就开始针对态势思考真实的解决办法。这时假想的态势已经从虚构走向了真实。例如，在国际危机中，推演组经过短暂的研讨和决策，决定针对危机事件与美国的盟友进行战略对话，寻求支持，同时通过外交等渠道寻找解决危机的沟通对话渠道。

军方推演与智库推演的一大不同就是将重心放在培训的功能上，而不是战略问题研究上，这在很大程度上影响了推演的设计和实施方式。在这样的推演中，每名参演者都相当于提前经历了一次危机。他们来自不同的部门，负责不同领域的事务，即便推演没有得到圆满的答案，这次推演的经历对他们来说也将是一笔宝贵的财富。因为在推演过程中，这些参演者在结合推演态势贡献自身知识和思想的同时，也同步接收大量的环境刺激和对手输入的信息，这些无疑都促使他们对问题和实践进行更加深入的思考。当这些人回到自己的工作岗位后，推演的培训效果以及思想启示都会促使他们在现实的工作中看得更远、想得更深。[23]

（四）绘制全新战略图景

"施里弗"战略推演是美国太空作战计算机模拟推演，每 1～2 年举行一次，为期 4～8 天。该推演由美军太空战中心主办，美国空军航天司令部"太空作战中心"负责组织，美国空军、陆军、海军、海军陆战队、国家侦察局、若干联邦机构和数十家商业航天公司参演。"施里弗"推演的目的是联合盟国,从国家战略层面研究世界性的太空领域的战争,通过推演支持高层战略的制定,推动军工企业的发展,对美国在太空和网络空间中提出的一些新理论和新方法进行讨论、验证。[24]

2001年1月22日至26日举行的"施里弗–1"太空战计算机模拟战略推演是美军有史以来首次以太空为"主要战场"的大规模军演,也是首次以太空为假想战场并以中国为对手的计算机模拟战略推演。推演时间背景设定在2017年前后,假想敌为"红方",美国空军航天司令部为"蓝方"。推演想定是"红方"因领土主权问题与邻国"棕方"产生摩擦,"蓝方"为了保护"棕方",阻止"红方"的军事行动,围绕夺取太空控制权展开一系列较量。在对抗中,双方动用了卫星、激光和导弹等武器,实施了干扰、摧毁和网络攻击等动作,演练了包括实施紧急动员、发射卫星系统、摧毁敌方的太空系统、干扰敌方空间系统的通信指挥环节,以及防御敌方的网络攻击和利用他国商业卫星等内容。情景想定的基本实力背景是:"红方"虽然拥有了很多与"蓝方"相抗衡的空间武器和空间力量,但"蓝方"的能力还是要更强一些,拥有"红方"所没有的一些空间系统,这些系统可以有效拦截"红方"的弹道导弹。该推演结论直接推动了布什政府部署国家导弹防御系统。经过数十年的发展,"施里弗"太空战推演也在不断完善和改进,形成了典型的代际演进式的推演发展路径。

"施里弗"太空战推演作为检验美国及盟国太空战能力的试验场,在推演目的、背景和问题的设置上都与美国当时的政治军事环境息息相关,与当时拥有的太空战能力密切相连。从历次推演的目的来看，最初两次"施里弗"推演的目的还停留在对太空资源现状的分析上。"施里弗-1"的主要目的是证明美国在危机发生时对太空资源的依赖。"施里弗-2"则更进一步说明了美国虽然非常依赖太空资源，但是太空资源保护性极差，很容易遭受攻击。从"施里弗-3"开始，美军不再局限于从战略层面研究如何依赖太空，而是逐渐深化到面对太空发生危机时如何应对。"施里弗-3"聚焦太空战的战术应用问题，为参演人员掌握并运用太空能力提供常规工具。"施里弗-4"的目的是检验21世纪联合部队使用的太空能力、战术及技术。"施里弗-5"聚焦太空与网络空间的跨域协同关系，以及在未来的威慑政策中所能起到的作用。可以看出，从"施里弗-3"之后每一次推演的目的都是为了解决美军在太空战中的难题，得出的结论都有充分的论据支撑，有极强的可操作性和指导意义。

美国实施"施里弗"推演的重要目的就是为制定国家太空安全战略提供切实可行的办法和论据。历次"施里弗"推演推动了一系列太空战略规划和太空战计划的制订，例如"塔伦"系列计划。美军先后制订了"塔伦指挥""塔伦准备""塔伦射手""塔伦视力"和"塔伦标枪"等太空战行动计划。它们涉及的内容包括：如何为国家导弹防御行动提供支持，如何为指挥员利用太空手段创造条件，如何更好地融合太空资源加强空中平台对目标威胁的识别能力等。

太空战推演与一般的战役战术推演有很大的不同。面对太空这样一个高技术密集且发展迅速的领域，在战术战法的应用中必然会涉及很多新型概念武器的运用问题。在"施里弗-3"推演中，美军就首次将临近空间飞行器引入推演，研究这种处于航天和航空边界领域的新型武器怎样增强美军的信息优势,通过推演提出了诸如临近空间飞行器的应用模式,以及与卫星和无人机配合的方式等。可见美军在"施里弗"推演中已将支持新型武器的应用研究作为一项主要的推演内容。

第三节 推演复盘

推演最核心的工作是复盘。推演作为一项高级研究活动,研究问题、形成成果是最根本的使命与价值所在。上述所有价值都要在复盘阶段形成,只有产出高质量的研究成果,才不枉费前序阶段的周密安排与实施。

一、收官之战

复盘,不仅对推演本身极其重要,对于革新传统决策流程和决策体系也具有极其重要的意义,因此复盘实际成为一种崭新的决策机制。复盘之所以如此重要,是因为其在实推阶段进行第一重刺激之后,再次对战略决策者、战略研究者和战略推演其他参与者进行刺激,从而提炼出更加系统、科学的战略研究成果。战略推演复盘与一般战略研判务虚活动和战略研究讨论活动不同,是集中在战略推演的情景想定环境下,围绕推演实战产生的信息,运用战略推演科学方法进行回顾、归纳、提取、理论化进而上升到决策建议的研究活动。复盘为各方提供了回顾和研讨推演流程、审视本方决策是否存在问题的机会,使各方静下心来反思整个流程中存在的问题。鉴于复盘的重要性,应给予复盘充足的时间,这样才能充分展开研讨，以发现实际问题。对于一些重要的战略推演，后期复盘阶段甚至需要3～6个月的时间。

战略推演复盘要对此前推演的各环节，特别是实推阶段的每个流程、每个回合、每个阶段、每项要素信息进行全程回顾、研讨、反思、评估、归纳和总结。复盘之前的阶段，看似任务多、节奏快、信息量大，但大都呈现的是自发的、散乱的信息碎片，掺杂大量无效或干扰信息，无法自发形成推演的最终成果。因此，需要通过复盘进行归纳和萃取。复盘是对整个推演进行提炼和升华的关键环节，是提出和发现问题、形成决策建议、取得推演成果的最重要环节。

战略推演是一个"提出假设—模拟仿真—总结验证—再次假设"的不断螺旋式发展的闭环。战略推演复盘就是其中"总结验证"的过程，它是一场推演活动的收官，也是下一次推演活动的起点。战略推演的复盘是在情景规划、提出假设、模拟仿真之后，对整个战略推演进行提纲挈领式的总结与升华，需要再次审视情景设计的初衷，问题假设的前提条件是否成立，情景想定是否在实际推演过程中得以实施，实际推演是否顺利开展，是否出现意外情况和形成意外方案。

从系统论的角度出发，战略推演的复盘研讨提高了系统自我改进、自我学习和自我提升的能力，使得推演成为一种学习型的战略研究组织体系和新的决策模式。这个系统的每一方都可以相互纠正、相互沟通、相互促进，极大地改善了整个系统的运行效率。在实推中，节奏过快，各方的许多动作是应景、即时、无的放矢的，而复盘则要求每个人带着问题和任务去重新审视推演流程中出现的问题，要求更多地进行思考和归纳。

战略推演改变了传统决策模式的弊端。一方面是在实际推演和复盘中，参演者为各部门人员和专家的集合，各部门实现了大量情报和信息共享，避免了部门偏见。例如，在美国战略推演和复盘中，各方参演者依据自身掌握的信息进行推演出招和复盘，实现了信息的有机汇聚和整合，最终形成更为完整的决策建议。各方也避免了盲人摸象，充分把握事物的整体，各行政部门决策者的整体研判能力得到提升。另一方面是决策人员与决策建议提供者、信息提供者共聚一堂，实现了决策与信息、研判三个体系的融合，面对面研讨，进行密切互动与反馈，保证了决策机制的完整、顺畅。决策克服了传统的单线程和一切委之于最高决策者的个体判断，实现了综合决策、科学决策，提高了决策的准确性。

二、组织好复盘

推演的后期复盘工作主要是对推演过程的回溯研究，采用再分析的手段进行回顾式研究，并且形成符合决策需求方要求、契合战略实践需要，且形式生动、新颖、有说服力的政策报告。复盘总结阶段需要大量时间和工作，并不因推演活动的结束而告终，反而是最重要的研究工作的开始。

复盘为参演人员提供了全息信息的刺激。在实推阶段，各参演组相互隔绝，信息是不对称和不完整的，各组的决策建立在本方对外界信息的单方面判断之上，因而各组经常不能理解其他组的行为意图，难免出现误判和决策失误的情形。复盘则为各方创造了信息对称的全息环境，各组阐述己方在进行决策时的真正立场，促使参演人员在全息信息的刺激下重新思考己方先前的情景研判是否准确，策略选项是否有针对性，从而发现和解决战略决策中可能存在的盲区、误区和失误。尤其重要的是，通过复盘，常常可以发现现实中蕴含的"黑天鹅"事件（意外事件）的可能。

在红蓝对抗的实推中，要求参演人员基于规定角色进行研讨，从而给予参演人员体会脱离自身立场、体验他方立场的机会，从而减少思维偏见。而复盘则对参演人员进行了角色回归的再刺激。在复盘中，各方回归现实身份谈自身对于所扮演角色的认识、实推的体会、对己方决策机制的观察和建议。角色回归可以使参演人员更为客观、深刻地观察推演情景和决策本身，更直观地认识己方和扮演方的立场，从而有利于形成更为科学、合理的决策。

决策需求方与推演研究方直接互动促进决策深化。决策需求方的参与主要是从用户角度对推演研究方提出对推演及其有关主题的各种意见和疑问，并与参演各方进行互动。决策需求方、控制组团队、参演团队、协调员团队等成员对推演中出现的问题相互提问，相互解答，发掘其中揭露出的关键信息和重要政策启示。例如，在就特定政策开展战略推演过程中，决策需求方可以从自身角度和出于关切而对推演参与人员提出问题。推演研究方也借机了解了决策需求方更准确的要求、意图和目的，从而进行有效合理的调整。必要时可以通过复盘研讨、发现疑问或是有重要价值的问题，进而对其再次组织推演，形成更加深入的研究成果。

推演的信息视角和复盘的信息视角是不一样的。最基本的要求是复盘中需要赋予参与复盘人员查看推演全流程信息的权限。细致一点的做法，是对信息全息化的过程进行逐步实现。控制组统一指挥，通过信息的逐步开放来引导参演人员逐步深入研究议题。推演现场还原能力要求还原推演细节。每一个推演决策背后的决策环境可追溯。复盘活动也是一项复杂的组织工作。对于推演过程中产生的任何问题，以及通过推演活动产生的任何疑问，参演人员都要一一应对，不能漏掉。一般情况下，复盘会由很多环节组成，大部分环节都是由控制组、情景规划组、督导组、各参演组主要成员等核心人员参与。但整个复盘活动必须保证全员有效参与，保证每个参演人员的意见、疑问、感受都有提出和表达的机会。

根据不同的推演形式和具体情况，复盘包含不同类型。从阶段来说，复盘可以分为推演过程中的复盘、实推结束后的复盘、事件发生后的复盘等。首先，推演过程中要开展不定期的全员复盘。在实推过程中，根据控制组的研判，对特定情况有必要暂停推演、开展研讨时，可开展全员复盘研讨，由控制组统一组织实施。这种复盘旨在及时发现和纠正正在进行中的推演存在的问题或者处理重大发现。其次，推演后要进行系统的复盘研讨。为保证复盘的有效进行，复盘的参加者应包括决策需求方、控制组成员、参演专家、资深领域专家、推演专家、报告撰写人员等。各参演组核心代表应参与复盘。这是形成决策建议和完成报告的关键步骤。最后，在事态发展一段时间以后，必须根据现实情况和战略需要进行再复盘，并在此基础上提出新的推演规划。这种复盘的关键价值在于考察事态发展与推演结论的差异，检验推演的有效性，发现不足、积累经验、进行改进，使推演成为一种累积改进的系统性研究体系。

三、打造高质量的推演报告

推演报告是围绕推演主要议题，对设计、实推和复盘过程中所反映出的有价值信息进行系统提炼所形成的书面文件。推演报告的服务对象是决策需求方，最终目的是帮助他们查找政策漏洞、评估战略风险、提供决策选项，为当前和今后的战略决策提供依据。按照报告的形态主要分为两大类：一类是研究性成果，即"推演研究报告"，另一类是工作性成果，即"推演工作报告"。两类推演报告服务的用户不同、体例形式不同，发挥的作用也不同。推演研究报告是推演活动精华的提炼和呈现，推演工作报告是推演工作的审视和积累，二者缺一不可。

推演研究报告的战略性意义相对更加突出。由于目标用户为决策需求方，因此推演研究报告往往具有极高的战略价值，能够对决策者的战略判断和决策导向产生重要影响。推演研究报告主要对推演流程和环节进行归纳，形成科学的政策研究成果，提供给决策需求方。撰写推演报告时应根据推演设计，按照推演流程，系统论述每个情景引发的情况、每个流程触发的事件、每个重大节点、每次意外情况和其他有价值的细节，以便使用者结合其中细节发现更多有价值的信息。

推演研究报告是一种新形态的战略研究成果。与传统政策研究报告不同，推演研究报告的变革是理念性的、根本性的，能够发挥更大的战略价值（见图4-5）。推演研究报告的撰写主要由四步构成。第一步，评估当前形势，包括各主要方面对当前形势，如主要政策目标和可能的具体举措等的评估。同时应拿出己方的常规评估，以作参照。第二步，基于情景想定的过程，对可能出现的情景及各情景下的潜在风险进行分析。第三步，分析特定情景下的形势发展要点，包括值得特别关注的各方重点举措，己方在各情景下的政策选项及其引发的后果。第四步，基于上述推演结果，对己方当前需要预置的政策进行研究，对当前最迫切需要预做安排的事项给出决策建议，对可能发生的事态进行战略预置和前瞻性干预，引导事态向于己方有利的方向发展，并确保在各种情景，尤其是最坏情景下，能够保障己方战略利益，防止出现未预料到的重大突发情况和严重的战略失误。

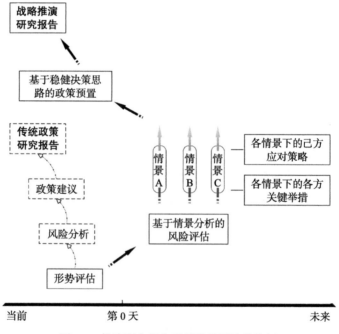

图 4-5　推演研究报告的思维导图及其革新

推演研究报告相对于传统研究报告的根本性改进主要体现在以下两个方面。一方面，推演研究报告的核心内容是建立在未来情景基础上的系统模拟和科学实验结果，对系统设计的情景进行了充分研究和分析，对主要影响因素和关键各方的利益、目标、决策进行了充分模拟和仿真，对各种情景下己方决策效果进行了科学、系统的测试。传统政策研究所形成的报告一般是在对现状深入调研的基础上形成的形势判断、风险评估，以及针对上述问题所进行的决策建议。所有这些研究和分析的事实都是当前的，而非未来的。因此，传统政策研究报告虽然在基本形态上也具有预判性的评估，但其逻辑是建立在归纳演绎的基础上，实际上是对问题的进一步回溯和归因。与此相对的是，推演研究报告是建立在对未来情景的分析和实验基础上，所以形成了"当前—未来—当前"的闭合式研究回路，在研究的范式上实现了根本性的改进。另一方面，推演研究报告是体系化的研究成果，是推演过程中集体智慧的结晶。这种研究科学地采集了更全面的信息、更广泛的经验和更加充分的集体智慧，出现个体认知偏差造成的政策漏洞的可能性相对更低，形成的成果更加均衡、稳健和可靠。

基于上述根本性改进，推演研究报告相对于传统政策研究报告更体现出一种真正着眼于未来，着眼于对手，着眼于综合、系统、均衡决策的科学成果。推演研究报告的前瞻性、科学性和系统性都得到了结构性的增强，产生的决策价值远超传统政策研究报告。推演研究报告完成和提交后，并不代表推演流程的终结。推演是个长期的系统工程，不是一次推演完就终结了，而是循环往复、螺旋式上升的持续过程。在这个过程中，以下两项工作至关重要。

一方面，在推演研究报告之外，必须形成系统、可积累的推演工作报告体系。推演工作报告的形式接近于实验报告，是对推演仿真实验的审视和检查，应包含对推演每一环节、每一部分的评定，梳理值得注意和改进的问题，以便进一步完善推演工作。每次推演都是一次总结和提高的机会，推演者对推演中的得失进行总结和归纳，从而为下次推演积累经验。推演研究报告可以由推演专家主导，由于更类似于实验报告，因此形态相对固定，核心价值在于存阅、积累和助益推演的改进、完善。

另一方面，对推演研究报告进行持续评估至关重要。推演比一般的决策模式更为科学的地方在于，它是一个持续循环的流程，通过这种循环验证将传统决策模式"就事论事"式的单一线程、分散化决策整合提升为系统性的螺旋式上升体系（见图4-1）。当推演研究的问题在现实世界中发生后，必须持续跟进，进行以下几方面的探讨。一是现实的发展是否与推演研究报告契合，推演研究报告中的结论是否正确。二是推演研究报告的结论如果正确，相应的对策是否得到了实施。三是推演研究报告的结论如果与现实发展不相符，或出现了其他未报告的情况，就要分析评估出现这些问题的原因，忽略了哪些关键变量因素，问题出在推演设计、情景想定、实推、复盘还是决策报告环节，问题可以溯源到推演流程中的哪些具体细节。

注 释

1 Herman M L, Frost M D. Wargaming for Leaders: Strategic Decision Making from the Battlefield to the Boardroom[M]. McGraw-Hill Professional, 2008:4.
2 Van der Heijden K. Scenarios: The Art of Strategic Conversation[M]. John Wiley & Sons, 2011.
3 Clark R M. Intelligence Analysis: A Target-centric Approach[M]. CQ press, 2016.
4 Boucher W I. Scenarios and Scenario Writing[J]. Nonextrapolative Methods in Business Forecasting, 1985: 47-60.
5 克拉克. 情报分析：以目标为中心的方法 [M]. 马忠元, 译. 北京：金城出版社, 2013:263.
6 克拉克. 情报分析：以目标为中心的方法 [M]. 马忠元, 译. 北京：金城出版社, 2013:252.
7 克拉克. 情报分析：以目标为中心的方法 [M]. 马忠元, 译. 北京：金城出版社, 2013:247.

8 Saunders F. Illuminating the Unknown: Mapping Project Uncertainty in Civil Nuclear Infrastructure[J]. The University of Manchester Research, 2015.

9 克拉克. 情报分析: 以目标为中心的方法 [M]. 马忠元, 译. 北京: 金城出版社, 2013:255.

10 施国良, 周晓帆. 竞争性假设分析法在大型突发性事件分析中的应用研究: 以"马航 MH370 失联事件"为例 [J]. 情报杂志, 2015, 34(1): 27-31.

11 Boucher W I. Scenarios and Scenario Writing[J]. Nonextrapolative Methods in Business Forecasting, 1985: 47-60.

12 Garajedaghi J. Systems Thinking: Managing Chaos and Complexity[M]. Boston: Butterworth-Heinemann, 1999:51.

13 Millot M D, Molander R, Wilson P A. "The Day After..." Study: Nuclear Proliferation in the Post-Cold War World, Volume 1, Summary Report[R]. RAND Corp Santa Monica CA, 1993.

14 小此木政夫, 平井久志, 平岩俊司, 等.「朝鮮半島のシナリオ・プランニング」(平成 26 年度)[J]. 研究報告, 2015: 1-153.

15 Anderson G K, Kooij G J, Briggman K L, et al. From Cooperation to Competition-The Future of US-Russian Relations[R]. Army War College Carlisle Barracks Pa Strategic Studies Institute, 2015.

16 Perla P P. The Art of Wargaming: A Guide for Professionals and Hobbyists[M]. US Naval Institute Press, 1990:191.

17 Kent S. Strategic Intelligence for American World Policy[M]. Princeton University Press, 2015:53.
18 Phelps R H. Application of a Cognitive Model for Army Training: Handbook for Strategic Intelligence Analysis[J]. US Army Research Institute for the Behavioral and Social Sciences, October 1984:4-10.
19 Parakilas J, Wickett X. Transatlantic Rifts: Managing the Use of Autonomous Weapons Systems[R]. Chatham House, the Royal Institute of International Affairs, 2017.
20 刘源.兵棋与兵棋推演[M].北京：国防大学出版社，2013.
21 Cornell T , Allen T B . War and Games[M]. Boydell Press, 2002.
22 Ibid.
23 刘源.兵棋与兵棋推演[M].北京：国防大学出版社，2013.
24 魏晨曦.从"施里弗"系列演习看未来太空作战的发展[J].国际太空，2016(6):29-36.

第五章

商业推演

> 战略是决策的艺术,必须同时对当前和未来的成功进行投资。为了更清晰地理解决策选项,企业和组织必须将每一种商业策略投放到具有根本性不同的场景中进行检验。这一过程能够帮助企业和组织建立既能够服务当前需求,又能够赢得未来的商业战略。[1]
>
> ——凯斯·范德海登

市场是重要的实践检验阵地。洞察、洞见对于企业生存与发展的重要性不遑多论。制定成功的战略，并形成战略管理的高效执行体系，是企业在复杂环境中生存的关键。[2] 相比国家战略实践，企业所处的环境变化更快、更动荡。企业面临的未来不确定性和深刻而残酷的竞争性，其强度甚至高于国家。[3] 国家和国际战略研究周期较长，只在相对较少的情况下得到检验，而企业管理者需要面对的"不连续性"问题司空见惯，处理危机和做出重大决断都是家常便饭。同时，预判中长期趋势、布局中长期战略，对企业而言极具现实意义。因此，企业在洞见未来方面的研究和实践更具战略价值，来不得半点虚假，丝毫的不真都会在现实的检验中暴露出来。很多时候，生死存亡，只在一招。推演，正是帮助企业掌握这种洞见能力和关键一招的重要手段。

第一节　走向商业"战场"

　　《大国远谋》出版后，一位企业界成功人士不无兴奋地对我说，思考国家中长期风险评估与战略预判的方法论，其实也适用于企业战略讨论。事实也正是如此，包括推演、情景分析等方法在内的战略研究与规划手段，从20世纪70年代起就已经较为成熟地应用于企业及其商品在竞争策略选择和市场开拓方面的战略性问题研究中，尤其应用于银行、医药等投入金额巨大、决策验证周期较长的特殊领域。

　　推演能够应用于商业是建立在服务决策、降低损失的基本功能基础上的。推演的重要功用是帮助决策者理解对手的决策行为，发现决策选项的比较优势，进而帮助决策者避免关键性的决策失误，降低各方面损失。最初，这种降损主要体现在士兵、装备、领土等军事领域。应用到商业实践后，这一关键意义更加突出，也就是提高决策的"经济性"，不只是赢得一场战斗，更是赢得整个战争。同时，推演作为探索作战条例和战术战法的重要方法，也在实践中成为开展较大规模人员培训的有效手段，对于统一思想、统一意志、提高协同能力和作战效能具有不可替代的作用。显然，这一用途在商业领域的价值也格外突出。

一、商业推演的由来

早在 20 世纪 60 年代早期，19 岁的詹姆斯·邓尼根作为年轻的炮兵前往朝鲜战场时就接触到了应用于商业领域的推演。商业推演也是邓尼根最早接触的推演。[4] 最早的商业推演文献是 1958 年《哈佛商业评论》上刊登的关于推演方法应用于商业领域的文章。当时，商业推演活动被称为"商业游戏"或"商业博弈"（business gaming）以及"管理仿真"（management simulation）。这些活动被应用在人员训练和培养当中。当时的认识是，推演应用于商业领域可以分为两个层次：将企业作为一个整体，推演可以用来服务企业最高管理层的决策；将企业中的各个行为主体分解开来，推演可以用来研究各部门的协同运作情况。同时期，美国管理协会（AMA）开发了一款广为人知的企业推演工具，称为"AMA 最高管理决策仿真"。这款推演工具中的参演方分别代表不同的政府机构和企业，一般分为五支队伍。参演方分别就特定产品的产量做出决策，并在竞争性市场中进行产品博弈。推演情景的周期为 5～10 年。这款推演工具只允许每支队伍采取一些特定的优先决策选项。当时一系列的企业和教育机构采用这款推演工具进行培训。实际上，早期商业推演的目的就是为潜在的企业管理者提供一个熟悉市场运行、开展企业决策的训练环境。进入 20 世纪 80 年代中期以后，这种情况发生了一定的变化。虽然推演还作为商业培训的重要手段之一，但是它逐步被赋予了新的使命，即竞争性商业情报的分析和研判。推演逐步被用于分析对手企业，更好地理解竞争对手的行为、决策及市场反应。进入 21 世纪以后，推演在商业领域的应用进一步丰富，在制定企业战略、完善市场策略等方面开始发挥重要作用。

在这方面，马克·赫尔曼领军的美国智库类企业博思艾伦公司发挥了重要作用。该公司推动推演在非军事领域的诸多拓展方面取得了一系列成效。赫尔曼是博思艾伦公司的副总裁，是美国著名兵棋设计专家。博思艾伦公司是美国的一家信息技术咨询公司，成立于 1914 年，主要向政府机构提供管理、技术及安全服务，是美国最大的国防承包商之一，同时也提供企业战略规划、计算机模拟等民用商业服务。赫尔曼及博思艾伦公司设计出品了《海湾打击》《机械战争 2》等经典兵棋。这些兵棋应用从民间反馈到军方，再从军方拓展到商业、政治、经济等诸多领域，开创了依托兵棋决策分析的路径和方法。2008 年，赫尔曼以回忆录的形式出版了《领导者兵棋推演：从战场到会议室的战略决策》(*Wargaming for Leaders: Strategic Decision Making from the Battlefield to the Boardroom*)。[5]该书是兵棋推演在军事、商业和全球公共领域应用的一本重要著作。书中揭秘了许多军用兵棋推演、商业兵棋推演和全球危机兵棋推演的活动内幕，具有很强的借鉴意义。该书也是较早将兵棋推演应用于商业决策、全球危机应对领域的文献，对拓展兵棋推演的应用领域具有很高的价值,尤其是探索依托兵棋推演进行决策分析,实际上开创了决策服务的一个全新领域。

二、价值与应用

"很长时间以来,推演是军事的领地,通常被用来检验战略、验证新思路以及预测对手的行为。而更广泛意义上的推演却鲜有用于商业领域。"[6]这一方面是由于推演在军事领域的应用过于广泛,另一方面是因为商业领域对"战争游戏"这样的推演用词很敏感,因此并不用"war game"来称呼推演,而是通常采用"动态战略仿真"(dynamic strategy simulation)或"战略仿真"(strategy simulation)等词来描述推演。与军事用的推演不同,企业面对的不是敌人,而是竞争对手,争夺的不是领土,而是市场份额和利润,运用的不是军队和武器装备系统,而是人、资金、设施和原材料,以及知识、技术、市场资源、生产链和创新能力等资源,不需要借助裁判来裁定军事对抗的胜负,而是以市场份额等方面作为评判标准。

企业战略管理,不只需要简单的预见,更需要前瞻性的行动,对未来的可能性做好应对手段的提前预置。尽管筹备和实施商业推演的成本很高,但即使这样,与做出不当的战略决策所造成的损失或错失关键战略机遇造成的附加成本和潜在收益损失相比,推演的花销实际上也只是九牛一毛。在当前的 MBA 课程中,有的会涉及包括未来学、战略学、组织预见、趋势研究、战略预警及情景规划等方面的内容。显然,这些课程是极其重要的,对于提升企业高级管理人员的战略素养具有至关重要的意义。尤其是情景分析方法已经成为帮助决策者研究不确定性未来的一种较为普遍的思维工具。但存在的问题，是这些教学不能够为企业进行体系化研判提供有效、直接的应用支撑。也就是说，具体到实践中，企业要组织规模化的战略预判活动仍然存在困难。这正是我们所说的商业推演与MBA等商业课程中的类似推演活动的根本不同。实际上，培训中类似推演的活动是一种为了优化企业资源配置而进行的决策训练，例如在特定市场环境中进行投资、做广告和产品推荐、规划生产能力、选择品牌塑造方案、决定并购或出售等。这些活动的主要目的都是仿真一种市场环境，进行未来经理人的培训工作。参加培训的人员经过几轮尝试后就掌握了如何实现最优化资源配置的决策，这也成为现实实践中的一种经验积累。而这种形式对于一个实际运营公司的顶层管理团队在面对实际困难和艰难局面时并无丝毫用处。尤其是当他们有一些新的思路、新的规划、新的战略需要验证可行性或检验效果的时候，这些针对企业"未来人"的培训情景不会被长期在真实环境中实践的企业决策者想起。

企业发展必须依靠关键人物，随着技术性独角兽企业的不断涌现，类似扎克伯格、马斯克等企业关键人物在创造想法、执行想法方面的作用不可忽视。但当企业发展得规模足够庞大的时候，关键人物便无法处理庞杂的信息，尤其无法应对高度复杂的环境；此外，仅仅因为关键人物承担的股权多、责任重、风险大，就依赖个体或少数个体的智慧和理性来决策，对于一个大型企业而言是不可想象的。在西方巨型企业的实践中，关键人物的作用和科学决策的支持一直是相辅相成的，其成功经验也是有目共睹的。

不止于此，企业管理者更需要对未来较长周期的战略进行充分考虑，形成一种长周期可适应性较强的战略储备。这种储备是一种对战略环境进行可塑性建设的策略，同时也是灵活调整的适应性策略，而不是一种与国家战略相当的较长周期且稳定的中长期规划。也就是说，这是一种动态的长周期战略管理。事实上，推演对企业有两方面的关键价值：一方面防止出现错误决策，造成战略性损失，诸如不当收购、科技研发路径失败等；另一方面用于发现未来潜在的增长领域和容易被忽略的商业机会。

商业推演的核心价值在于商业战略，而不是经济问题。商业推演的价值还是更多地体现为商业战场上的"政治性问题"，而不是"经济性问题"。政治反映的是人心的问题，商业反映的是人性的问题。推演是一种政策研究手段，而不是经济研究手段。归根结底，对于"以人演人、人机结合"的推演研究方法而言，政治问题相对容易模拟。因此，虽然出现了将战略推演的应用领域拓展到经济问题的案例，但总体而言战略推演是服务于综合性竞争博弈的一种有效手段，在服务经济、金融、市场波动等问题的研究中还相对乏力。其根本原因在于，相对于政治进程，经济运行中的行为体、影响因素和不确定性都更为复杂，对其进行的模拟必然是简化程度更高的一种仿真，也就是误差更大，偏离现实的可能性超出了可以忽略的限度。同时，模拟超过一定范围的行为体的行为，在方法论和实践层面上都对推演造成突出的困难，这种困难进一步降低了仿真的可信度。

由于经济议题的现实价值更加直接，很多力量都在推动甚至鼓吹经济推演。但以推演这种仿真方法来模拟经济运行，是否能够有效反映真实事态的发展，我本人是持保留意见的。本书第一章关于未来不确定性的四种形态的阐述中就分析了市场波动的深度不确定性，也就是"因果关系和表征联系不明的不确定性"。从客观上看，解决这样的不确定性是没有成功手段的，推演显然也不是一种有效的方法。简单而言就是，"如果推演能够推出未来，哪怕是说清楚明天的股市会怎么样，他（推演者）还怎么可能在这里搞推演"。这种悖论背后更深刻的问题就是类似市场波动这种因果关系和表征关系不明确的深度不确定性，至今我们对此基本上仍然束手无策。推演服务于经济领域的研究还处于发展的早期阶段，综合运用包括推演在内的多种手段可能是研究经济问题的一种可行路径。

三、开展商业推演

商业推演的应用主要包括两大分支。一个分支是国家和政府组织开展的关于重大战略性产业布局、安全性及危机管理等问题的推演。另一个分支则是企业组织开展的针对企业自身发展和市场竞争中的问题的推演。这两个分支的基本情况及相关案例分别在后面的两节中展开论述。需要强调的是，商业推演与其他领域的战略推演的基本方法并无本质差异，都可按照第四章所阐述的流程及方案来实施。在推演情景想定与设计环节，商业推演必然是针对某个行业或企业需要解决的问题开展的。本质上这与国家战略推演没有不同，只要有经验的推演专家与企业的决策人员一起研究设计就能实现。在复盘和研究报告环节，二者的区别更微乎其微，无须讨论，至多就是在推演报告方面按照商业决策者的认知偏好来组织，使其更像是一种商业领域的咨询报告。

商业推演与国家战略推演最大的差异体现在实推环节。因为在实推环节，国家战略推演基本不需要考虑国家以外的行为主体。实践中设置的非国家行为体、非营利性国际组织、军事工业共同体、企业行会等角色,都被证明几乎很难在推演中发挥有影响力的作用。仅有的能够发挥一定作用的非国家行为体,可能是类似于联合国、世界卫生组织等国际组织,但这些国际组织发挥作用的程度还需要依靠推演议题设计赋予它们的天然权力。而在商业推演中则不然,能够影响企业的关键行为主体非常多样化,不仅包括本国甚至本地政府、外国政府以及外国政府的不同管理机构,还必须包括市场主体、竞争对手、第三方、媒体等诸多角色。这就必须在推演设计中充分考虑各种因素的影响,将参演组设计好、组织好,让其发挥与真实情况相当的作用。商业推演的组织和运行方式如图5-1所示。

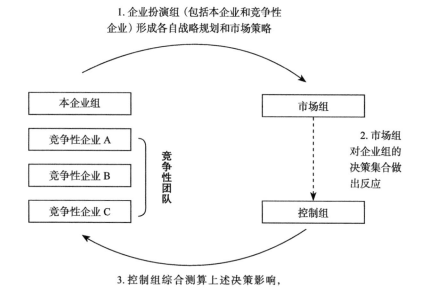

图 5-1 商业推演的组织与运行方式

资料来源:根据相关资料整理。[7]

开展商业推演必须高度重视市场因素，这是商业推演的关键所在。因此，在推演准备阶段，要进行充分的市场调研。推演前形成推演手册，涵盖市场趋势、金融状况、政策环境、主要企业行为与战略、宣传渠道及影响、自身竞争优势与劣势等关键信息，力求准确客观。这些背景信息旨在为参演者提供相对真实的仿真环境，以及提高扮演的仿真度。这些信息往往可以从新闻媒体、年度报告、分析报告等不同公开来源渠道获得。

本企业组主要是扮演实施推演的企业，也是解决企业核心战略困惑的关键角色。这个团队的主要构成是企业的高级管理人员，因为他们更明白本企业的现状、战略目标和未来走向，也更能反映本企业的决策过程和价值倾向。在一些推演实践中，本企业组的核心任务是将企业已经形成的一些备选战略和市场策略投入推演中进行检验。简而言之，他们是带着任务和使命来参加推演的。在推演过程中，这一组拥有企业的最高决策权，正所谓"临机专断"，他们可以实施收购与兼并、组织或退出企业联盟等多种战略性决策。

竞争性企业组主要扮演与本企业有竞争关系、具有较大影响力的对手。其他的大量影响力不突出的竞争对手往往由控制组兼顾。竞争性企业组的团队主要由一些高级管理人员组成，绝大多数是本企业内部人员。他们必须按照推演的要求来扮演企业的竞争对手，也就是"从敌人的视角为难自己人"。提升这种扮演能力的办法，就是编写和使用好前面所述的"推演手册"，让参演人员能够尽可能多地准确掌握对手的基本情况。实践发现，由于这些扮演人员来自本企业，实际上比对手更清楚本企业的弱点和痛处，因此会在推演中更加严苛地对待本企业组，往往会收到意想不到的效果。这对于企业高层审视本企业的一些自身特质，从而改进企业战略和市场策略具有突出的现实意义。

市场组是用来模拟市场环境的，主要任务是对本企业组的决策做出市场反应。市场组主要由一些市场专家组成，市场专家既可以来自企业内部，也可以来自企业外部，实践中往往是二者兼有、相对平衡。这些市场专家综合运用他们的市场研究成果、经验，包括市场直觉，对不同策略刺激下的市场份额变动等反应进行模拟。

控制组发挥的作用与国家战略推演中的控制组基本相同，是推演整个活动的实际"运营者"。控制组团队主要由企业的实际领导者、推演专家和行业专家组成。除了控制整个推演进程和秩序之外，商业推演中的控制组还要发挥特定的作用。他们对市场组形成的市场反应进行测算，并将结果反馈给本企业组，通常包括对一定的资金流向等情况的反馈。在实践中，控制组会根据需要制造一些市场"震荡"来驱动参演团队针对一些特定的问题拿出解决办法，让某个阶段的推演按照特定的路径发展，从而对企业领导者需要观察的问题进行测试。

第二节　布局战略产业

传统的商业推演文献通常只介绍企业的推演实践。实际上国家在战略性产业领域进行的推演更具宏观指导意义和现实价值，对企业的影响和启示更加深刻而长远。21世纪以来，西方发达国家在拓展战略推演应用领域方面进行了更进一步的探索，尤其是将推演应用到国家战略性产业领域，在相关的危机应对、社会治理、行业安全等领域取得了一系列新的应用成效。"9·11"事件后，美国对可能出现的恐怖袭击、流行病传播等社会重大危机进行了连续多年推演，研究其规律以提前预防。例如，以波特兰市为对象的"天花病毒恐怖袭击"推演，模拟了恐怖分子对波特兰市的恐怖袭击，找到了控制人群隔离的关键要素。[8]对世界范围的禽流感、艾滋病等传染性疾病蔓延的预防等也都进行了类似的推演，取得了较好的效果。美国国会跨党派政策研究中心先后组织过多次"石油冲击波"推演，研究了如果伊朗控制伊拉克油田可能导致的全球范围能源、安全危机，以及对美国的影响。再如，"网络冲击波"演习，推演了世界范围网络危机带来的相关问题。[9]美国霍普金斯大学战争分析实验室主办的"金融大战"推演研究了朝鲜危机引发的连锁经济反应，以及世界范围的金融冲突影响及对策。这些推演结果后来都体现在政府的政策和决策中，对国家重大战略性产业的布局、安全防护措施的预置都起到了关键作用。

一、抵御金融危机

推演是从军事领域长期的发展中衍生出来的研究方法，向经济领域拓展是一个重要的创新实践。2009年，美国国防部首次开展关于全球经济战的推演。推演主要针对全球主要经济体如何在全球经济战的情境中改变力量平衡。国防部组织对冲基金高管、专家教授以及投资银行执行官等人员在国家安全局所在的马里兰州米德堡参加推演，相关活动后来被披露出来。[10]参与人员坐在V形大会议桌旁，面前的一堵巨墙上挂满显示器，时刻变换各种经济数据。身着制服的军官与美国情报人员在一旁密切观察和记录推演过程。

首次开展全球经济战推演已经反映出面对后"9·11"时代，美国国防部一直在认真思考各个领域对美国全球领导地位产生冲击的可能威胁，包括很多远离真实军事战场的因素。

实际上从20世纪90年代后期的金融危机开始，很多国家都有针对性地开展了类似的经济推演。例如，2004年英格兰银行和金融服务部门，即英国银行管理者，首次开展了一系列推演来应对大型金融机构倒闭。推演的基本情景想定是欧洲法院的一个决定改变了银行拥有资产的法律基础，造成银行的短期投资干涸，导致一个在美运行的英国大型借贷方和一个英国控股的美国银行破产。推演检验了双方如何应对金融崩溃，结论反映出小型银行出现的问题将以极快的速度向大型银行扩散。许多这样的推演不仅仅为了测试一方如何应对压力，更是关注双方如何行动。

2008年9月，美国次贷危机爆发前，国防部就已经启动全球经济危机的推演筹备和设计工作。这次为期两天的推演直接由国防部长办公室组织。当时，净评估办公室仍直接隶属于国防部长办公室。推演在位于马里兰州劳雷尔市的战争分析实验室举行。该实验室依托霍普金斯大学应用物理实验室，也是美军推演复杂战争场景的主要场所之一。此次推演也是该设施首次开展"纯经济推演"。由于推演的议题过于敏感，因此，虽然因参演人员非军方而未定密，但是此次推演也并未公开。参演后的松河资本管理公司、瑞士联合银行（UBS）等银行和对冲基金高管均对推演过程缄口不谈。这也符合净评估办公室一贯的行事风格。

耶鲁大学著名教授保罗·布莱肯也参加了这次推演。布莱肯作为早期的兰德公司员工和安德鲁·马歇尔的密切团队成员之一，深度参与了美国国防部的净评估及战略推演工作,这就包括著名的 1983 年"骄傲预言者"战略推演。此后布莱肯从胡德森研究所转往耶鲁大学,依然活跃在战略博弈、商业管理等诸多领域。布莱肯参演后称:"这次推演是一个范例,它转变了冲突的性质。""这次推演的目的不是真的要预测未来,而是探索我们需要思考的重要问题。"实际上,布莱肯的深度参与也自然映照出美国国防部净评估办公室,尤其是净评估办公室主任安德鲁·马歇尔,在此次推演背后的身影。在后"9·11"时代爆发的重大金融危机前就开始筹备针对全球经济对抗的推演,以此思考如何保持美国的全球领导地位,实际上反映了美国战略推演的操盘手们在如何应对多元化危机方面的考虑。

参演团队主要分为 5 组,分别为美国、俄罗斯、中国、东亚以及"所有其他国家"。控制组代号为"白血球",负责监视并裁定每组每次行动效果,决定各组对获得全球经济主导权的竞争行为将产生何种现实影响。经逐步披露,推演的过程基本如下。参演人员接收到一系列逼真的关于全球政治、经济、金融危机的仿真情景。通过推演极端情景,在推演过程中研究哪些行为体会在紧急情况下放贷帮助解决危机,这些来自不同国家的参演团队如何促使本国参与应对危机,以及怎样防止上述极端情况发生。

经过两天的推演,大部分的推演结论都反映出中国组在绝大多数情景下能够胜出。主要原因在于美国组和俄罗斯组消耗了大量的时间、精力和资源进行相互对抗。而推演所使用的战争分析实验室的前沿技术先进性也让这些经济金融圈的大佬大开眼界,推演的仿真效果和对现实的逼真程度令参演者咋舌。实际上,这套系统是一套局域网架构的推演平台,称为"战争实验室注册与用户网"(warfare analysis laboratory registration and user website, WALRUS)。

这场推演反映出的一个重要问题是,美国需要整合可以用于经济战或金融战的资源与手段。美国国防部称之为"动能战争"(kinetic wars),即综合统筹运用政治、经济、军事等多种手段来主动赢得全球战略竞争。一个典型的案例是,当时美国海军实际上正参与对伊朗的海上封锁,美国政府也正以经济制裁对伊朗实施经济战,但这两种手段事实上并不存在有效的协调。

二、防范网络攻击

随着网络安全问题的日益严峻,网络推演成为一种防范危机和提升网络安全防护能力的重要手段。网络推演通常采取模拟真实袭击事件的方式,帮助国家相关机构和重要企业检验安全策略与能力,为未来可能出现的袭击做好准备。

美国开展"网络风暴"(cyber storm)战略推演的主要目的就是锻炼和检验美国及其盟国协调配合应对网络威胁的能力,并力图通过推演提升政府及相关组织机构对网络安全的重视。[11] 推演由美国国土安全部牵头,先后参加推演的还有商务部、国防部、能源部、司法部、交通部和财政部等政府机构,密歇根、蒙大拿、纽约和华盛顿等十几个州的来自金融、化学、通信、防务、信息技术、核能、交通和水利等行业的企业,以及澳大利亚、加拿大、英国等十几个盟国。此外,白宫及情报和执法部门也派了代表参加。推演的参演方多达数百个,分布于美国各州,以至世界各地,他们就在各自的办公场所通过日常使用的通信方式参加推演。推演设置一个控制中心协调各参演方，并使用名为"Cyber SMART"的推演系统。该系统读取预先设计的情景想定集合，按时间陆续发布想定情景中的网络攻击事件。系统可以模拟出攻击所产生的各种后果，并生成事态报告，通过 E-mail 等形式分发给各参演方。各参演方则根据这些虚拟的事态报告等信息，通过各部门之间的沟通协调做出决策，并提出相应的处置和行动方案，力图将损失减到最小。

"网络风暴–1"于 2006 年 2 月 6 日至 10 日举行，是美国第一次由政府主导针对网络电磁安全威胁的大规模战略推演。推演想定是反全球化组织综合运用各种攻击技术，扰乱了美国和加拿大的计算机网络及控制系统，使其电力供应中断、交通出现混乱。同时，攻击政府的通信设施，从而试图降低政府的执行能力和提供公共服务的能力，并削弱政府协调配合保护基础设施的能力，达到降低政府公共威信的目的。在推演中，控制中心向各参演方下发了 800 多个虚拟攻击事件的报告，各参演方需立即判断情况，并协调其他参演方共同提出解决措施。推演为了逼真模拟真实情景，各方的通信能力会受到一定程度的制约。例如，在这次推演中，参演方之间的 E-mail 会有一部分被拦截，从而真实模拟网络电磁攻击情况下原有通信能力降低对各部门之间的协调配合所造成的影响。通过推演，参演各方普遍意识到了很多问题，如各类网络攻击已对国家诸多方面带来了严峻的挑战，提高通信能力和争取时间是处置危机的重要基础。

"网络风暴–2"于 2008 年 3 月 10 日至 14 日举行，推演想定的威胁等级进一步提升。推演的想定是，一群有政治目的的攻击者利用各种目前已存在和虚构的攻击手段，通过互联网发起攻击。他们有足够的时间和金钱渗透到任何网络，严重扰乱了互联网、化工、通信、铁路、能源管网等基础设施控制系统，并对金融业造成了严重的影响。推演设置的事态复杂性和严重性使得各参演方必须通过国际合作来解决危机，进而评估美国网络安全同盟间有效应对威胁的能力。在推演中，当参演人员接到事态报告时都十分惊讶于网络攻击竟然已如此迅速地造成严重的后果。这次推演检验了参演方在上次推演后形成的应急机制、应对程序及方法手段等，并进一步加深了他们对网络空间活动、物理基础设施和对经济的影响三者之间关系的认识。

"网络风暴-3"于2010年9月27日至29日举行。这次推演的虚拟攻击事件增加到1500多个，攻击形式也不再仅仅局限于修改网页和拒绝服务等攻击方式，而是通过攻击网络的基本要素来达到破坏网络通信的目的。这次推演还有一个重要的使命，即检验成立于2009年10月的美国"国家网络安全和通信综合中心"（NCCIC）的工作能力。该中心是美国网络电磁安全的总协调中心。推演同时检验了新制订的美国"国家网络安全响应计划"（NCIRP）。该计划是美国未来应对网络安全威胁的总体计划。这次推演，检验了国家在应对网络电磁安全威胁时的角色、责任、权利和管理能力等，进而优化计划的细节。

三、防控传染疫情

印度国家艾滋病防控组织的统计数据显示，到2002年印度全国已经有382万～452万例艾滋病感染病例。当时，艾滋病在印度的传播形势已经极其严峻。同时，印度还出现了艾滋病疫情从城市向农村扩散的不利局面,潜在感染群体的防护意识更加薄弱。疫情防控压力空前巨大,对印度经济造成的损失将会异常惨重。为此,印度产业联盟(Confederation of Indian Industry, CII)于 2003 年 10 月委托美国博思艾伦公司、全球艾滋病商业联盟(global business coalition on HIV/AIDS, GBC)等企业和组织筹划、实施了一场关于印度艾滋病传染疫情防控与相关医药产业布局的推演。印度产业联盟是印度最大的商业和产业联合会,拥有超过 6000 个企业和社会组织等直接会员、98 000 余家企业作为联系会员,以及 342 个全国性和地区性分会。作为一个非政府、非营利的产业领导和管理组织,该联盟的目标是营造和维护适宜印度企业发展的商业环境,为产业界和政府提供综合可靠的决策建议。

该推演的主要目的是验证当前印度艾滋病传染趋势,激发相关行业和政府部门在解决该问题方面的创造性思维,验证各方行动对疫情发展可能产生的影响,为解决或控制艾滋病疫情进一步扩散凝聚共识、提供思路。[12] 该推演主要集中研究以下问题:艾滋病疫情对国家经济、政治和社会会造成怎样的长期影响;有哪些潜在的干预措施与方案,政府、社会及产业界之间有可能进行哪些合作;如何尽最大可能优化产业布局和提高公共管理部门的资源利用率来控制疫情扩散;如何为各相关方提供国家整体战略指导规划。这场推演吸引了全球 200 多家艾滋病防控相关企业参加。所有参与企业都被发动起来,提出它们在应对印度艾滋病疫情方面的市场战略和商业计划。推演方还鼓励这些企业与相关的政府、非政府组织和社会团体一起,提出它们的核心竞争优势并提供治疗艾滋病的关键产品。

实际推演集中在 2 天进行,主要分 3 个阶段模拟未来 10 年周期。参演人员超过 200 人，主要是来自健康医疗领域的政府、产业界和公共组织、非政府组织的领军人物。商业领域的参与人员主要包括产品制造、金融服务、信息科技，以及制药、能源等领域的大型企业高级管理人员。政府代表则包括联邦和各州的高级官员，还包括来自美国、英国、德国和澳大利亚等国的代表。诸如联合国、世界银行和世界经济论坛等国际组织也派代表参与。印度国内相关领域的一些社会组织代表也被吸纳进来。

上述人员被分为 9 个参演组，分别代表印度联邦政府、州政府、制造业界、服务业界、慈善组织和政府福利部门、社会群体组织、医疗提供方、消费者、制药产业等。为了辅助参演人员共享相关知识与经验，协助推演有序高效进行，推演组织方设计了推演辅助分析平台，纳入了 1000 余项变量，融入了包括流行病学和经济学模型在内的一些分析框架，最终形成了一种抑制疾病扩散的人机结合仿真体系。

在推演过程中，想定并模拟了在艾滋病疫情快速向中产阶层扩散后所采取的广泛防治举措和教育宣传项目。同时，考虑到疾病控制的现实实践中往往遇到资金限制造成的困难，这次推演还专门对采取防治等措施的资金支持问题进行了研究，对各方在资金压力下的行为及其对疾病控制造成的后果进行了检验。推演结果深刻表明：参演方之间长期存在的互信不足问题严重影响了大规模疫情的前期防控努力。经过推演过程中的反复探索，如果各方通力合作，与不采取任何措施相比，能够在未来 10 年内将艾滋病的传播规模减少 50%，将艾滋病造成的印度 GDP 损失降低 315 亿美元，甚至更多。而对这一结果的投入则只需要不超过 92 亿美元。二者的反差极大，在推演的过程中对各参演人员造成的震动是相当显著的。推演对相关问题的各利益攸关方之间进一步加强协作、实现目标导向的政策和行动协调产生了显著的积极成效。同时，印度在相关领域开展推演的尝试也为同样面临类似严峻挑战的发展中国家提供了重要参考，尤其是对完善相关领域的法律和政策顶层设计、优化战略性产业布局，具有较好的启示和示范作用。

四、应对生物恐袭

生物科技迅猛发展和扩散造成的影响呈现越来越突出的重大不确定性。基于生物危机想定的推演是一种对重大公共卫生安全战略和政策进行研究的活动，也是推演的重要拓展方向。未来，推演将越来越多地在全球治理领域发挥重要作用。本书第六章将要介绍的核安全峰会推演就属于这个范畴。

伴随"9·11"事件发生的炭疽邮件事件成为生化恐怖主义的起点，此后全球各国共同经历了 SARS、H5N1、埃博拉疫情等全球公共卫生危机。生命科学、物质科学与工程学学科交叉的第三次革命正在加快演进，不仅提升了传统生物武器的效能，而且增强了合成生物学技术、神经操控电磁技术等，具有作为进攻性武器运用的广阔前景，更加可控、易攻难防，战术和战略价值凸显。生物科技两用性更加突出，导致更加难以核查。同时，生物武器扩散威胁上升。生物武器扩散在军事上可以构成一种威慑，在恐怖活动等非军事冲突中则是一种全新手段，其复杂性不可低估。从技术层面看，生物武器比核武器有更大的扩散潜力和威胁。目前防止生物武器扩散的有关条约，对于一些非国家行为体或恐怖组织基本没有法律约束力。美国哥伦比亚大学战争与和平研究所主任理查德·贝茨警告说,现在"彻底毁灭的危险变小了,但大规模杀伤的危险更大了"。[13]

基于公共卫生危机想定的战略推演,与商业、军事类情景推演有很大的不同,它没有激烈的对抗和冲突,核心要义在于探究在危机发生时政府、企业和社会公众等各方怎样合作,以共同维护公共卫生安全,实现公共治理目标。这类推演关于推演的问题设置超越国家层面,推演内容涉及危机处置的所有环节。通过推演可以探究在防范生物危机过程中各个环节以及各力量集成方面存在的弱点,通过优化和完善政策准备、资源储备、危机管理方案来提高未来应对危机的整体能力。

"9·11"事件发生后,美国国内的战略威胁开始大幅上升,诸如炭疽邮件事件和禽流感等问题开始威胁到美国人的生命、健康和财产安全。因此,美国的战略推演开始转向全球性的疾病控制等全球公共危机管理问题,进入了新的尝试阶段和新领域的探索阶段。美国国防大学国家战略推演中心组建由国防部长直接领衔的战略政策论坛(SPF),邀请包括国会成员、政府高级官员、军队高级将领在内的诸多代表一起研究战略危机和战略政策。这种活动的核心目的是提升国家在危机中的整体应对能力。例如,2005年组织的针对生物恐怖主义的"红色盾牌"演习,就由国防部副部长主持,参加人员包括国防部和国土安全部高级官员、卫生及公共服务部高级官员、参议员群体。推演的情景就是在圣迭戈的人口稠密地带出现了炭疽病菌袭击。[14]

2001年12月,美国举行的公共卫生危机战略推演对此进行了有针对性的研究。推演的背景是"9·11"事件过去刚两个星期时，出现了炭疽邮件等严重的生物安全危机事件。惨痛的恐怖主义袭击事件给美国全民带来的伤痛还丝毫未消退，接踵而来的生物安全危机再次猛烈冲击美国政府和社会，民众的恐慌情绪极端恶化。受这种极端恐慌情绪的影响，在政府应对几乎陷入瘫痪境地时，美国举行了有上百人参加的公共卫生危机推演，其中云集了联邦政府到地方政府的各级主管人员，包括国防部、联邦应急管理局、卫生与公众服务部和地方官员的代表。同时，还邀请了卫生保健、医药行业、医院和保险公司等民间商业领域高级管理层代表。

公共卫生安全危机推演的主要研究目的是弄清楚一系列应对公共卫生危机时最棘手的问题，例如：政府和社会最快能采取的措施是什么？这些措施有什么风险、有什么致命的弱点、有什么连锁反应？政府需要医药卫生企业做什么？前沿的医药企业需要政府提供什么？政府应该向公众传达什么样的信息？政府应该怎样与公众建立畅通的沟通机制？随着这一连串的发问，危机的紧迫程度让人窒息，人们正是想从寻找答案中找到解决这场危机最有效的途径。如果你是美国政府要员或医药企业的代表，你能给出这些问题的答案吗？你能为美国解决这一危机寻找到可行的方法吗？

在公共卫生危机推演启动的前三天，来自各级政府部门、医药制药企业、药物供应商、突发事件处理机构等各方的参演人员在确定第一步决策时，无一例外地手足无措，所有的参演团队都处于一种瘫痪状态，似乎总想从别人那里得到指导。推演时，虽然美国还没有成立国土安全部门，但是国家应急处理计划还是很健全的。但在推演中，参演人员发现在应对这一系列危机时这个计划并没有明确决策权力的划分和每一级应具备的职能。所以，所有参演团队都在努力地明确他们自己的任务，并试图弄清楚从哪儿能获取信息、从哪儿得到指导和从哪儿寻找资源。

决策时优柔寡断的最终结果就是失去所有的机会。当参演人员陷入这种状态时，推演组织方设置了这样一个环节：停止推演，让推演时间回到起始点，让参演人员重新实施第一步决策。通过这种重置情景和推演归零的手段，参演人员的斗志被极大地激发出来，他们在后续的推演中积极行动起来，政府和商业部门快速合作，动员各方力量获取所需的资源，最终形成了一个切实的方案。他们提出以邮寄的方式向全国各地民众派送国家储备的防疫药物。为了保证民众能最快、最安全地获得药物，他们对药物派送的全过程做了预案。比如，如何保证国家储备药物的供应，如何用国民警卫队监督派送过程，甚至细化到药物派送的包裹如何包装，以及如果人们没有在第一时间收到药物，在邮箱上做什么样的标志，等等。最后，计算机模拟了这一方案。以底特律城市为例，采用这一方案，危机发生7天后病毒的感染率就下降到75%。同时，推演中还采用了多想定运行的方式，在情况较差的想定情景中，在危机发生的3周内，如果只有50%的民众收到了派送的药物，疫病的死亡人数可达180万人；在情景最好的想定中，如果100%的民众都收到了药物，则死亡人数减少到大概1.6万人。

最后在对推演进行复盘的过程中，推演组织方向参演人员提问，此次推演中印象最深刻的是什么。所有参演人员几乎一致认为在第一步决策中的胆怯是他们在推演中印象最深刻的部分。推演提供了一种绝佳的契机，也就是在虚拟的战略推演中犯的错可以让人们认识到为什么犯错，并汲取教训，这总比在现实世界中危机真正到来的时候用生命作为赌注来决策要好得多。真实世界总是会发生很多出乎意料的事情，尤其是超出预案范畴的情况。在日常工作中，人们要做出决策的时候不可能得到所有问题的答案。在应对危机时，最好的做法就是充分利用所掌握的并不完美的信息，做出尽可能优化的决策。决策必须果敢、睿智。

五、抢夺数字币权

2019年11月19日，美国政府和学术界开展了一场名为"数字货币战争：国家安全危机模拟"的研讨式推演活动。该推演由哈佛大学肯尼迪学院贝尔弗科学与国际事务中心举办，在模拟白宫战情室的决策环境中，研究 A 国发行的数字货币将对美国造成的潜在威胁。推演的目的是通过公开的研讨提醒美国政府、学界、公众认真思考和面对数字货币带来的影响，尤其是推动各界"现在思考而不是事后思考"。[15]

这次演习意味着，虽然美元一直以来被用作主要的经济制裁工具，但如果出现另一种可行性更强、便利性更好的数字货币，美元的"制裁武器"地位会发生颠覆性改变。

参加此次推演的主要是政府和学术界人士，包括美国前国防部长阿什·卡特，商品期货交易委员会前主席加里·根斯勒，负责政治事务的前副国务卿尼古拉斯·伯恩斯，负责金融犯罪等事务的美国前助理财政部长帮办詹妮弗·福勒，前总统国家安全顾问、伊拉克和阿富汗事务助理梅根·奥沙利文，国防部长前幕僚长埃里克·罗森巴赫，前财政部长劳伦斯·萨默斯，前驻印度大使理查德·维尔玛,以及麻省理工学院数字货币计划主任、谷歌前高级软件工程师尼哈·纳鲁拉和贝尔弗中心执行董事阿迪蒂·库马尔等。上述人员在推演活动中分别扮演国防部长、总统经济政策顾问、国务卿、国家情报总监、副总统、总统国家安全顾问、财政部长、驻A国大使,以及总统数字货币特别助理和财政部数字货币事务负责人等职务。推演前,由哈佛大学肯尼迪学院贝尔弗科学与国际事务中心组织教职工和学生进行了为期数月的准备工作,对数字货币问题进行详细的背景研究。这些主要参与人员在推演过程中分别负责主要推演人员的参谋工作。

推演反映出美国电子交易系统的发展速度远不能满足在日益数字化的世界中保持金融与国家安全。为此,美国应该由联邦政府主导开发国家数字货币,并抢占先机,将其尽快推广为全球主导性数字货币。推演也反映出美国不具备干涉他国、强迫它们使用美国数字货币的能力。一旦在数字货币领域引发冲突,极有可能使全球走上"完全破碎的世界"的道路。为此,最迫切的任务是加强和改进SWIFT系统,以应对数字货币出现后造成的监管和安全漏洞。

美国政府、学界联合组织关于数字货币的推演,反映出了两方面的动向。一方面,在数字货币、区块链技术等新兴热点技术蓬勃发展的情况下,美国对二战以来形成的全球金融霸权地位感受到强烈的危机。数字货币等新技术的推广将极大地冲击原有的全球经济和金融秩序,自然也具备颠覆原有国际格局的可能。美国精英对此感触强烈,因此通过公开的推演活动,提高政府、学界和社会对相关问题的重视程度。美国政学两界希望从竞争视角来看世界的变革,这一意识和心态的转变本身已经反映出态势的变化。坐观美国所思所想所为，可谓其忧也凄凄、其虑亦喜人。秩序更替、格局调整自然是后起国家的发展良机。另一方面，从20世纪90年代起，美国就以朝鲜核导威胁为重要的国家安全议题进行研究和思考。而今20多年过去了，这一问题已经进一步复杂化，不仅在传统安全领域进入了长期化的新局面，而且开始与新兴技术、经济及社会的前沿领域复杂交融。传统的管控手段尚未完全奏效，新的手段失效威胁已经黑云压城。共同应对天下之乱，必然是未来大国共处之道。威胁之极自然有合作之机。

第三节　推演商业决策

商业决策推演的目的是对企业的战略决策与布局、危机情况应对、中长期战略预判、风险早期预警等领域的问题进行战略性研究。商业决策推演在实践中逐步形成了面向市场和面向谈判两个大类的四种主要形态。在这些方面，很多大企业开展过很有参考价值的推演活动，对企业的发展起到了不同程度的积极作用。

一、商业决策可以这样研究

在商业决策推演的实践中，主要形成了面向市场和面向谈判两大类推演活动，总体上存在四种不同的形态（见表5-1）。

表 5-1　商业决策推演的主要形态

推演类型	仿真主体	主要研究对象	基础理论	主要形态
战役推演	市场	市场占有率	数学	计算机仿真
博弈推演		竞争与合作	博弈论	计算机仿真
战略推演		综合性战略	决策科学	角色扮演
谈判推演	谈判	谈判活动	博弈论与经济学	角色扮演

在面向市场的商业推演活动中，基于不同的研究重点，形成了三类不同的推演形态。首先是聚焦于市场占有率的推演活动，我们称之为"战役推演"。在这类活动中，商业对手被视为"敌人"，商业活动的目标是赢得在市场上的"战斗"。这类推演的形式非常像军事领域的战术和战役级兵棋推演活动。推演活动的主体行为是运用数学模型来建构竞争性的市场环境，将推演参与者的决策放入进行检验，从而形成"最优决策"的方案。这类推演也是大多数提供推演服务的咨询公司所采用的方案。

其次是聚焦于商业对手竞争与合作的推演活动，我们称之为"博弈推演"。这类推演将商业交易行为视为博弈参与主体之间的潜在利益冲突，主要运用博弈论来寻找"均衡点"和稳定最优解，也就是博弈任何一方都无法再改进己方收益的一种状态。这类推演也是可以基于数学进行推导的，主要由博弈论学者推动。

最后是聚焦于综合性商业战略决策推演活动，我们称之为"战略推演"。这类推演既不将商业活动视为"战争"，也不用"博弈"的观点来看待交易，认为商业活动中的行为不是为了击败对手或是与对手博弈，而是一种更好地满足顾客需求的行为。因此，与前两类推演活动主要运用数学和计算科学不同，这类推演活动主要运用角色扮演的方式来模拟一种深度的市场仿真环境，从而对主要的竞争对手和顾客等其他市场行为主体的行为进行预见性研判。在这种环境中，对决策进行压力测试。这类推演的推动者主要是决策科学领域的学者。

除了针对市场的推演活动，还有一类商业推演活动具有重要的价值，就是针对谈判的推演，我们称之为"谈判推演"。谈判类的推演相对于市场类的推演更容易理解,也就是在充分研究对手的基础上,建立一种模拟的谈判环境,对己方的谈判团队和谈判预案进行检验。谈判类推演的主要目标是预判对手在每一个谈判环节的决策和行为,揭示谈判中的机遇、挑战与潜在问题,最终形成一种最优的谈判整体解决方案。显然,基于上述目标,谈判类的商业推演主要采用角色扮演的方式。

二、生死决断:并购还是结盟

1979年,在美苏对抗的焦灼时期,美国推出了《开放天空法案》(Open Skies Legislation),在民用航空领域降低政府对航空政策的干预,消除经营限制、降低准入门槛,从而塑造更自由的市场和竞争环境,推动全球航空产业市场进入调整重组的快速变革期。一时间大量新航空公司成立,价格竞争的压力骤然上升,由此造成的连带影响高度复杂。随着价格下降,航空运营的利润也相应下降,但选择航空出行的旅客开始大幅增加。到20世纪90年代末,经过接近20年的发展演变,航空公司开始出现大规模重组、并购等现象,其中最突出且影响至今的是大量航空公司普遍采取了组建和加入"航空联盟"的策略。最为著名的是1997年成立的"星空联盟"(Star Alliance)、1999年成立的"寰宇一家"(One World)和2000年成立的"天合联盟"(Sky Team)。三大联盟的诞生帮助航空公司通过共享航班代码、共用运维设施和人员、改进航班线路和时间弹性以及增加市场营销手段等降低成本,争夺客流,提高市场占有率。在此情况下,大型航空公司进入了一个重要的战略抉择时刻。最紧迫的问题是如何在日趋复杂的市场竞争环境中保持优势,尤其是通过加入航空联盟来获得更大的市场机遇、抵御风险的能力和战略发展空间。这就需要他们对当下的企业战略进行检视,并对全球航空联盟的现状进行综合分析,尤其重要的是对加入联盟与否、加入哪个联盟抑或是牵头成立一个新的联盟进行实验性检验。传统的情景分析工具和市场分析手段都很难对这样的问题给出系统、可靠和动态的回答。而这恰是推演能够发挥关键作用的重要战略决策情景。

1999年,瑞士航空作为欧洲大型航空公司对于在新的市场环境下如何生存和发展感受到了强烈的危机。在此情况下,该公司将商业战略推演作为战略研究的首选方案,首先对当下的情况进行了系统检视,对最主要的客户代表群体进行了深入调查,提出了一系列问题。[16] 调查研究的目的实际上是让企业的核心管理团队形成一种初步的统一认识,也就是一种着眼于思考航空产业的未来的理念和视野,以及如何让企业在新的激烈竞争环境中获得更好的优势的目标和信念。这些问题包括:

(1)公司当前的运营战略能否继续维持公司的现状和未来发展?当前的运营方式在新的环境下能否保持足够的活力?航空网络、机群和运营能力应该如何优化?

(2)公司最重要的市场和客户群体是什么?一家国家航空公司与地区和全球竞争对手相比的优势及劣势是什么?

(3)如果不加入任何联盟,公司将会面临怎样的市场环境?如果出现生存危机,最理想的是与哪个联盟进行沟通,与之谈判的优势和劣势是什么?

在前期调查研究、统一思想认识的基础上,该公司为推演做了为期三个月的设计和准备，主要是搜集必要的数据和信息，设计推演的流程和结构等。经过反复论证，最终形成了6个参演组的推演结构，包括5个竞争性航空公司和1个本方团队。5个竞争性团队中的3个聚焦于与当前具有优势地位的联盟进行合作，而另两个则与本公司的处境基本相同。客户和市场组则代表不同的客户群体。控制组要对推演的各参演组进行引导和管理，也兼顾扮演管理者。

在前期调查的基础上，核心推演组织团队对推演进行了设计。推演实施阶段分为三个步骤，每个步骤花费一天时间，分别模拟自然时间3年的一个周期，模拟的总跨度为1999—2008年。在前两个3年里，外部政策环境保持了相对稳定。第三个3年则出现了显著的管理放宽、市场自由度大幅增加的情况。推演的情景开始于1999年，想定为美国、亚洲和欧洲航空公司之间进行战略对话。美欧航空企业之间出现了一定的互不信任问题。在此情况下，收购和兼并的可能性已经没有，是否能够走向联盟要随着事态的发展进一步观察。而在第三个3年的推演中，由于市场管制放宽，进一步推演了在不信任条件下出现的自由并购情况。

实推环节于1999年3月在该航空公司的总部展开，参演人员大约50名，包括公司核心管理团队成员、航空业专家以及推演专家。该公司事先对参演人员进行了培训，帮助他们熟悉研究的题目和主要背景，尤其是进入扮演的角色。推演开始后，首先集中推演对当前形势的评估，设定推演的目标，并建立分组结构。各参演组随后进入指定工作环境，分别针对形势研究本方的评估意见、战略目标和主要举措。

受限于当时的条件，这些情况通过电子邮件系统与控制组沟通,并在各参演组之间进行交互。电子邮件成为各组之间唯一的信息渠道,以确保相关决策信息不会提前泄露,从而真实模拟现实竞争环境。虽然信息化环境有所欠缺,但这次模拟的组织方进行了有力的弥补。例如,为各参演组提供统一的模板,引导各参演组按照控制组的要求进行研讨,并形成形式统一、可比较、可对抗推导的信息文档。同时,对各个议题的研讨时间和进程进行统一控制,从而形成较为完备的回合制形态。类似的这些努力都在很大程度上提升了推演的理论化、系统化水平,助力推演模拟可靠程度的提升。

推演中也暴露出一些普遍性的问题。较为典型的是参演人员很难突破既定的经营思路,大多数参演人员虽然位居企业高层,但仍多处于执行层面。因此,推演中普遍出现了按照当前既定的公司发展和经营策略进行决策的现象,很少有人能够自发自觉地运用开放性思维对未来的可能性进行探索。这对推演未来开放性环境中的情景造成了较大的困难。这样的问题时至今日仍然在推演中普遍存在。问题的根源在于参演人员不熟悉推演与其他传统研究或研讨的本质性区别,对这种研究的系统性、开放性和前瞻性理解得不充分。根据经验,参演人员在参加一定次数的推演之后,这一问题会有不同程度的改善。这正是第四章关于推演组织实施中要在推演的组织团队中加入推演专家,以及各参演组要有控制组安排的推演专家介入的原因。这样安排是基于对类似航空公司推演的经验教训的总结以及在长期实践中的摸索。对于没有相关经验的推演组织者而言,这样的问题在推演之前很难预料,而是直接暴露于推演的实施过程中。一旦出现这样的情况,推演的可靠性就大打折扣,推演对战略问题的研究深度也就极其有限了。

推演的结论对该公司起到了良好的决策辅助作用。推演前，该公司的 CEO 正打算牵头推动组建第四个航空联盟。当时公司高层对于这样的决策犹豫不决，主要担心这一举措能否奏效，尤其担心组建新的航空联盟是否比加入一个现有的联盟更优。原因在于三大联盟之外的其他航空公司都显弱小，和它们组建一个新的联盟胜算如何不得而知。而推演给该公司提供了一个探索未来的试验场，尤其是带入这些决策方案、可能情景进行推演试验，结论表明组建一个新的联盟虽然有可能实现，但会面临"极端困难"的情况。而现实情况的发展印证了推演的结论。

但该公司的 CEO 执意推行组建第四个联盟的战略。瑞士航空在 20 世纪 90 年代启动了争议颇多的"猎人策略"，即由麦肯锡公司提出的扩张计划。在此策略下，该公司通过收购一些小型航空公司来扩张市场，而非加入航空联盟。随后，瑞士航空决定收购一家意大利包机航空公司"Air Europe"以及比利时航空（Sabena）49.5%的股权，持股自由航空（Air Liberté）、海岸航空公司（Air Littoral）、波兰航空、土耳其航空、南非航空等，并计划持股爱尔兰航空、芬兰航空、匈牙利航空以及巴西天马航空等。在扩张性的"猎人策略"影响下，瑞士航空很快陷入无以为继的窘境。资产迅速缩水使风雨飘摇的瑞士航空在 2001 年 10 月停飞。在 2000 年前后三年，瑞士航空的损失估计介于 32.5 亿至 44.5 亿瑞士法郎之间。[17] 然而瑞士航空管理层仍然坚持先前的重组计划，接管意大利航空。这一战略举措很快导致公司的资金耗尽，而组建的联盟却没有带来更大的收益。该公司最终因为资金链断裂而宣告破产，其航空联盟也自然瓦解。在瑞士联邦政府的协助下，瑞士航空最终坚持到了 2002 年 3 月 31 日。解体后的公司资产被并入一家新的企业。2002 年 4 月 1 日,瑞士国际航空接收原瑞士航空的多数航线、机队和员工后成为瑞士的载旗航空公司。几年之后,该公司仍未能摆脱长期亏损,2005 年被汉莎航空收购,最终还是于 2006 年加入了星空联盟。这段故事颇具警示意味,也成为商业推演历史上极其著名的一个典型案例。

三、攻防之道:抢占通信市场

20 世纪末期,"3G 标准"作为当时重要的前沿通信技术,在数据传输速度方面相比 2G 有大幅提升,移动通信设备可以借此"上网"了。这一技术变革自然会带动复杂多媒体、电子商务、视频通信等应用的广泛推广,也成为通信运营商竞逐的巨大市场。进入 2000 年,欧洲很多国家开始面向通信运营商拍卖 3G 运营执照。以德国政府为例,共推出了六块 3G 运营执照,总价超过 450 亿美元。这样的高标价自然在引发激烈标的战争的同时给通信运营商带来了巨大的经营考验,这种考验恰恰是两难的。一旦竞标失败,意味着彻底失去未来通信行业的市场准入资格,这是参与竞标企业所不能接受的。而一旦竞标成功,则意味着企业马上将背负巨额债务。至于未来的数据通信市场能否带来收益,或者说需要多长周期才能带来足够的收益,通信、市场和金融领域的绝大多数专家都没有十足的把握。

在此情况下,一家大型的欧洲移动通信运营商的 CEO 提出了富有远见的设想,也就是尝试运用推演来破解这一两难的困局。推演活动的主要目的是研究当前的"进入移动数据市场"战略是否正确，大规模投资移动通信市场、产品研发和其他相关产业是否合理，对其进行"压力测试"。在此基础上，同时研究是否有更优方案。推演在研究战略的同时还有一个目的，是统一公司各层级的思想认识，增强对于管理层经营策略的信任度和执行力。[18]

推演前期主要针对潜在的市场和竞争者行为进行研究，意在通过推演充分研究相关问题，对公司准备采取的战略方案可能面对的潜在机遇和挑战有一个清晰的认识。经过前期研究，推演的主要问题集中在以下方面：

（1）公司战略是否聚焦于正确的市场主体？

（2）对于通过特定的数据供应来吸引特定用户群体的假设是否正确？如果不正确，原因是什么？有哪些举措可以改变这一局面？

（3）市场能否接受公司设定的预期价格方案？

（4）选定的产品首发方案是否能够起到宣传效果？市场是否认可公司计划为用户提供的服务？

（5）获得两块牌照的方案怎么样？

（6）市场宣传的方案是否能够有效地与友商产品有足够的区分度？

（7）解决技术障碍的举措（如网络覆盖率等）是否足够抵御替代产品（如有线网络等）的竞争？

（8）目前设计的时间表和路线图是否可行？

推演最初根据竞标的实际情况设计了包括该公司在内的六个竞争团队。在推演筹备过程中，陆续有两个竞争者退出了3G牌照的竞标。因此，推演精简为四个主要的竞争方。另外设有一个控制组和一个市场组。每个参演组主要包括一个组长、一个汇报员、一个通信员和一个商业推演专家。组长的任务是领导研讨活动,保证推演研究的问题得到充分讨论。汇报员的职责是扮演企业的发言人,按照安排公开相关情况。通信员负责推演组之间以及与控制组和市场组之间的通联工作。推演专家辅助组长确保推演活动正常有序进行,确保推演设计和控制组的意图得到正确推进,尤其是确保推演活动在正常轨道且高质量地运行。如果参演组的研讨出现了偏离,推演专家还要扮演一定的反对者角色,确保研讨不跑题。参演组的主要任务是建立应用于 3G 技术的移动数据服务市场战略,包括详细的行动计划、市场营销和宣传策略等。更为重要的是,参演组必须依据推演中提供的详细营收数据,为己方的决策提供数据化支撑。

这场推演的实推环节历时三天,分别模拟三个决策阶段。第一阶段模拟"进入市场"的第一年,也就是从竞标开始。第二阶段模拟第二年与主要竞争对手开展的市场竞争场景。第三阶段进一步展望之后的 2～3 年,考察第二阶段决策的后续发展趋势以及更长周期的演进情况。在推演过程中,各参演组之间及其与市场组和控制组之间都依靠电子邮件联系。

在推演中,竞争性企业扮演组发挥出很高的水准。其中两个相对大型的竞争对手利用集团优势,将固话通信和网络通信等方面的资源向移动数据平台倾斜,运用创新驱动力保各领域的市场份额稳定。但问题恰恰出在这种相对保守的策略上,它们并不会对未来的移动数据市场产生驱动性和塑造性影响。与此相反,竞争性企业中的另两个相对规模较小的则强烈感受到创新的压力和机遇,更倾向于投入更多的资源、承担更大的风险来挑战收益高但确定性不高的未来移动数据市场。在一些情景下，这些企业面临极大的危机，但更多的情景中，它们的表现异常出色。随着推演的推进，大企业开始吸收和模仿小企业的思路及做法，而这也进一步驱动小企业对创新投入更多的资源，从而确保立于技术创新前沿，保有稳定的市场份额和客户群体。推演中反映出的一个关键因素是，移动数据与网络通信不同，开拓市场必须依托更强的国际化运营模式。由于必须为用户提供跨国的持续移动数据服务，因此谁能拓展足够稳定的国际服务网络，谁就能在市场竞争中获得更大的优势。

四、谈判艺术：中美贸易摩擦

谈判是一门艺术。关于谈判的研究已经较为充分，在包括博弈论和经济学等理论的基础上形成了较为成熟的理论。推演作为一种辅助谈判研究的重要方法，为检验谈判方案、验证谈判过程、优化谈判决策提供了关键支撑，能够进一步充实谈判研究的工具箱，也为企业研究谈判、储备决策、制订预案提供了一个现实工具。美国知名智库"战略与国际问题研究中心"（CSIS）对中美贸易摩擦发展趋势和双方谈判的研究是一次典型的谈判模拟推演，为我们展现了一场惊心动魄的商业谈判推演。因此，本书将其收录于商业决策推演一节，借此向读者展现在商业谈判过程中可资借鉴的推演方式和做法。

2018年初，中美进入贸易摩擦不断升级的周期过程。美国战略界对此早有预期，进行了相对充分的研究。其中有代表性的是CSIS开展的中美贸易摩擦模拟推演项目。该项目于2017年底开始筹备，2018年初正式启动。项目的主要思路是以冷战时期对战略博弈活动的研究为依托，借助博弈论、议价理论（bargaining theory）及核威慑理论中关于"升级冲突主导权"（escalation dominance）的分析思路，对中美开展贸易谈判的过程进行了建模分析，并在此基础上，组织美国政府、商业界和相关领域的专家分别于2019年3月5日和5月6日实施了两次推演活动，用于验证模型所分析的中美双方在谈判中的要价和考虑。2019年9月，CSIS正式发布报告《悬崖之缘：中美经贸关系的冲突与升级》，将相关情况公之于众。该项目"在多学科理论基础上建立起了中美贸易摩擦的分析模型，使双方更好地理解在谈判中采用的战略和逻辑基础，形成了富有价值的预见。"[19] 同时，CSIS在官方网站上设计了一个公众参与网页，允许感兴趣的人士自由选择参与美方或中方谈判代表团，并分为若干关键节点供参与者选择做出升级摩擦或是缓和的决策。最终形成一个模拟的结果供参与者参考，也为贸易摩擦如何破局提供一些启示和思考。

推演主要设计了三个推演组，除了中国和美国两个主要谈判对手团队外，以CSIS的战略研究专家为主，组成了控制组，主要职责是代表市场舆论和第三方国家做出反应。推演主要聚焦于中美谈判过程，模拟摩擦的升级或缓和，进而分析双方的政策工具箱、优劣得势情况以及事态可能的发展趋势。推演的基本情景是中美已经在2019年之内达成了初步协议。在此基础上，将推演活动分为两个主要步骤。情景一设定在2025年，主要模拟中美双方就知识产权保护和技术转让进行的新一轮谈判。情景二设定在2021年，主要模拟中美双方就工业补贴进行的新一轮谈判。两轮推演相对独立，分别设定了不同的博弈情景和模拟团队。

在推演过程中，中美双方的扮演团队主要实施四类行为：一是通过外交渠道与对方或第三方国家沟通情况；二是向对方提出非正式磋商的请求；三是发布公开声明；四是实施一项能够为对方所见的政策。为此，推演组织方通过前期研究为双方各自准备了一套政策工具箱。在每次决策前，经过各自组内充分研讨，制定本方决策后，由推演组织方派驻在各组的参谋人员通过电子信息平台发送至控制组。控制组汇总双方决策后进行可行性评估，并在此基础上研究提出第三方的反应情况。随后，控制组将上述情况汇总打包，同时发布给两个参演组。例如，如果一方决定对对方的某项产品加征关税，经过控制组确认后，双方团队会在同一时间收到关于这项决定的"声明"。推演也模拟了双方谈判团队面对面讨价还价的环节。此外，推演也有一些意外发现。例如，推演组织方将推演活动严格控制在经济和外交领域，但在推演中也自然出现了"冲突"向军事领域扩散的倾向。推演组织方在复盘工作中对此进行了进一步探讨，制订了下一步研究的计划。

在推演的整个过程中，美方始终为谈判的攻势方，出于迫使中方做出更多让步的动机，采取了不断升级对华贸易施压措施的谈判策略。中方主要采取防守策略，在主动减少对美国经济依赖的同时，尽可能致力于国内经济增长与发展。在这种基本策略的指导下，两场推演的结果都令人失望。第一场推演的结果是中美双方彻底失去互信，中方放弃进行最终谈判。在第二场推演中，中美双方在个别问题上达成了有限共识，但在具体政策上未能达成一致。

上述谈判推演案例具有很好的代表性。谈判推演的目的是验证双方要价过程中的交互情况，并模拟谈判可能的达成或破裂进程。

因此，与面向市场的推演研究活动不同，谈判类推演更类似于双方的"对弈"。各方的基本利益情况和谈判预案相对明确，可能采取的政策工具箱也需要提前准备妥当。推演的过程就是"讨价还价"的过程，根本目的还是研究如何引导谈判形成一种对己方相对有利的成功结果，尽可能避免谈判破裂，也就是研究如何最大化己方利益。

第四节　企业如何因应大变局

当前全球正处在政策环境剧烈变动的大时代。近年来，中国、美国和欧洲的一些知名企业，尤其是科技密集型企业，在国际形势的剧烈变动中被推到风口浪尖，意外遭受了一系列突发性的霸权国家司法长臂管辖、运用行政制裁手段阻断国际供应链等极端异常情况。很多大型企业在判断形势、研究对策方面遭遇巨大的困难。这些企业往往是灵魂人物领军型的企业。这些灵魂人物的商业领导才干是在长期的市场激烈竞争中经过时间检验的，他们往往具有异常敏锐的风险和机遇洞察力以及杰出的战略决策能力。面对这些超出正常商业运行轨迹的严峻风险，他们普遍考虑到运用推演来研判未来的形势，陆续尝试推动企业决策层运用推演来预判未来形势、检验当前预案、做好应对极端情况的准备。

这些商业推演的实践过程使人既深切感受到企业对战略推演的强烈渴望与迫切需求，又深切感受到能够为企业提供高质量战略推演服务的机构凤毛麟角；既深切感受到面对极端异常情况时推演是企业战略预判与决策的不二之选，又深切感受到商业领域的精英对推演的了解甚少、误解颇多。由于很多情况还在发展演进的过程中，因此本书不拿相关情况的细节作为案例来介绍，而是将在推演实践中发现的问题、取得的经验以及一些实用的做法拿来分享，可谓去其肤革，得其精要。由于不涉及具体事件，普通人读来或许并不能感受到风云激荡，但局中人细品便能得其中奥义。尤其是读了本书其他章节、掌握了推演的实质、增强了洞见未来的战略思维能力之后，便更能了然于胸，可在危难处添良策、于风波中得信心。或许一些年之后，我们有机会把这些推演实践的细节与事态发展的进程拿出来认真回顾、剖析和复盘一番，想来当如品"一壶好茗"。

一、破局之思

应对"政策剧变"的商业推演的破局关键在于对极端情况的认识。推演的组织与实施过程与前文所述的商业推演流程并无二致。推演实践反映出的最突出问题是，企业的管理层对于"政策剧变"的认识达不到应对极端情况的要求。以全球供应链问题为例，如果企业认为全球供应链断裂是最大的忧虑，为此进行的全球供应链推演实际上是有可行性方案的，其实质是为企业提前做好应对极端情况的预案。那么，这个方案就是要企业切实针对自身实际，开展如第三章所述的"净评估"，分析自身的优劣势并研判对手的优劣势，判断政策利弊走向。

现实的情况是，在推演的组织和运行过程中，企业的中高层管理者普遍存在两种认识。而这两种认识极其强烈，不仅影响到推演的开展，也在企业运行的方方面面妨碍了领军人物所要求的"应急战备"状态。

第一种认识是，大家普遍认为基本不可能出现极端情景，用得最多的话语是"应该不会出现那么夸张的事情吧"。这一认识集中反映了企业决策和管理层的大部分人还没有将思想认识迅速调整到应对政策剧变的状态上来，还没有统一到企业领军人物所意识到的强烈风险和极端威胁上来。更重要的是，这样的认识反映了企业的决策和管理层还没有将工作状态调整到应对极端情况的应急状态上来。如果不是战争一触即发，企业领军人物不会选择运用推演来研究事态走向、部署决策准备。而推演中反映出的认识滞后集中体现了企业在统一思想、加紧备战方面尚有很多工作要做。实际上，推演恰是这样一种统一思想的过程——让决策和管理层身临其境，体验极端情况的发生和发展，不仅有利于研究形势，也是对整个团队进行培训、教育和统一思想的过程。但同时，这也提醒企业的领军人物，在应对政策剧变时，必须花更大的精力尽快统一团队的认识与思想。只有意识跟得上形势，行动才能够走在对手前面。

第二种认识是，如果出现极端情况了，就没有任何回旋余地了，简单说就是"如果他们那么干，我们也没办法了"。这一认识像极了毛泽东在《论持久战》中批判的"亡国论"。参与推演的都是商业精英团队，他们依靠日常的经验，很自然地得出了这样的结论。的确，在出现极端情况或企业在日常运行中不曾遇到甚至不曾想象的极端困难时，日常的政策储备确实毫无招架之力。当敌人以压倒性的优势兵临城下时，普通人的简单反应一定是无法抵抗，不如就范。然而，这恰是推演所要解决的根本性问题。推演的实践也恰恰实现了这一目的。很多参演人员在推演前后反映出了强烈的认识和信心反差，不仅思想意识得到统一，应对极端情况的信心与智慧也得到增强。

在上述两种普遍认识的推动下，企业精英在推演中又自然衍生出第三种普遍认识，也就是普遍希望推演出未来可能发生什么，以此来决定做好怎样的一种准备方案，以一策应万变。这恰恰陷入另一个误区，也是推演所无能为力的，即推演并不是推出未来。这种情况反映出在商业领域，企业精英对推演认识的误区颇为严重。因此，必须在推演前就反复明确，推演不是给出确定性未来，而是提升对极端情况的认识，是帮助决策者提前准备应对危机的方案，推演是对制定的战略决策进行检验的工具。

最关键的破局之思在于，必须纠正上述认识误区。也就是说，在认识极端情况这个问题上，必须摒弃要么不会发生，要么发生了便没法应对的思维。推演就是在研究如何应对极端情况，如果抱着这样的先入观念来参与推演，甚至组织和实施推演，推演就失去了应有的意义。

企业在开展应对政策剧变的推演过程中往往也遇到诸多操作上的困难。例如，推演的基础还是研究，如果搞不清楚究竟谁是决策攸关方，就不能做推演。企业资源有限，基本上是有什么人才就设什么参演组，很多情况下可谓捉襟见肘。由于很多企业都有公关团队，其中必然有一些媒体专家，因此往往要设置一个媒体组。实际上媒体很难在应对政策剧变的推演中发挥核心作用，它在推演过程中的角色就如同国家战略推演中的非国家行为体一样，基本上是被动的，也就是从动性而不是驱动性的。这种情况只要一放到推演实践中就豁然明了。此外，还有一些错误认识需要澄清，如对推演的仿真如何理解。要理解"以人演人、人机结合"的仿真体系，是比较难的，尤其是计算机仿真在推演活动中是辅助性的，而不是主导性的。认清这一问题需要有更加深刻的战略思维和战略文化底蕴。军方人员长期开展推演，尚且很难将计算机仿真的从属性地位分辨清楚，何况很少接触推演的商业领域精英。

在处理好上述困难的同时，企业还应该认识到在开展推演时所具有的突出的先天优势，并将其发挥好。推演活动需要一定数量的问题专家，这对于扮演竞争对手、其他决策方等都极为关键。大型跨国公司实际上具有相当的优势。因为这样的企业有大量的驻外人员，人脉广，对当地情况有深入的了解，并掌握了大量的一手资料。而实际上也只有大型跨国公司才有更强烈的战略推演需求。这样的条件与需求匹配反映出大型跨国公司十分适合用推演手段。经过推演专家对相关人员进行一定的引导式培训，最根本的"演得像"问题可以很快得到解决。实际经验是，扮演对于这些具有驻外经历的企业精英而言，其实十分简单。经过一两个回合的培训磨合，绝大多数参演组都可以扮演得非常逼真，甚至超乎想象。这不仅体现为对目标机构或群体的利益诉求、政策目标和关键举措等推演要点可以较为清晰扼要地进行梳理和呈现，而且在经过简单培训后，这些参演者甚至可以以极其投入角色的状态进行推演，对扮演方的思维模式、决策习惯甚至语言特色等都可以扮演得非常逼真。在这种情况下，要形成一个相对优质的推演仿真环境已经不难。只要推演专家和组织团队可以密切协同，就可以组织一场成功的推演。

这种协同，在商业推演中，格外突出地受到一个特殊因素的影响，那就是有领导力的人物的引导。商业推演更多情况下采用的是引导式研讨的模式，往往能够产生良好的效果。引导式研讨需要一位有领导力的企业领军人物亲自组织和参与。在我参与的推演活动中，企业往往有一位极具人格魅力，且思维敏捷、极具洞察力和开拓创新意识的高层领导。在这位领导的亲自参与和引导下，推演效果自然相当出色。客观而言，这也是有其必然性的。企业将战略决策投入推演中进行研究，这本身就反映了一种具有开拓性的开放、包容的决策思路，也反映了领导者与决策者的创新思维。在这样的企业中，必然有一个有领导力、创新思维和人格魅力的领导团队，团队的领军人物在参与推演后，自然在引导式研讨中发挥了关键的凝聚作用。这对于商业推演的成功至关重要。

二、折中之策

推演的成本很高，推演的策划、设计、组织和实施都很复杂，需要大量的人力资源，尤其是要找到合适的推演专家和参演团队。这对国家来说尚且不易，对企业而言更是困难。商业推演的扮演角色相对国家更加复杂，对问题的研究也必须更加深入细致。这对参演团队提出了极高的要求。同时，推演需要一定程度的信息化平台作为支撑，开发和运维这样的系统都需要相当的资源，而且是长期稳定的投入。显然，这对于一般的企业而言是难以实现的。而对于超大型的企业而言，投入时间、人力和资金成本来维持一套独立的推演体系，也是不现实的。因此，在推演难以实施的情况下，基于多年实践经验，我推荐采取一种适应企业需求的推演策略——"情景分析法＋德尔菲法"。

情景分析法最早可以追溯到20世纪50年代赫曼·科恩在兰德公司早期开发的情景研究方法。1967年，科恩等人出版的《2000

年：思考未来33年的框架》就运用了"构建假设的事件序列，以聚焦偶发进程和决策关键节点"的情景分析方法。[20] 最为典型的案例就是壳牌石油在应对20世纪70年代石油危机中催生情景分析方法的故事。当时，荷兰皇家壳牌石油改进了情景分析法，将其发展为情景规划，也就是将情景分析与战略规划相结合。情景规划组长凯斯·范德海登为此创立了"深度聆听"式高层访谈模式，很快成为情景规划的标准程序之一。这种改进后的情景规划方法成为一种更加定性的方法，也就是从战略研究专家研发的专业性理论方法演进为更加贴近于企业的战略管理实践的应用方法。[21] 情景分析法的目标是研究未来趋势和关键不确定性，将这些融入未来的图景中进行研究。情景研究不是要形成关于未来的确定性结论，而是探索一种关于未来可能出现的情况的边界。[22] 简言之，情景就是帮助战略决策者和管理者更好地理解和思考未来。这种方法更有助于对企业战略进行动态调整，而不是像简单的预测那样给出一个确定性的关于未来的结论，然后制订一套只能应对一种可能性的策略方案。更为重要的是，情景分析法作为一种思考模式，它极其突出的特点在于能够刺激决策者和管理者进行思考，充分发挥他们对未来的想象力，为企业战略注入思想和智慧的活力。

德尔菲法最早出现于20世纪50年代末，是当时美国为了预测在"遭受原子弹袭击后最可能出现的后果"而发明的一种方法，其本质是一种反馈匿名函询的方法。[23] 简单而言，就是将所有待求解的问题发给一个专家群体，征得意见后进行整理、归纳，经过再处理后，将精炼后的问题清单再次重新反馈给专家，并如此多次循环，直至形成稳定的统一意见。也就是说，这是一种采用匿名背靠背的形式组织全体专家进行思想交流的过程。

在企业有强烈的战略推演需求，而客观上又无法及时实施推演的情况下，就可以组织专家群体以德尔菲法的组织方式开展情景分析工作。实际上，这也是将德尔菲法解决问题的操作路径融汇于推演情景想定和设计环节的过程中。通过情景想定，推动企业运用演绎思维来研究问题。借助德尔菲法，企业开展思维碰撞、策略检验和新路径探索，并基于反复循环的过程，最终逼近一个可改进程度已经可以忽略的均衡状态。那么，这个状态就是我们所需要达到的对未来的潜在解析状态。在这个过程中所学习的知识、出现的分歧和主要的问题焦点，就成为企业需要高度关注或者必须认真思考解决方案的焦点。只要把这些过程中的焦点分析好、解决好，就已经可以拿到一张基本满足企业迫切的战略级需要的未来答卷。

三、庙谟之机

推演活动的成本很高，开发和运维一套企业独立运行的推演体系几乎不可能。同时，与国家相比，企业的资源相对有限。一方面，保有、运行、长期维护一套独立的推演系统和团队的成本更难以承受。另一方面，客观而言，企业能够网罗的专家资源、技术资源也相对有限，获取这些资源的难度很大，信息的不充分性挑战更大。因此，相对而言，企业独立开展推演活动的难度更大。那么，开展企业推演最好的状态是什么呢？或者说，企业推演的最优解决方案是什么？简而言之，推演就像商业咨询服务一样，将随时出现的战略推演需求外包给专业的推演组织实施方。然而这样的乐观情况并不存在，主要存在两方面的困难。一方面，国内的推演服务尚处于萌芽状态，尤其是为企业开展战略级推演服务的机构几乎空白，国内在商业领域的推演实践也少之又少，军事上应用的兵棋流派推演几乎没有可能应用在商业领域。另一方面，企业可能将相关需求转化为咨询服务外包给一些咨询公司，但涉及重大危机和企业存亡的战略需求，很难整体外包给咨询公司。更大的问题是国内的咨询公司少之又少，国外的大型咨询公司服务存在显而易见的风险。

如同战略咨询服务，推演是要区分内外的，不是谁都可以参加。推演活动往往涉及企业的重大战略谋划，推演过程中往往也深度涉及企业的经营情况、产业链条、谈判底牌等需要严格保护的信息。这时候，如何处理推演活动与企业安全需求之间的关系就成为商业战略推演必须面对的一个重点问题。需要强调的是，推演本身不是一种秘密，推演方法的主体并不是秘密，而只有推演的内容是必须作为重要的商业秘密进行有效保护的。实际上，借用信息产业的一句经典用语，商业推演完全可以做到"上不碰应用，下不碰数据"，企业大可放心地将相关工作交付给由可靠的推演专家及企业自身专家组成的推演团队。

商业战场上，尤其强调"庙谟当独断"。所谓庙谟即庙算之谋，也就是战略决策。关乎生死的战略抉择，必须不可使人知，方能起到定乾坤的奇效。

> "岂独使敌人不能窥，虽吾士卒，虽吾国人，不可使知之；非吾腹心之臣，非吾指授之将，不可使知之。……我非故为诳事于外，令吾民知之以欺于敌间，则奇谋至

计,情实之所在,殆未有不密而不害于成者也。……兼听而独断者,大谋之术也。收群策所以兼听,故白屋之士,皆得以关其说;定庙谟所以独断,故非腹心之臣,非指授之将,不可使知。"

宋代名家范浚在《香溪集·庙谟》中论说的这段庙谟之策尤为关键。企业战略,非但不能让竞争对手知悉,即便是对自己的同僚、下属,也不可轻易泄露。除非是出于战略欺骗目的的决策,否则不得不严格控制知悉范围。尤其关键的是,企业的领袖必须"兼听而独断"。在这方面,推演就扮演了兼听的作用。通过推演,企业决策者不仅可以广泛获知各部门的实际情况,掌握企业的底牌信息,即所谓"收群策"。同时,企业决策者还可以借助推演探究竞争对手的关键情况来感知战略竞争环境态势,即所谓"定庙谋"。通过这样的兼听,最终实现独断以大谋。

企业的推演活动必须坚持的基本原则就是"上不碰应用,下不碰数据"。也就是说,外来的推演专家以及参与推演的团队,一方面不接触企业的战略需求、战略目标和战略导向,纯粹从推演的组织实施流程、方法论与思维方式、推演技巧与经验等方面引导企业自主开展服务核心战略需求的推演活动。另一方面,推演专家和参演团队是在仿真的环境中开展工作,完全可以不接触企业的实际数据、实际情况以及其他敏感信息。尤其是参演团队,做好扮演方的角色,为企业的推演模拟好仿真环境,就可以在"背靠背"的情况下,用逼真的扮演给企业决策者以环境刺激、竞争对手刺激,以及新思路、新想法的启发。同时,正是本着"上不碰应用,下不碰数据"的原则,再加上很多实践还处于发展演变的进程中,因此本书不再展开举例,而仅以思路性和原则性的粗线条简单勾勒将推演应用于企业因应大变局的思维与路径。

必须强调的是,商业战场上的竞争格外残酷,尤其是在外部市场环境恶化的情况下,各方面的行为体都有可能对企业的运行和发展施加不可控的行为。"兼听独断",防止企业核心信息、动向、潜在战略在战略研究和咨询活动中被竞争对手以不正当的方式获取,是企业在残酷竞争中生存的关键保障。"上不碰应用,下不碰数据",作为商业战略推演的核心原则之一,必须在推演的策划、设计、组织和实施全过程中严格遵守。企业兴则国家强,用推演服务企业战略决策,就是为国家发展和人民幸福做贡献。希望推演手段可以帮助企业维护自身利益,在纷扰的局势中稳健前行。

注 释

1 Van der Heijden K, Bradfield R, Burt G, et al. The Sixth Sense: Accelerating Organizational Learning with Scenarios[M]. John Wiley & Sons, 2002:351.
2 Courtney H. 20/20 Foresight: Crafting Strategy in an Uncertain World[M]. Harvard Business Press, 2001.
3 Hamel G, Prahalad C K. Competing for the Future[M]. Harvard Business Press, 1996.
4 Perla P P. The Art of Wargaming: A Guide for Professionals and Hobbyists[M]. US Naval Institute Press, March 1990:xvii.
5 Herman M L, Frost M D. Wargaming for Leaders: Strategic Decision Making from the Battlefield to the Boardroom[M]. McGraw-Hill Professional, 2008.
6 Oriesek D F, Schwarz J O. Business Wargaming: Securing Corporate Value[M]. Routledge, 2016:1.
7 Treat J E, Thibault G E, Asin A. Dynamic Competitive

Simulation: War Gaming as a Strategic Tool[J]. Strategy, Management, Competition, 1996, 2(3):46-54.

8 Barrett C L, Beckman R J, Berkbigler K P, et al. Transportation Analysis Simulation System (TRANSIMS) Portland Study Reports[J]. Los Alamos National Laboratory Report LA-UR-01, 2002.

9 Nakashima E. War Game Reveals US Lacks Cyber-crisis Skills[J]. Washington Post, 2010.

10 Javers E. Pentagon Preps for Economic Warfare[J]. Politico. com, 2009, 9.

11 Bailey T, Kaplan J, Weinberg A. Playing War Games to Prepare for a Cyberattack[J]. McKinsey Quarterly, 2012:1-6.

12 Hamilton B A. The AIDS Epidemic: A Strategic Simulation[J]. 2004.

13 王小理, 薛杨, 杨霄. 国际生物军控现状与展望[N]. 学习时报, 2019-06-14（A2）.

14 McCown M M. Strategic Gaming for the National Security Community[R]. National Defense Univ Washington DC, 2005.

15 https://www.belfercenter.org/publication/crisis-simulation-maps-national-security-risks-digital-currency.

16 Lüchinger R. Der Fall Swissair: das Drama, der Untergang, die Akteure[M]. WM Wirtschaftsmedien AG, Bilanz, 2001.

17 Hermann A, Rammal H G. The Grounding of the "flying bank"[J]. Management Decision, 2010, 48(7): 1048-1062.

18 Oriesek D F, Schwarz J O. Business Wargaming: Securing Corporate Value[M]. Routledge, 2016:48-51.
19 Goodman M P. Beyond the Brink: Escalation and Conflict in US-China Economic Relations[J]. CSIS, 2019:VI.
20 Herman K, Wiener A J. The Year 2000: A Framework for Speculation on the Next Thirty-three Years [M]. New York: Macmillan, 1967:6.
21 Van Der Heijden K. Scenarios and Forecasting: Two Perspectives[J]. Technological Forecasting and Social Change, 2000, 65(1): 31-36.
22 Schoemaker P J H. Scenario Planning: A Tool for Strategic Thinking[J]. Sloan Management Review, 1995, 36(2): 25-50.
23 Parenté R J, Hiöb T N, Silver R A, et al. The Delphi Method, Impeachment and Terrorism: Accuracies of Short-range Forecasts for Volatile World Events[J]. Technological Forecasting and Social Change, 2005, 72(4): 401-411.

第六章

中国推演

凡圣人见祸福也,亦揆端推类。

——《论衡·实知》

随着中国前所未有地走近世界舞台的中心，前所未有地接近实现中华民族伟大复兴的中国梦，战略环境日趋严峻，战略竞争态势日益胶着。虑久谋远一直是中华传统文化中的瑰宝，是中国屹立于世界民族之林的宝贵财富。秉此虑久谋远之风，承此伟大复兴之梦，自然需要高超的谋划和运筹能力。因此，在中华文化的沃土上、在中国发展实践的大潮中运用推演、发展推演正是当今时代的应有之义。通常认为，中华传统文化历来缺少演绎思维，因此更需要对以推演为代表的演绎研究方法给予格外重视，用更大的勇气、更大的努力、更大的智慧来丰富战略运筹工具、完善战略思维、改进战略决策。同时，必须深刻认识到，推演作为一种博弈模拟手段，也厚植于磅礴宏大的中华传统文化与历史实践之中，为构建新型大国关系和打造人类命运共同体提供了一个生动的实践路径。善用推演，必然是时代赋予中国破浪前行的重要命题，也是护航中华民族伟大复兴的必乘之机。

第一节　文化、历史与现状

长期以来，中国学界一直认为推演是舶来品，由普鲁士军人创造，但西方人的认识恰恰和我们相反。大部分西方文献将推演追溯至中国古代的孙子，认为推演最早是公元前5世纪时中国古代的哲学家、军事家孙子在《孙子兵法》及诸多战争实践中创造和运用的军事运筹方法。[1]类似的实践还被追溯到围棋等更早期出现的运筹和博弈活动中。要正确看待这种认识的差别，就必须追溯到中国人对战争的审慎态度与将战争视作"游戏"的西方文明之间所存在的根本差异上,并以此为基点审视我们的战略文化和战略思维,从而在更深层次理解推演,服务战略决策。

一、东西方战争文化差异

东西方文化中对战争、游戏和博弈的认识存在根源性差异。西方对推演活动的认识是从"战争游戏"开始的。这种游戏观一直持续到博弈论和服务战略研究的现代推演活动。事实表明,西方文明有一种将战争视为"游戏"的历史性倾向。最早可见的说法出现于古英文研究的标志性文献、仅存325行的著名诗歌《莫尔登之战》(Battle of Maldon)之中。创作于公元991年的这首诗歌是为了记述在英格兰发生的盎格鲁-撒克逊人抵抗维京人入侵的莫尔登战役中的英勇事迹。诗歌记录了维京人即将发动进攻前如何"恳求"对手允许他们安全通过一处浅滩的故事。英军指挥官厄尔·波特诺斯要求他的"在战争游戏中勇敢的战士们"(warriors at the war play)允许维京人上岸准备进攻。[2] 不过可惜的是,战争的结果并不尽如英军指挥官言语间流露的"游戏"之情那样乐观,最终维京人屠戮英军取得了战争胜利。

这个故事颇似早于它1600余年前发生在中国的故事,即宋襄公在公元前638年与楚军战于泓水时不肯"半渡而击"的典故,也就是所谓的"君子之战"。与英国人的故事相同,发生在中国的这个故事也以主角的悲剧性结局告终。尽管如此,但中西方文化中的相似行为却存在本质性的不同,波特诺斯是将战争看作了"游戏",而宋襄公不肯"半渡而击"却是碍于"仁义之缚",如其所言:"君子不重伤,不禽二毛。古之为军也,不以阻隘也。寡人虽亡国之余,不鼓不成列。"将战争视为游戏招致失败,过分秉持仁义道德也最终身死国亡。毛泽东在《论持久战》中谈到在抗日战争中必须坚持"错觉和不意"作战原则时就曾猛烈地批评:"我们不是宋襄公,不要那种蠢猪式的仁义道德。"[3] 宋襄公信奉的这些行为准则源于当时盛行的兵书《司马法》。这部兵法早于《孙子兵法》,宣扬:"古者逐奔不过百步,纵绥不过三舍,是以明其礼也;不穷不能而哀怜伤病,是以明其仁也;成列而鼓,是以明其信也;争义不争利,是以明其义也;又能舍服,是以明其勇也;知终知始,是以明其智也。六德以时合教,以为民纪之道也,自古之政也。"发生在中国的这个故事影响深远。受此启发,《孙子兵法》在"行军篇"写下了必须"半渡而击"的作战原则:"客绝水而来,勿迎之于水内,令半济而击之,利。"韩信进一步灵活运用这一手段,在潍水之战中先主动渡河进攻,诱使对方"半渡而击",然后佯败后退,在敌方渡河来追时放上游水灌敌,大败敌军。

与此相似的故事还有著名的晋文公在面对楚军时因践行一言之诺、出于诚信而"退避三舍"。相似的故事、相近的结局和不同的初衷之间强烈的反差刚好反映出东西方文明在对待战争方面的根本性差异。这样的差异也自然影响到作为"战争游戏"的推演在文化中的孕育和发展。反抗维京人的战争虽然失败了,但这种将战争作为游戏的文化却在西方传承下来。经过逐步演进,在 19 世纪的普鲁士出现了直接指挥作战的兵棋推演形式的"战争游戏",在此后超过一个世纪的国家间战争中大放异彩。与此同时,在战争游戏的基础上,还出现了博弈分析(analytical gaming)这种新的理论范式,其实质也是源于游戏观的一种经济学分析范式。追根溯源,这都可归因到西方文化中将战争作为游戏的传统。而正如宋襄公和波特诺斯的差别一样，中国人显然不把战争当作游戏。首先，中国人认为战争是"凶"事，是不得已的情况下才采取的手段。这与可以拿战争来娱乐的游戏观可谓天壤之别。

"兵者，凶器也，圣人不得已而用之。"（《道德经》）

"夫勇者，逆德也；兵者，凶器也；争者，事之末也。"（《国语·越语下》）

"夫兵久而国利者，未之有也。"（《孙子兵法·作战第二》）

以孙武为代表的中国兵家先贤认为只要能够采取战争以外的手段来达成战略目的，就一定不选择战争。

"故上兵伐谋，其次伐交，其次伐兵，其下攻城。攻城之法，为不得已。修橹轒辒，具器械，三月而后成；距堙，又三月而后已。将不胜其忿而蚁附之，杀士卒三分之一，而城不拔者，此攻之灾也。"（《孙子兵法·谋攻第三》）

"凡兴师十万，出征千里，百姓之费，公家之奉，日费千金，内外骚动，怠于道路，不得操事者，七十万家。相守数年，以争一日之胜，而爱爵禄百金，不知敌之情者，不仁之至也，非人之将也，非主之佐也，非胜之主也。故明君贤将所以动而胜人，成功出于众者，先知也。先知者，不可取于鬼神，不可象于事，不可验于度，必取于人，知敌之情者也。"（《孙子兵法·用间第十三》）

兴师，不仁之至。中国人的战争观是审慎的，是一种基于民本思想的厌战谋和的思维，这也是直至今日我们国家和民族的国际战略观是促和平求合作的根源之一。而西方则恰恰相反，从历史文明的早期，西方就将战争视为一种游戏，是有娱乐性质的一种玩耍活动。也正是在这种文化的指引下，西方形成了霸权逞威、耀武好战的文化传统。在这种文化下滋生的不仅是西方自大航海时代以来的民族国家、殖民主义、霸权主义国际体系和秩序，也孕育了战争研究和战争文化，并促进其繁荣发展，其中就包括以推演为代表的国家间博弈手段的大幅演进，以至于到了20世纪末，以1991年海湾战争为代表，以美国为首的西方国家几乎每次都是在真实战场上复刻一次战前游戏棋盘上的推演过程，其恐怖程度细思起来令人咋舌。而这种真实战场和推演仿真之间的差别在参与人员的感官上已经越来越模糊了，这正是有赖于推演和仿真技术的迅速发展以至高度发达。每年，美国陆军组织超过22 000名指挥官进行"可视化战场"的仿真推演。[4]包括战争载具在内的所有实兵武装都在现场得到高仿真度的模拟。

相比之下，中国人恬淡无为，对这种以游戏研究战争的手段从骨子里是不向往甚至是厌恶的。这也是今天我们的推演文化落后于西方的一种历史性原因。当然，要在21世纪中叶成为具有全球领导力的大国，就不可避免地必须兼容并蓄，"中学为体，西学为用"，不可偏废。因此，追根溯源、取长补短就是必由之路。

二、应用与实践

中国对推演的运用可以追溯到一个多世纪以前。最早在1872

年，清政府派往欧洲的访问团在学习先进军事技术的过程中就已经接触到当时创设未久但已蜚声全欧、在军事体系中广泛运用的兵棋推演。但当时中国人关注的兴趣点是洋枪、洋炮、洋舰，倒是同时期的日本参访团学习和引进了兵棋推演，并将德语战争游戏"Kriegsspiel"首先译为"兵棋"。

在洋务运动中，西方兵棋推演被引入我国。1894 年，两位清末时期留着辫子的中国人形象出现在了美国海军战争学院兵棋推演活动的影像资料中。这张图片至今仍存于美国海军战争学院博物馆中，也是美国兵棋推演学者们阐述早期美国推演活动的主要案例，两位中国推演参与者赫然在列。这张图片可见于彼得·波拉 1990 年出版的《推演的艺术：专家和业余爱好者指南》中。[5] 这些在清末开始到西方学习推演及相关军事运筹和指挥的先辈，虽然名字已经湮没于历史之中，但他们将推演的方法带到了中国，并成为当时洋务运动中编练新军的重要手段。1898 年，张之洞在《劝学篇·外篇·兵学第十》中提到"将领偏裨之法有二：曰兵棋，曰战图。兵棋者，取地图详绘山水道路林木村落，以木棋书马步各队，将校环坐，各抒己见，商榷攻守进退之法"。可以说，这是中国最早对兵棋进行阐述的文献之一。这时候的湖北武备学堂等军校所设立的科目中也出现了兵棋，并聘请日本人执教。

民国期间，中国着力向德国学习军事技战术，兵棋推演紧密跟随德国兵棋推演脚步。北洋政府时期，北洋政府最高军事学校陆军大学开始引进德国教官教授兵棋推演。1915 年，北洋政府参照德国战术教材出版了《战术教育之指导研究法图解表》，首次对兵棋推演进行了较为系统的介绍。此后，陆续出现了《兵棋演习及其统裁》《大兵棋学》等书。1938年12月，国民党军队出版《沙盘及兵棋之教育》。1941年9月，经时任中华民国政府军事委员会政治部部长的张治中将军批准，翻译出版了德国的《图上战术与兵棋》。1947年，又发行了《沙盘兵棋教育指导》。[6]

新中国成立后，中国人民解放军的兵棋推演继承了上述传统。主要的原因是刘伯承创办的南京军事学院聘请了部分原国民党将领担任教官。这些人或是留学德国、日本，深受兵棋推演训练的影响，或是在国民党陆军大学中接受过相关的培训。因此，南京军事学院开设了兵棋推演课程，将兵棋推演的流派继承下来。[7]

1979年，钱学森在谈到"军事系统工程"时指出："所谓沙盘地图对阵，就是在以沙盘、地图表示地形地貌，以标识器表示军队和武器配置的战场模型上，利用反映实战条件约束的若干行动规则，扮演交战双方的指挥官和参谋以下棋的方式进行策略运筹对抗。"他同时指出，作战模拟是"军事科学研究方法划时代的革新"。作战模拟方法"实质上提供了一个'作战实验室'，在这个实验室里，利用模拟的作战环境，可以进行策略和计划的试验，可以检验策略和计划的缺陷，可以预测策略和计划的效果，可以评估武器系统的效能，可以启发新的作战思想"。钱老认为作战模拟技术"在当前非常庞大又极为复杂的军事工作中是有重要位置的，因为它是一支现代化军队所必须掌握的"。[8] 20世纪80年代后，解放军逐渐重建兵棋推演系统。可以说，钱老不只将作战模拟的实质讲得极为透彻，更是将作战模拟的作用说得很清楚，也就是试验、检验策略，预测效果，评估武器，启发思想。这几项实际上也就是推演所能做的。

2000年左右,解放军基于运筹分析的作战模拟系统得到迅速发展。"这些采用实时制的分布交互式作战模拟系统一时之间在军队的各个领域和各个层次普及。"[9]过去的作战模拟是在沙盘作业、图上作业、实兵演习等方式中实现的,现代作战模拟则是基于现代计算机技术的分布交互、虚拟现实、战场仿真等技术手段实现的。

三、研究与认识

国内对推演的研究主要是军队学者及与军事相关的应用方。近些年,国内出现了一系列关于兵棋推演的文献。较为系统的公开出版物如2007年由解放军出版社出版的专著《虚拟演兵》。该书详细介绍了兵棋和兵棋推演,对兵棋的概念、原理和机制进行了分析,揭示了兵棋及兵棋推演的作用和意义。[10] 2013年,《兵棋与兵棋推演》由国防大学出版社出版,介绍了兵棋是什么、兵棋的发展脉络、兵棋原理解析、兵棋规则设计、兵棋推演及其组织实施、兵棋推演的历史实践,尤其对一些兵棋运用案例进行了剖析。[11]

有从军经历的学者以政策实验为切入点,对诸如价格听证等案例进行了研究,对角色扮演式的教学模拟等方法进行了介绍,出版了《利益博弈政策实验方法:理论与应用》。[12] 在这本书中,作者将"war gaming"直接称为"作战模拟",并指出随着军事运筹学和计算机仿真技术的发展,按照人的介入程度和虚拟程度的差异,作战模拟也分化成了门类复杂的庞大谱系。可以说,这也是具有军方背景的学者对推演问题的深入认识的一种体现。实际上,推演的一个功能就是政策的科学实验,将备选政策方案投入一个模拟的环境中进行验证,这是一种科学实验的方法和思维。军队相关单位出版了关于装备想定推演的教材,用于培训装备部门的仿真推演训练。[13] 显然,这里所说的推演并不是一种政策或战略的研究活动,而是一种培训和演练。这本书的英文译名也选用了"*Exercise with Equipment Scenarios*"。在类似的领域,军事部门有很多成功的经验,也就是基于军事训练、演习和装备发展的需要,以定量方法为基础的仿真能力建设。比如《军事系统工程》就对系统工程的一般原理、系统分析与预测、系统建模与仿真等进行了较为充分的介绍,成为一本关于武器装备管理和系统工程建设的基本教材。[14]

从 2015 年开始,由于军事问题民间智库的出现和繁荣,以及一些领军人物的参与,对兰德战略评估系统和美国相关兵棋推演系统的研究成果快速涌现。一些成果指出,在美军的战略推演和重大行动推演分析工具中,形成于 20 世纪 80 年代的将"政治-军事"推演与分析建模相结合而产生的"兰德战略评估系统"(RSAS)就是一个典型的案例。该系统以"人"为中心,围绕自动化兵棋推演、基于规则的建模、结构化兵力分析和敌对行动作战建模,逐步形成了独特的"兰德系统与方法",并在冷战时期对美国的战略制定和作战分析发挥了重要作用,对美军战略平衡研究及战略分析方法产生了巨大影响。[15]《料敌从宽:兰德战略评估系统的演变》详细介绍了美军战略评估问题、兰德战略评估系统及其应用。[16]《预己从严:兵棋推演及其应用》介绍了美军如何建设和运用兵棋,为什么美军重视兵棋,以及为什么兵棋的运用正在从美军拓展到美国情报、外交和法律界,甚至在商业企业界也得到广泛运用。该书还对美军主要的兵棋系统及设计思路和技术路线等进行了介绍,对美军兵棋发展和运用的动力、支撑点进行了剖析。书中详细介绍了兵棋及兵棋推演的概念、兵棋的发展及其应用，内容包括兵棋推演的概念、作用与目的，美军大型兵棋推演系统，兵棋推演的应用以及美国陆军新一代计算机兵力系统（OneSAF），未来战争"20××年兵棋推演"等。[17] 在此话题中，一些成果介绍了兰德战略评估系统的软件设计理念、建模方式等。其中有一些资料汇编和翻译的成果较为全面地反映了兰德战略评估系统的各方面情况。[18]

2017年，《桌面战争：美国兵棋发展应用及案例研究》系统介绍了兵棋的概念及其在民间和军事方面的发展应用，在着重阐述美国军事兵棋系统的建设和发展的同时，还描述了美国兵棋在政治、经济领域的应用，尤其关注了美军战区级兵棋系统（JTLS）和战术级兵棋系统（JCATS）的发展建设历程，并对美军兵棋推演评估方案流程和美国兵棋在政治、经济领域的应用进行了探讨。[19]

在这一波兵棋热潮涌起的前后，军队专门领域的一些专家也对本领域的兵棋运用进行了研究。[20] 其中具有领先优势的是国防大学等军队研究机构的团队，实际上在2010年左右，他们的研究就已经远远超前于这波浪潮。[21] 而这些研究的起步，大概是在世纪之交时。[22]

国内对推演的研究，尤其在军方演习、训练方面的作战模拟有较为深入的探索。这些研究更多地关注军事训练方面，或者称为作战试验，而不是战略层面的谋划。2013年，国防大学为进一步促进兵棋的研发、运用和军事训练，研究编写了一套四册丛书：《兵棋——从实验室走向战场》《兵棋设计》《兵棋规则》《兵棋运用》。[23] 同年，军事科学院出版了作战实验教程，对推演的定义是："运用表示战场环境和军事力量的地图与棋子，依据从战争和训练时间经验中抽象的规则，运用概率原理，采用回合制，模拟作战双方或多方决策对抗活动的工具。"²⁴ 这种军事作战推演的定义将这种方法规范于军事领域，主要用于作战和训练，尤其是将推演限定为一种以地图和棋子为载体的回合制的决策对抗工具。

这一套书对兵棋这种方法的研究已经相对完善，并对中国部分商用的推演活动产生了深远的影响。我在走访一些民间智库和相关科技企业的过程中发现，大家在谈论推演和研发推演系统的时候，最先找到的文献应该就是这些军队兵棋推演教材。加之许多研发人员从技术视角很容易对容易标准化和模型化的回合制兵棋模拟上手，很多人也是在西方的一些即时策略类游戏（实际上就是兵棋模拟的衍生品）中成长的，因此这些团队吸收了不少兵棋爱好者，进而在研究和开发的过程中自然地选择了兵棋路径。尤其是一些科技企业吸收了熟悉兵棋推演的退役军官加盟后，研发的路径进一步向兵棋类游戏发展。随着现代仿真和可视化技术的发达，这种计算机仿真的兵棋视觉效果非常出色，娱乐性也符合大众的普遍需求，因此吸引了很多用户的眼球，大受追捧。

在实践过程中，这种回合制兵棋衍生的仿真对抗系统的实用性就大打折扣了。尤其是在研究政治、经济、社会等宏观战略问题方面，可以说基本没有用武之地。这也是这些智库和企业虽然具备很强的研发实力，但是基本上没能实现将产品有效地投放到国家、企业和社会的应用市场中的原因。

这种现象既与军事运用中兵棋推演的较高适用性有关，也与引进和学习的路径发展有关。比如，1986年，美国国防部长助理黑格准将访华时向军事科学院赠送的《第一次战役》（First Battle）就是一套新型的陆军训练用手工兵棋。²⁵

第二节　推演对中国的特殊价值

推演是一种演绎推理思维方法的实践应用。实事求是地说，中国传统文化中正是因为长于归纳而短于演绎，才出现了近代以来的"李·约瑟之问"，也就是中国与近现代科学发展的脱钩。直到今日，受中国传统文化思维的深刻影响，很多战略研究还长于归纳，习惯性地从历史中去找答案而不长于推理演绎，很少尝试用逻辑演绎，向未来去探索。国内学术文章中大部分所说的推演分析都是情景分析，对好、中、差三种情景进行分析评估。类似的情况在第二章推演的认识误区中已经阐述。在这方面，必须回归到战略文化传统"反求诸己"，认识清楚自身的思维惯性和路径，才能更好地理解如何引进差异思维提供再向前走一步的动力。必须强调的是，差别并无高下，只是路径不同。多走一条路的目的并不是为了废弃前路，而是必须在走好自己的路的同时更好地借鉴另一条路的经验，把大道走得更远。

一、短于演绎

中国长于归纳的根本原因在于悠久的历史和文化传承，向历史学、向先辈学、向经验学一直是我们最具优势的经验。而中国传统文化是欧洲国家发展过程中所不具备的，因为以欧洲为中心的历史远没有这么多历史可循。在近代科学繁荣以前，这种求诸历史经验的方法非常实用，也催生了数千年东方文明的繁荣。而近代科学从实验科学范式出现以后就走在演绎推理的道路上，并迅速发扬光大，改造了整个世界，造福了人类。中国这种对于历史经验的归纳思维深深植根于文化血脉的最深处。每个中国人的这种思考问题的习惯、研究问题时自然选择的优先路径,并不是学不学"国学"、读不读"古文"所后天得来的,而是在整个民族文化的大环境、大气候的传承中自然养成的。

(一) 虑久谋远

战略预判是中国人千年来探索和追寻的,虑久谋远的战略思维浸润在中华文化的最深处,成为中华智慧的闪耀结晶。传承五千年的中华文明,自尧舜禹的肇始时期就讲执政、决策要虑久谋远。谋国何以不虑远?《尚书》载:

> 皋陶曰:都!慎厥身,修思永。惇叙九族,庶明厉翼,迩可远在兹。

孔子十世孙、汉代儒学大家孔安国注此段讲:"叹美之重也。慎修其身,思为长久之道也。"实际上也就是早在上古,为政之道就要"思永",谋划"长久之道"。这种虑久谋远的优秀传承也一直是中华传统文化的杰出特质。最脍炙人口的故事莫过于曹刿"远谋"之说。《左传》记载,鲁庄公十年春,"齐师伐我。公将战,曹刿请见。其乡人曰:'肉食者谋之,又何间焉?'刿曰:'肉食者鄙,未能远谋。'"

虑久谋远历来为儒家所重。《论语·卫灵公》载:"子曰:人无远虑,必有近忧。"《论语正义》引解:"虑之不远,其忧即至,故曰近忧。"《荀子·大略》云:"先事虑事,先患虑患。先事虑事谓之接,接则事犹成。先患虑患谓之豫,豫则祸不生。事至而后虑者谓之困,困则祸不可御。"

在虑久的基础上建立的风险防控思维——"备",也是中华传统文化中最基本的思维元素。《礼记·王制》讲:"国无九年之蓄曰不足,无六年之蓄曰急,无三年之蓄曰非其国也。三年耕,必有一年之食,九年耕必有三年之食。以三十年之通,虽凶旱水溢,民无菜色,然后天子食,日举以乐。"虑久谋远以备不时之需,作为中华传统文化中的宝贵财富,昭示我们在谋划战略的时候必须着眼长远,洞见未来。

(二)"稽古"

《尚书》是中国古代最重要的政治书籍。传承"治世之道"最根本的典籍就是《尚书》。《尚书》也是我们解开中华传统文化中的政治思维的一把秘钥。《尚书》开篇即讲"稽古",通篇也贯穿着"稽古"的思维。"稽古"就是考察历史,向古人古事古有的规律和经验学习。所谓"稽",就是研究和学习。无稽之谈,就是经不起考察的言论。"稽古",就是通过考察古人古事来获得执政和决策的经验。

> "曰若稽古,帝尧曰放勋,钦明文思安安,允恭克让,光被四表,格于上下。"(《尚书·虞书·尧典》)
>
> "曰若稽古,大禹曰:后克艰厥后,臣克艰厥臣,政乃乂,黎民敏德。"(《尚书·虞书·大禹谟》)
>
> "曰若稽古,皋陶曰:允迪厥德,谟明弼谐。"(《尚书·虞书·皋陶谟》)

尧帝、大禹和皋陶的基本观点是诸侯和臣都向各自的先辈学习，就政通人达了。"允迪厥德"就是"言人君当信蹈行古人之德"。孔安国在注《尚书》时对"稽古"的解释是"言能顺考古道而行之者"。德就是政治治理的一种路径传承。谟，就是谋，也就是决策。《尚书》将几位杰出的国家治理者的最成功经验和最优秀表率都归纳为"稽古"。也就是说，中国古代最重要的论证典籍、教后世最高决策者如何进行战略决策的教科书反复强调，只要认真实行古人的成功做法，就能够英明正确。正如《荀子·劝学》所说："不闻先王之遗言，不知学问之大也。"也正是这种因循先贤、效法先人的传统政治思维，带给中华文化深刻的归纳思维依归。在遇到政治、社会等方面的问题时，我们首先想到的是数千年的历史经验中是否有"瑰宝"可寻，是否有成功的经验和好的做法可以发掘。

中国形成这样的历史文化传统显然与地理因素有很大关系。董仲舒《举贤良对策》讲："参之于古，考之于今。……天不变，道亦不变。"中国自华夏文明开始，就久居中原五千年。事无巨细，均可稽古。在文化普及程度不高的农耕时代，非常自然地去发掘历史的经验就足以解决所有的现实问题。节气制农，即可盈家饱腹。与此同时，每一座县城皆有县志，每一个宗族皆有宗庙族谱。"县下惟宗族"，农桑嫁娶，均可考诸史。以防范抵御北方民族南侵为例。历史上，匈奴、契丹、蒙古、女真都从长城外攻伐南向。而华夏腹地的每一座城池攻守均有历史经验可循。蒙古人打襄阳，日本人也打襄阳，那么如何在日本侵华时期守好襄阳城，并以此为案例，由点及面，如何抵御北方异族南侵，就可以去翻翻典籍。往往这样的归纳思维都可以带给中国人完美的解决方案。

以如何治理国家和社会为例,这样的历史经验就更加丰富了。"其兴也勃焉,其亡也忽焉。"从秦国人亡政息开始,中国历朝历代都对国家长治久安之策详加研究,而研究的思路无不是归纳思维,向历史找答案。各代治国之士无不努力研究秦统一天下和旋即覆亡之间的关系。贾谊《过秦论》就将六国之力盛与陈涉之力敝相比较:"深谋远虑,行军用兵之道,非及曩时之士也。然而成败异变,功业相反。试使山东之国与陈涉度长絜大,比权量力,则不可同年而语矣。"又指出,"一夫作难而七庙隳,身死人手,为天下笑者,何也?仁义不施,而攻守之势异也。"而这种对历史循环往复的经验性思考一直延续到新中国,也就是著名的"历史周期律"对话。"一人,一家,一团体,一地方,乃至一国,不少单位都没有能跳出这周期律的支配力。一部历史,'政怠宦成'的也有,'人亡政息'的也有,'求荣取辱'的也有。总之没有能跳出这周期律。"

从世界范围来看,这种周期性或宿命性的规律也极为显著。在世界历史上诸如阿勒颇这样的中东名城,在蒙古人西征之时就是反复屠城隳庙的焦点,直到 21 世纪,阿勒颇仍然是地区纷争的焦点和热点。类似的规律性经验很容易被归纳掌握,成为一些经验之谈。这也是本书第一章所谈到的历史之鉴如此迷人的原因。

虽然历史经验在于归纳,但归纳也是推理,也需要评估、分析和研判。将历史经验应用于现实斗争,也必须借助科学的研究和判断。简单说,就是不能盲目因循前例。历史上这样的经验非常多。"稽古"一词就常被理解为"遵循古制",以致与"盲目复古"混杂不清。实际上,"稽古"与"复古"有着本质的不同。"稽古"指考察古代事迹,明辨是非;考察的结果是择善而从、不宜则改,总结经验规律以资启用。其中的关键,在于将"稽"字解释为"考"。唐代孔颖达为此做了一番疏释,可谓精辟准确。

> "若,顺",《释言》文。《诗》称"考卜惟王",《洪范》考卜之事谓之"稽疑",是"稽"为考,经传常训也。《尔雅》一训一也,孔所以约文,故数字俱训,其末以一"也"结之。又已经训者,后传多不重训;显见可知,则径言其义,皆务在省文故也。言"顺考古道"者,古人之道非无得失,施之当时,又有可否。考其事之是非,知其宜于今世,乃顺而行之。言其行可否,顺是不顺非也。考"古"者,自己之前无远近之限,但事有可取,皆考而顺之。今古既异,时政必殊。古事虽不得尽行,又不可顿除古法,故《说命》曰:"事不师古,以克永世,匪说攸闻。"是后世为治,当师古法,虽则圣人,必须顺古。若空欲追远,不知考择,居今行古,更致祸灾。若宋襄公慕义,师败身伤;徐偃行仁,国亡家灭,斯乃不考之失。故美其能顺考也。郑玄信《纬》,训"稽"为同,训"古"为天,言能顺天而行之,与之同功。《论语》称惟尧则天,《诗》美文王"顺帝之则",然则圣人之道,莫不同天合德,岂待同天之语然后得同之哉?《书》为世教,当因之人事。以人击天,于义无取,且"古"之为天,经无此训。高贵乡公皆以郑为长,非笃论也。

古代的事情并不全是对的,因此,要遵循对的,摒弃错的。很明显,对错的标准,是研究者通过考察古今得失而确立的。所以孔颖达直接宣示了"今古既异,时政必殊"这一客观规律,有力地驳斥了那些主张完全复古的人。孔颖达举例说明盲目尊奉效法古代制度、方法会导致不良后果,不是真正的"稽古"。宋襄公拘泥旧制按照老一套的做法打仗,完全不顾当时实际情况,以致兵败贻笑千古;徐偃王处于一个征战乱世,效法古贤用仁义治国却不知变通,引起他国恐慌,结果被灭。孔颖达一针见血地指出"斯乃不考之失",这是只知道师古而不知道考择古代事迹的是非,考虑古代方法的适宜与否。

(三)"中国传统文化中只有归纳,没有演绎"

归纳思维的传统一直传承了数千年,对中国的文明发展起到了范式性的引导作用。这从根本上影响了中华大地上的思维方式,最终出现了"李·约瑟之问"——为什么近代科学不发生在中国?一些科学大家就曾在对如何进一步推进中国的科学发展进行深入思考后,不无忧虑地指出"中国传统文化中只有归纳,没有演绎",认为中国最早对推演思维有一点涉猎是1607年徐光启与利玛窦翻译《几何原本》的前6卷。[26]

出现"李·约瑟之问"的根本原因就在于中国人惯用归纳思维,因为我们有丰富的历史和经验作为归纳的数据库,对其深入挖掘就可以解决执政中遇到的问题,实现成功的决策。而欧洲相对而言历史更加破碎,没有形成足够可以进行归纳的数据库,因此在推理演绎方面进行了更进一步的探索,进而使这方面的思维得到了更好的发展。到了近代科学发展的历史阶段,恰恰是推演的思维促进了科技的高度发达,进而推动经济社会文化的高速发展,实现了发散型的发展。相对地，中国的归纳思维就长期收敛于历史之中，直到洋务运动和戊戌变法时期，我们依然想通过重新解释古人的说法来进行社会改革，而这种归纳思维造成的收敛作用可见一斑。

归纳思维也是苏联战略文化的一大突出特色。一段时间以来，受此影响，归纳思维更加居于主导性地位。冷战的长期残酷竞争让美苏的战略研究界深刻认识到了双方战略研究文化的差异。冷战时期的文献显示，相对于美国的战略研究界从客观数据出发研究未来，苏联方面的主流观点则主要从客观规律出发来研究历史。苏联人认为，如果能够认识清楚历史上的规律并善加运用，就能够赢得竞争和战争的胜利。美国的苏联战略研究团队甚至对苏联人迷信客观规律的做法表达了难以置信的惊讶。他们在对苏联开展的军事竞争相关评估、建模、分析和仿真进行了深入研究后，惊讶于苏联人像着魔一样要找到历史上的胜负成败规律，希望完全通过深入研究历史上的战争，就能够找出决定战争胜败的决定性因素。苏联总参谋部正是通过建立各种模型和仿真来运用这些因素，从而试图找到确保在战争中获胜的"公式"。[27] 苏联人反复地做历史分析，从中找出在特定历史情景下的力量建设和运用经验。这些不断重复的历史分析的目标是不停地加深对决定特定历史条件下战争胜负的客观规律的理解。[28]

二、发掘演绎思维

中国传统和西方科学方法选择了不同的路径，简单说就是归纳思维与推理演绎思维的差别。如何理解两种路径的差别？一个最简单的办法是从一个案例出发来看两种思维是如何预判未来的。《大国远谋》中介绍了"箕子见象箸而怖"的战略预判故事。这个故事同样能够很好地说明归纳与演绎的战略研究思路之别。

> 昔者纣为象箸而箕子怖。以为象箸必不加于土铏，必将犀玉之杯；象箸玉杯必不羹菽藿，则必旄象豹胎；旄象豹胎必不衣裋褐而食于茅屋之下，则锦衣九重，广室高台。吾畏其卒，故怖其始。居五年，纣为肉圃，设炮烙，登糟丘，临酒池，纣遂以亡。故箕子见象箸以知天下之祸。故曰："见小曰明。"（《韩非子·喻老》）

韩非子记录了商末太师箕子见到纣王让人制作象牙筷子后，通过这一个迹象，准确预判了国将不长，并提前采取了预防性举措。果不其然，五年之后，纣王造了酒池肉林，设了炮烙等酷刑，并因此亡国。那么箕子是怎么进行成功预判的呢？思路是这样的："如果今上用了象牙筷子，必然会不用陶杯，而会改用犀角和玉做的杯子；用了象牙筷子和犀玉杯，必然不会吃粗粮蔬菜，而是吃山珍海味；吃山珍海味必然不能穿着粗布短衣坐在茅屋中吃，一定要穿着华贵的衣服坐在宽广的屋子、高高的亭台上吃。"太师箕子预见到将会出现灾难性的结果，所以在刚看到这些迹象的时候就感到恐惧。这个故事说明：箕子看见象牙筷子便知道天下将有大祸降临，是一种根据少量迹象进行的战略预判活动，是一种相对周密的推理演绎，即看到皇室的奢侈迹象后，推断出天下将出现"不足"。运用归纳推理的思路则相对简单，也就是看到皇室生活腐化，根据历史经验，判定这是走向衰亡的迹象。因为历史上一般的规律就是，王朝的覆灭都是从统治阶级的腐化开始的。而中国到商代时，已经有了足够悠久的历史,以及足够普遍意义的历史经验和规律。

而另一个路径则不同,运用演绎推理的研究思维是这样的:通过"象箸"一步步想到其他可能使用的奢侈品,进而研判到皇室生活的腐化。通过看到皇室的奢侈品用度,可以测算皇室整体以及精英阶层追随皇室可能存在的奢侈品总体用量,再根据采集、制造和运输奢侈品的人力、物力成本,推算出消耗了多少农业劳动力以及因此造成了粮食消耗和产量降低,进而得到天下将会"不足"的判断。显然,这两种方法虽然可能得出基本相同的结论,但一看便知差异迥然。虽然殊途同归,但完全不是同一路径。

中国古代也有许多预判案例都是演绎推理的,这对于我们掌握推演思维也有很好的启发意义。秦国老臣蹇叔的论战之道几千年来一直为世人称道。《左传·僖公三十二年》记叙了蹇叔在大军出征郑国之前劝阻的一篇哭谏。秦穆公不听蹇叔的一再劝阻,被晋军在崤山打败。出征前,蹇叔哭送秦军,并阐述了他对当时战争形势的全面分析。

> "劳师以袭远,非所闻也。师劳力竭,远主备之,无乃不可乎?师之所为,郑必知之。勤而无所,必有悖心。且行千里,其谁不知?""晋人御师必于崤,有二陵焉。其南陵,夏后皋之墓地;其北陵,文王之所辟风雨也,必死是间,余收尔骨焉!"

蹇叔认为秦国离郑国路途遥远,兴师动众长途跋涉,郑国肯定会做好迎战准备。他凭着自己丰富的阅历和政治经验,根据秦、晋、郑三方情况,分析全面,陈词恳切,将潜在的危险无不一一道出，对"劳师以袭远"的违反常识的愚蠢行径做了彻底的否定，指出袭郑必败无疑。

春秋时著名的政治家宫之奇就以"谏假道"的成功预判而闻名。而这个预判的思路就是综合运用归纳与演绎思维的。《左传·僖公五年》记载，公元前655年晋国向虞国借道攻打虢国，宫之奇谏曰：

> "虢，虞之表也。虢亡，虞必从之。晋不可启，寇不可翫。一之谓甚，其可再乎？谚所谓'辅车相依，唇亡齿寒'者，其虞、虢之谓也。"

可惜他的建议并没有被采纳，于是"宫之奇以其族行，曰：'虞不腊矣。在此行也，晋不更举矣。'"宫之奇举家出逃是明智的，到了冬天，晋国就在灭虢回师的时候，"袭虞，灭之，执虞公"。

按照西方的研究范式，显然演绎思维路径的科学性和可靠性更高，其逻辑链条更为扎实严密，也就是进行评估、分析和对结果的推理。而按照中国的研究思路，一般大家会很自然地走上归纳推理的道路。两条道路其实无从谈优劣，务实的做法是将二者结合好，将目标指向更加客观、可靠的战略预判。但二者的路线之争实际上也是很激烈的。大部分情况下，在社会科学尤其是国际政治领域，归纳流派与演绎流派近乎水火不容。近年来，很多国际关系研究大家也大声疾呼，减少定量方法的使用而增强思想力量的投入，因为"创设理论与检验假设，前者更重要"[29]。所谓"定量方法"与"思想力量"之别，就是演绎与归纳之争。由于思想家群体的强大，更加极端的情况是将演绎推理之道斥为"器术之学""微末之途"，定量评估和演绎路径只是"奇技淫巧",不足以"以咨国是"。这里面的问题并不在于定量和演绎路径是不可靠的,而在于进行科学可靠的演绎研究的力量过于薄弱,而传统的历史研究过于强大。一弱一强之间,就形成了路径依赖和马太效应。是以演绎和定量等西方科学的舶来品在战略与政策研究领域信者寥寥,而言必称"伯罗奔尼撒战争"和"历代政治得失"的参政者高张其道。

西方战略界非常重视战争中的信息缺失和深度不确定性,也正如推演和策略类游戏中设计的"战争迷雾"。在这种情况下,简单的战略战术规划和自上而下的贯彻落实往往很难适应战场的客观条件变化。必须承认战争中不确定性的客观存在,通过加强临场应变能力来把握战争的主动权,将决策权适当下沉到战役、战斗的战场一线指挥官。普鲁士历史上最伟大的统帅、德国著名军事家、军事理论家老毛奇就曾说:"没有任何作战计划能够在实际接敌后仍然有效。"可以说,毛泽东等老一代革命家的军事斗争伟大成就很大程度上正是中国文化的素养与这种对不确定性的客观承认和有效应对的有机结合促成的。游击战的战略战术体系就是其成功代表。事实上,这种对深度不确定性的客观承认就是推演的存在基点。正是这种深度不确定性造成向历史经验找答案往往是无效的。《资治通鉴》所说的战略决策"情、势、形"的差别就是如此。[30] 而中国人最耳熟能详的案例就是马谡失街亭。现实斗争瞬息万变,历史经验只能提供一种总体的思维,或者更宏观的决策文化和哲学基础。而应对实际情况只能实事求是、去伪存真。推演正是对这种存在不确定性的环境的仿真分析,是对历史经验的重要弥补和完善。

第三节　推演与人类命运共同体

一、"墨子使楚"

> "公输盘为楚造云梯之械，成，将以攻宋。子墨子闻之，起于鲁，行十日十夜而至于郢，见公输盘……子墨子解带为城，以牒为械，公输盘九设攻城之机变，子墨子九距之。公输盘之攻械尽，子墨子之守圉有余。公输盘诎……楚王曰：'善哉！吾请无攻宋矣。'"

《大国远谋》中介绍了汉伏波将军马援的"米盘推演"等中华文化中的推演传统。《墨子·公输》记述的这段墨子通过沙盘推演方法成功拒止楚国攻宋的故事尤其值得大书特书。"这段故事若是真的，倒是为当今世界解决两国争端树立了良好榜样。战争不必在战场上进行。只要两国的科学家、工程师把他们实验中的攻守武器拿出来较量一番，战争也就不战而决胜负了！"[31]

楚国因为拥有了先进的进攻性武器，认为战略态势已经发生了变化，具备了吞并宋国的战略契机。这种作战意图的出现是进攻性武器造成的攻防态势转变催生的。这种现象在国际政治实践中经常出现。典型的第一次世界大战的爆发就是德皇威廉二世因为对攻防态势转变的认识出现了根本性的变化，因此错判形势，最终兵败国亡。而这种对错误认识的纠正付出了巨大的代价，全人类为此承受了巨大的灾难。第二次世界大战中，德国进攻苏联、日本偷袭珍珠港都有错判的现象。二战以后，苏联出兵阿富汗、美国深陷越战也都存在这样的误判问题。直到反恐战争时代，美国终其两任总统都未能最终完全赢得反恐战争胜利，国祚重创，以致国内纷乱。可见，强大的进攻性优势很容易诱发战争，而后果往往与进攻性优势的大量盈余给决策者带来的战略认识有较大偏差。那么如何纠正这种错误认识，以及如何在出现大量进攻性优势盈余情况下准确判断形势，避免陷入战争泥潭，避免战争给本国人民和全人类带来灾难性的后果，就成为推演可以建树的领域。

墨子见到楚王后，把腰带解下来作为城池，用桌上的碗筷作为攻城器械，成功拒止九种可能的进攻情景及作战方案。在攻方作战手段殆尽之时，墨子仍可以拿出更多的防守策略，从而迫使楚国打消了并吞宋国的战略企图，成功实现慑战、止战，用一场在沙盘上模拟的低成本换取了用战争验证成败的高损失。

二、止战于演

和平与发展是全人类的崇高追求。在面对冲突、对抗甚至战争时，如果能够借助推演，在模拟仿真的环境中开展战略博弈，达到可信的推演结果，是可以有效阻止或迟滞战争爆发的。国家间的联合推演活动，恰恰能够达到这一崇高的目的。中国智慧带给西方衍生的战略推演的，不只如何不断改进推演手段和仿真性能，帮助博弈中的一方更好地开展战略研判、实施稳健决策，更重要的在于，将推演作为现实冲突的模拟博弈环境，发挥"兼爱非攻"的人道主义和和平主义崇高价值，在博弈双方或多方之间消弭战争和危机事件。

当然，这种崇高的目标很难达到，墨子案例是一个非常幸运的案例。试想，墨子九次拒止公输盘之后，如果攻方尚有进攻手段，而守方却已无计可施，那么，这样的推演是否会加速战争的爆发呢？解决这个问题的一个路径是，推演必须与其他多种手段协同作用，才能发挥应有的作用。例如，2014年全球核安全峰会上所进行的多国联合核安防危机推演，就是这样一种战略互动的具体实践。2014年3月，在荷兰海牙召开的全球核峰会上，各国领导人共同参与了一场核危机推演。这也是推演实施领域和方式的又一大创新和拓展。当时，全球主要大国领导人在海牙进行如何应对核恐怖袭击的推演。推演中，恐怖分子计划用脏弹袭击一个西方城市。领导人的面前有四个可以马上采取措施的选项，其结果最终以匿名方式向全体展示。核安全风险是人类共同的风险，因此推演作为一种合作协同的交流手段，可以在与其他方式协作的同时产生补充和提升的效果。

　　面对高对抗性的重要危机和冲突问题，推演发挥作用的另一个路径是反复循环。将有限次博弈拓展为无限多轮博弈时，博弈结构就会发生根本性变化。当推演作为两国间处理敏感的危机和对抗潜在风险点时，有必要形成相对稳定的机制化联合推演活动，通过不断演进的相互博弈和交流，缓解在战略动机上的相互猜疑、解决在战略态势上的相互误判。也就是墨子使楚如果是一个长期机制化的两国战略态势交流合作项目，那么一次模拟失败就引发战争的风险就会大大降低。这里依然要举中美危机管理联合推演活动为例。在中美两国间出现多次重大危机事件之后，中美两国于1999年在智库层面设立了危机管理项目，中国国际战略研究基金会与美国卡内基国际和平基金会共同组织"中美安全危机管理研讨会"。[32] 中美两国政、军学者从对1990年海湾危机的尝试性研究起步，到研究历史上的两国危机事件，再到研究未来可能发生的危机，开展了长达十余年的联合推演研究工作。这种机制性的联合推演活动，以两国间的安全危机为主要议题，对包括危机管理模拟、危机预测在内的广泛危机管理议题进行了反复推演研究，取得了许多积极成果，对双方完善危机管控预案和危机沟通渠道发挥了关键作用。在这个过程中，双方对于对方的战略意图、决策机制有了充分的了解，误判可能性大大降低；双方对于战略态势、博弈结构的理解进一步加深，诱发重大突发事件的可能性也大大降低。

中华传统文化中的"瑰宝"岂止墨子使楚，发掘和运用好这些瑰宝是一代战略研究者的使命。中国智慧、中国方案不只是制度层面，要有更多的实践者在操作层面将中国智慧、中国方案发掘好、运用好、传承好，让中国智慧、中国方案造福世界、造福人类，最终实现为世界谋和平、为人类谋福祉、构建人类命运共同体的崇高理想。

注　释

1. Colbert E J M, Sullivan D T, Kott A. Cyber-Physical War Gaming[J]. Journal of Information Warfare, 2017, 16(3): 119-133.
2. Abrams M H, Greenblatt S. The Norton Anthology of English Literature[M]. WW Norton, 1993.
3. 毛泽东. 毛泽东选集：第2卷 [M]. 北京：人民出版社, 1991: 492.
4. Allen T B. War Games[M]. Berkley Publishing Group, 1989.
5. Perla P P. The Art of Wargaming: A Guide for Professionals and Hobbyists[M]. US Naval Institute Press, 1990.
6. 刘源. 兵棋与兵棋推演 [M]. 北京：国防大学出版社, 2013:6.
7. 彭希文. 兵棋：从实验室走向战场 [M]. 北京：国防大学出版社, 2013:263-264.
8. 徐学文, 王寿云. 现代作战模拟 [M]. 北京：科学出版社, 2001.
9. 刘源. 兵棋与兵棋推演 [M]. 北京：国防大学出版社, 2013:74.

10 杨南征. 虚拟演兵：兵棋、作战模拟与仿真 [M]. 北京：解放军出版社，2007.

11 刘源. 兵棋与兵棋推演 [M]. 北京：国防大学出版社，2013.

12 李亚. 利益博弈政策实验方法：理论与应用 [M]. 北京：北京大学出版社，2011.

13 古平，张学民，李思. 装备想定推演 [M]. 北京：国防工业出版社，2012.

14 刘忠，林华，周德超. 军事系统工程 [M]. 北京：国防工业出版社，2014.

15 李健，毛翔. 兰德战略评估系统及其影响 [J]. 军事运筹与系统工程，2015(1):5-12.

16 李健，王伟. 料敌从宽：兰德战略评估系统的演变 [M]. 北京：航空工业出版社，2015.

17 黄承静，魏佳宁，姜百. 预己从严：兵棋推演及其应用 [M]. 北京：航空工业出版社，2015.

18 王伟. 兰德战略评估系统的软件设计、应用与发展 [M]. 北京：航空工业出版社，2015.

孟大伟，赵家好，胡良辉. 兰德战略评估系统 4.6 版解读 [M]. 北京：航空工业出版社，2015.

蔡承学. 兰德战略评估系统方法与推演设计建模 [M]. 北京：航空工业出版社，2015.

蔡承学，魏佳宁，谈华莹，等. 兰德战略评估系统方法与推演设计建模 [J]. 军事文摘，2015 (15): 80.

19 何昌其. 桌面战争：美国兵棋发展应用及案例研究 [M]. 北京：

航空工业出版社，2017.

20 张旭，孙奇，刘国清. 兵棋推演在军交运输领域中的应用 [J]. 军事交通学院学报，2013，15(9):20-24.

张宏铭. 兵棋推演在登陆作战任务中的应用研究 [J]. 计算机与数字工程，2015，43(4):601-604.

梁亚声，周昌，唐本富，等. 电子对抗兵棋推演研究与设计 [J]. 电子对抗，2015 (6): 1-4.

钟剑辉，傅调平，邓超. 基于人工智能的兵棋推演作战分析研究与设计 [J]. 舰船电子工程，2015(1):30-36.

张舒阳，杨伟. 从兵棋的前世今生看现代兵棋指挥对抗 [J]. 军民两用技术与产品，2016(14):214-216.

杨光，胡习霜. 海军兵棋演习系统研究 [J]. 指挥控制与仿真，2016，38(4).

贺祯，李佳. 卫勤兵棋的内涵特征与建设发展思考 [J]. 军事运筹与系统工程，2017.

张欣，李培宁，顾明强. 计算机兵棋中越野机动路径网络分析 [J]. 地理空间信息，2017(3).

张义，刘源，薛晨，等. 基于兵棋推演的卫勤指挥模拟训练设计与实施 [J]. 东南国防医药，2018 (4): 344-346.

贺勍，练晓谦，齐权，等. 大规模网络对抗兵棋推演系统关键技术探讨 [J]. 通信技术，2018 (2): 34.

杨秋实. 兵棋在作战效能试验中的应用 [J]. 国防科技，2018，39(6).

李承兴，高桂清，鞠金鑫，等. 基于人工智能深度增强学习的装备维修保障兵棋研究 [J]. 四川兵工学报, 2018 (2): 61-65.

21 涂兴佩. 开创中国兵棋时代:记我国首个大型计算机兵棋系统研发团队 [J]. 中国科技奖励, 2015(1):55.

胡晓峰. 兵棋对抗演习概论 [M]. 北京:国防大学出版社, 2012.

周超, 胡晓峰, 郑书奎, 等. 战略战役兵棋演习系统兵力聚合问题研究 [J]. 指挥与控制学报, 2017, 3(1): 19-26.

刘兴, 龙建国, 陈春. 兵棋实体数据规则建模 [J]. 兵工自动化, 2011, 30(8):35-39.

韩志军, 柳少军, 唐宇波, 等. 计算机兵棋推演系统研究 [J]. 计算机仿真, 2011, 28(4): 10-13.

吕超. 面向海军分队对抗的仿真与推演方法研究 [D]. 南京理工大学, 2011.

石崇林. 基于数据挖掘的兵棋推演数据分析方法研究 [D]. 国防科学技术大学, 2012.

王桂起, 杜晓明, 孙晓, 等. 兵棋推演在装备保障领域的应用 [J]. 火力与指挥控制, 2013, 38(2): 107-110.

吴伟, 吴琳. 基于兵棋推演的作战效能评估方法研究 [J]. 军事运筹与系统工程, 2013, 27(2):16-20.

22 胡晓峰. 计算机作战模拟一席谈 [J]. 现代军事, 2001(2):34-36.

王霄, 郭彩虹. 尚战, 还需尚于兵棋推演 [J]. 领导文萃, 2003(5):61-66.

孔令丰, 曹晓东. 作战模拟系统军事规则研究 [J]. 计算机仿真, 2004, 21(10).

马亚平, 李柯. 联合作战模拟系统中军事模型体系结构 [J]. 计算机仿真，2005，22(1).

彭春光，赵鑫业，刘宝宏，等. 兵棋推演技术综述 [J]. 系统仿真技术及其应用，2009，11: 366-370.

彭春光，鞠儒生，杨建池，等. 现代兵棋推演技术分析 [J]. 系统仿真学报，2009 (S2): 97-100.

23 彭希文. 兵棋：从实验室走向战场 [M]. 北京：国防大学出版社，2013.

24 李辉. 美军作战实验研究教程 [M]. 北京：军事科学出版社，2013.

25 彭希文. 兵棋：从实验室走向战场 [M]. 北京：国防大学出版社，2013:60.

26 夏仕应. 风物长宜放眼量：杨振宁纵论中国文化与科技发展 [J]. 决策咨询，2001 (11): 26-27.

27 Grange J K, Battilega J A. The Societ Framework for Planning and Analysis[R]. Foreign Systems Research Center SAI-83-103-FSRC-B, SAI, October 31, 1983.

28 Battilega J A. Conference Report on the Past, Present and Future of Net Assessment. unpublished conference report, 2009, p.95. Quoted in Krepinevich A F, Watts B D. The Last Warrior: Andrew Marshall and the Shaping of Modern American Defense Strategy[M]. Basic Books, 2015.

29 Mearsheimer J J, Walt S M. Leaving Theory Behind: Why Simplistic Hypothesis Testing is Bad for International Relations[J]. European Journal of International Relations,

2013，19(3): 427-457.
30 杨霄. 大国远谋：国家中长期风险评估与战略预判 [M]. 北京：时事出版社，2019:231-233.
31 冯友兰. 中国哲学简史 [M]. 北京：北京大学出版社，2013:52.
32 张沱生，史文. 对抗·博弈·合作：中美安全危机管理案例分析 [M]. 北京：世界知识出版社，2007.
Swaine M D，Zhang T，Cohen D F S. Managing Sino-American Crises: Case Studies and Analysis[M]. Carnegie Endowment for International Peace，Hopkins Fulfillment Service，2006.

第七章

决胜未来

　　国际竞争历来就是时间和速度的赛跑,谁见事早、动作快,谁就能掌控制高点和主动权。[1]

——习近平

战略谋划与运筹能力是具有决定性意义的战略实力。战略谋划和运筹成功与否，很大程度上决定了国家在国际竞争和博弈中所处的形势与位置。战略推演作为一种跨学科的前沿应用实践，正是这种运筹和谋划能力的重要"助推器"。要让这个"助推器"更好地"做功"，就必须在核心技术方面扎实推进探索和创新。推演是社会科学领域服务决策的博弈仿真活动的一种具体实践，集成多领域先进理论与技术的应用学科，包括中西方哲学、战略研究方法、系统论与信息化以及数据与决策科学等。其中，尤以系统集成的先进智能化决策服务体系为要，这也是推演科技实力差距的"卡脖子"之处。如何赶超国际先进水平？要采取"非对称"战略，更好地发挥自己的优势，在关键领域、卡脖子的地方下大功夫。[2] 在实践中，打造先进的战略推演系统一直是推演工作的关键组成部分。本章的核心目的是前瞻性地提出未来建设战略推演系统的发展方向。在具体的推演系统建设中，则必须切实依靠大量的实践和探索所积累的智慧与经验，以紧密围绕战略决策需求为唯一指针，通过迭代演进，用实用、好用、管用的推演系统服务推演工作，助力战略决策实践。

第一节　范式演进

社会科学理论指导实践的关键价值之一就是帮助决策者在深度不确定环境中进行成功决策。仿真正是这样一种有效手段，而推演就是它的具体应用实践。推演是一种辅助科学决策的战略仿真重要实践，具备全部仿真的要素。推演所仿真的是高度宏观和复杂的社会体系。推演的本质是仿真科学在社会科学领域的应用与实践，是一种基于演绎推理的博弈仿真活动，也就是模拟战略竞争环境及其中的互动情况。推演的核心还是在模拟仿真的环境中针对对手博弈的情况而进行的演绎思维活动。

一、用仿真服务预见与决策

社会科学的哲学观是建立一种解释与预见之间的直接联系。检验一个理论的可靠性，通常会通过验证其在预见方面的可靠性来实现，也就是随着时间的推移，按照理论推理所应出现的现象能否被现实发展所验证。决策理论及决策分析是近年来社会科学研究的热点和难点问题。尤其是现代科学决策分析在国际政治领域的应用，滞后于内政、环境、气候等领域。[3]直到今天，人类在预测最具有市场价值的股市方面依旧茫然无措。市场这只"看不见的手"自然能够调动最优秀、最强大的资源来开展包括股市在内的市场情况预测。但实际情况并不尽如人意，类似现象能够帮助我们更好地理解社会特殊复杂性与社会科学预见力的不足。这种现象在国际政治科学领域体现得更为突出，包括现实主义、自由主义、建构主义等诸多理论都试图通过解释当前世界运行的规律，形成一种对未来的预见能力，并依赖事态发展对预见的验证来证明理论的正确性。而事实恰恰远远偏离这种哲学观，各种主义仅仅在宏观甚至超宏观层面能够所言一二，事实上都无法预见国际政治现实的剧烈变动，尤其是一旦到了具体事件、人物、问题等微观层面，这种理论的预见力就几乎消失殆尽。

预见力几乎消失的原因在于现实社会并不是线性体系，而是一种典型的非线性系统，也就是深度复杂环境。基于统计学的传统思路对于社会运行的基本假设是所有变量之间的关系都是线性的，也就是说因变量是由一系列自变量的集合所直接决定的。但这种情况在现实社会极其复杂的实际运行中却鲜有实例，尤其是在微观层面上理论的预见力极其有限。战略决策解决"未知"的科学办法是放弃预测哪一种情况会发生，而是做好各种情况都发生的准备。但问题在于资源的有限性要求决策必须是有限的，而不是面向发散的未来可能性。决策辅助的作用是帮助决策者在复杂多变的环境中，降低不确定性因素的影响，做出尽可能有效的决策。因此，如何降低环境的不确定性影响是关键所在。早期的决策辅助分析基于概率论，多用于市场情景。20世纪20年代，弗兰克·奈特突破传统随机过程，创造了"严格不确定环境"的决策理论，即决策者只知道可能发生的事件，但难以量化判断其发生概率。这一"环境"与国际政治情景具有相似性。

仿真方法作为应对非线性系统和深度不确定性环境的关键手段，为包括国际政治科学在内的很多社会科学打开了一扇新的窗口。仿真是一种模拟和理解社会进程的有效手段，是一种特殊的模型化过程。非线性系统无法通过建立方程来求解，因此最好的办法就是建立模型进行仿真，从而对其进行分析和预测。仿真模型与统计等数学模型的差异在于仿真模型是有输入和输出的，而数学模型只是输入。"仿真模型是对决定一个系统行为的相互关系所做的数学描述。仿真不同于其他种类的模型，其包含的方程是不能同时求解的。人们通常通过各种变量来求解联立方程组，以全面描述系统。如果他写不出或不能衡量这些变量，他就会建立仿真模型。仿真模型在长期预测中最有用，因为长期预测不必进行准确的数值评估。当用来对各种备选情景想定（如决策或自然现象）的影响进行比较时，仿真模型通常最为有效。"[4] 社会科学仿真的关键在于，并不简单局限在将世界模型化（modeling）。因为模型化本身必然是对世界进行带有主观偏见的简化。模型是在对过去进行归纳的基础上建立的。然而未来并不一定会按照历史的规律演进，此时就需要推演的方法。

仿真在社会科学领域的运用最早可以追溯到20世纪60年代（见图7-1）。到20世纪90年代后，仿真在社会科学，尤其是决策科学领域的应用得到了较为充分的发展，出现了多主体模型（multi-agent model）等多样化发展成果。多主体模型是在社会科学领域应用最广泛的仿真模型。较为典型的是应用在地区冲突和选举等方面的预测，包括很多基于美国及其他国家和地区大选等问题的预测模拟，以及对阿富汗和解进程的多主体模型模拟等。也就是将最主要的行为体作为一个独立的个体来设计，将大量行为体组成一个实验的仿真环境，在计算机运算中逐步发展，探索并得出相应的结果。有一些国际关系领域的跨学科研究者也采用这种方式进行了有益尝试。

在20世纪90年代中期，为解决非线性系统的问题，形成了以"复杂理论"（complexity theory）为代表的科学体系。仿真作为"复杂理论"的主要解决手段，成为跨学科的前沿领域之一。[6] 复杂理论阐述了这样一种观点，即使我们对影响个体行为的每一个因素都有"完全认识"，也就是掌握全部信息（事实上这是不可能的），我们也依然无法预测群体或组织的行为。也就是说，即使对非线性系统有所理解，实际上它也几乎不可预测。这就是典型的战略环境，即使我们掌握了全部数据，也无法解析数据间的复杂关联。在更深层面上，这种不确定性或未知可能还远超上述情况。事实上，我们对每个个体的行为所知甚少，尤其是考虑到人作为行为主体情况下的认知、心理和反常行为等情况，[7] 这种体系、环境和群体的混沌程度就更加突出了，因此社会科学的一般性哲学观或者说评价标准就在具体实践中丧失了效力。

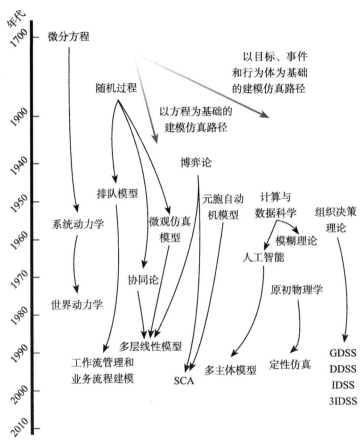

SCA: social cellular automata 元胞自动机模型在社会科学领域的应用
GDSS: group decision support system 群决策支持系统
DDSS: distributed decision support system 分布式决策支持系统
IDSS: intelligent decision support system 智能决策支持系统
3IDSS: intelligent, interactive and integrated decision support system 智能—交互—集成化决策支持系统

图 7-1 决策领域社会科学仿真的演进
资料来源：基于社会科学仿真领域的文献及本书的研究整理制作。[5]

21世纪以来，决策分析向"深度不确定性"领域发展。目前应对深度不确定情景，主要有四种决策分析方法。其中具有代表性的成果是以兰德公司罗伯特·伦珀特等人为代表研发的"高适应性决策模型"（RDM）。相关情况在《大国远谋》第六章的稳健决策部分进行过阐述。[8] 其基本思路是构建大量未来情景，对比评估各方案在所有情景中的表现，找出缺陷并改进，反复迭代，构造出适应性最强的方案。简言之，即选择"最不坏方案"，也就是在可计量的环境中，避免出现最差情景中的失败决策。该理念与传统思路中选择"最优方案"具有本质区别，主要目标是利用现代计算能力解决"强不确定性下的长期预测"。通过比较最佳战略的未来效果与同一情景下所选战略的效果之间的差距，选择情景集中的优势战略。另一种思路是探索性分析，即充分分析决策问题中的大量不确定性，通过反复运行模型来探索各方案在不同情景下产生的结果。其核心是充分拓展可能情景、提高方案效果。兰德在此基础上逐步完善并形成了"兰德战略评估系统"（RSAS）。此外，辅助性的方法还有主要应用于自然生态保护的信息差方法和在国际政治领域具备应用潜力的决策图方法。决策图方法提出分布式推理的模式，同时处理多种推理规则，即决策受到多种因素影响、具有多个决策行为体、拥有多个决策目标、拥有质量不同的信息支持。

仿真发展的最新阶段就是人工智能。虽然人工智能并不是一个新词语，例如"机器学习"早在1983年就已经提出，但在最近数年才开始较为集中地对人类社会发展进程产生深刻的影响。尽管如此，目前的人工智能仍停留在基于已有数据的计算机仿真阶段。从理论层面讲，这种人工智能还是对既有数据的规律性仿真，仍不具备演绎推理的能力。即使在热门的领域，如围棋等方面，出现了挑战人类成功的突破，但在探索未知、预见未来的方面，人工智能相比人类仍毫无突破。在探索认知过程、仿真人类个体学习和思考方面，依然是依赖物理存在的既有数据，很难探索完全未知的领域。此时，战略仿真就成为广义仿真的重要实践，运用人机结合方式形成仿真环境，人既是仿真模型中的一部分，又是测试、运行和使用仿真环境的主体。这种广义的仿真环境成为探索深度不确定未来和复杂社会科学问题的有效方法。在组织决策理论基础上形成了逐步演进的群体决策支持系统的思路，就是在这方面的重要实践。

仿真的价值主要体现在四个方面。一是帮助我们更好地理解世界运行的方式。二是基于这种解析，形成一定程度的预测能力，也就是通过"复刻行为"进而推演未来。三是成为一种规避现实风险的替代品，如在医疗、毁伤测试、危机应对等方面。四是培训熟练工，在战略领域就是提升决策者和执行者的战略素养。此外，仿真方法还适用于开发理论等，例如对心理学领域择偶理论的辅助；也可以用作娱乐，这是兵棋推演与很多游戏开发者融合发展的原因所在。总体而言，社会科学领域的仿真很难，科学家往往只能建构出非常简单的模型，聚焦于非常小的社会领域，从而在一种"人工社会"中探索理论、预测趋势、服务现实。

仿真服务决策的关键作用在于提高决策时间的充裕性，从根本上降低决策的难度。时间作为竞争决策中唯一有限的资源，只要能够提供足够的决策时间，就能够显著提升决策的质量。决策进程中的时间充裕性体现在两个方面：相对于决策进程本身，时间要足够充分，让决策足够稳健；相对于对手，必须发现问题更早、准备更为充分,从而使决策在博弈中更具相对优势。毫无疑问,预见既是绝对的,更是相对的。预见的准确性既是绝对的,要尽可能符合事态发展的趋势,更是相对的,只要先于对手、优于对手,就是成功的。在这方面,仿真为我们提供了这样一种延展决策时间的有效手段。通过仿真环境的模拟,可以提前发现尚未出现的问题与机遇,将决策方案投入仿真的环境中进行检验,从而显著增加决策时间、改进决策质量。

二、"以人演人、人机结合"

推演是一门实践与应用学科,并未形成宏观理论,而是以实践经验推动的技术积累。人类把科学研究的理论和方法延伸到各类实践当中,先后产生实验科学、理论科学和计算科学三种研究范式,21世纪以来又出现了以大数据为主要形态的第四种科学研究范式。战略推演是一种融合多种科学研究范式的针对人类社会复杂巨系统的战略仿真研究活动。在思路方面,将决策投入仿真系统中进行检验是实验科学范式;在预见性方面,通过推理演绎预见未来是理论科学范式;在战略环境和态势仿真方面,推演运用的是计算科学的研究范式。在大数据与人工智能时代,推演在战略仿真领域具备形成新突破的潜力。

推演所仿真的是高度宏观和复杂的社会体系,也就是极为典型的复杂巨系统,必须依靠系统论的观点指导实践。战略推演的实质是借助"以人演人、人机结合"的方式实现对复杂社会科学体系的科学化仿真模拟,塑造尽可能真实的战略环境、尽可能真实的战略决策的状态,实现更真实的战略研究环境。1979年,钱学森在推动建设军事作战方针分析体系时提出了"人机结合、以人为主"的基本思路。[9]这一思路在战略推演领域具有极强的指导意义。推演仿真主要由人、机两部分协同完成，也就是角色扮演和计算机仿真。1992年前后，钱学森在多个场合提出了在从定性到定量的综合集成方法论的基础上，将国内外科技发展中的成功经验进行总结和方法论拓展，形成"从定性到定量的综合集成研讨厅"（the hall for workshop of metasynthetic engineering）理论。综合集成研讨厅体系所指的就是一种专家与计算机和数据系统一起工作的"厅"，其主体就是专家体系、知识体系和机器体系三者的有机融合。这三者构成的系统是一种人机结合、以人为主的智能系统。这种方法的成功应用就在于发挥系统的综合优势和整体优势，也成为解决复杂系统和复杂巨系统理论的一般方法论。[10]

专家体系、知识体系和机器体系的融合发展，正是推演系统和平台建设的核心理念。推演活动的基本组织实施方式就是专家团队在充分的信息保障支持下，借助计算机仿真等技术提供的推演平台与仿真环境，开展战略博弈仿真活动。这种体系融合的仿真思路，实际上就是科学研究中系统论的完美实践案例。系统分析方法集成的研究框架就是在解决复杂系统的过程中，融合模型和方法的选择技术、定量模型、专家经验以及集成方法和技术，从而克服单个技术的缺陷，让不同的方法得以发挥各自的优势，使获得的知识表达能力和推理能力更强，运行效率更高，得到满意的问题求解效果。[11]而推演所完成的任务、实现的路径、发展的方向均代表了系统论在社会科学领域的最新探索和最高实践水平。

首先，借助"以人演人、人机结合"的方式实现对复杂社会科学体系的科学化仿真模拟。[12]"以人演人"的核心是以经验主义规范将具有较大不确定性的个体,以人或专家形式进行仿真,并将其整合到整体的仿真模拟系统中。[13]也就是说,用可量化的单位(如国际行为体)替代可量化的单位(人),将其内部的不可量化信息黑箱化处理,利用经验以及情景想定的规范,实现人机结合式的仿真。因此,专家群体的组成需要根据研究问题的需要进行精准设计。军事议题、商业议题和全球性议题要分别选择合适的高级官员、军队指挥官、企业高层和其他公共领域的专家等。最终将这些专家组成一个模拟宏观现实的群体。这个群体的超能量就来自推演平台为其量身打造的"认知武器",也就是在模拟环境中助力专家群体释放自己的经验和知识,探索研究问题和解决问题的思路及方案,验证可供选择的政策选项和资源储备,最终形成茁壮有力的"智慧成果"。

其次,系统集成是战略推演体系的核心理念。在这种情况下,采用单一的以信息为基础的系统,或以数学模型为基础的系统,或以知识、规则为基础的系统,都难以满足上述这些领域的决策活动的要求。这就需要在面向问题的前提下,将系统分析、运筹学方法、计算机技术、知识工程、人工智能等有机地结合起来,发挥各自的优势,实现决策支持过程的集成化。这也是为什么我们称推演的成果为"智慧成果"。因为在战略博弈中的制胜方案就是对环境有足够强的感知,这样才能赢得与对手的竞争和对抗。在军事方面,这是战场感知能力建设;在商业和全球性议题方面,这是对市场和其他公共领域信息的充分掌握。这种制胜的方式是"博弈的科学",要求理性、全面、充分。而推演提供给我们的成果与此截然不同，这是一种"博弈的艺术"。它是对战略博弈的认知进行能够压制住对手的掌控，这种认知是一种洞见。也可以这样说，推演是为战略博弈者提供一种"制知权"。

最后，推演的信息化辅助支撑平台是推演系统的重要保障和关键支撑。交互性、智能化和信息控制水平，是决定推演的信息化辅助系统的战略仿真能力的关键所在。战略推演主体的任务都是由真正的专家集体研究问题来完成的，计算机仿真在战略领域的角色只是辅助性的。战略推演活动的本质是为这些专家提供一种可以体验未来的环境，这种环境不面临真的风险，可以将任何可能性的方案都投放其中，验看效果，最终找出最好的解决方案。因此，决定推演系统效能的关键是人机交互水平。推演系统必须具备三种能力。第一是强大的人机交互能力，成为交互式系统（interactive systems），才能够帮助推演人员处理半结构化和非结构化数据和信息，认清目标、环境约束和问题关键，促进形成决策方案并对其进行综合评价。第二是智能化水平。在处理难以定量分析的问题时，需要使用知识工程、人工智能方法和工具，这就是决策支持系统的智能化（intelligent）。第三是信息控制水平。它最终决定仿真的质量。无论形态和议题如何，战略推演的核心实质之一是参与推演的人不掌握全部信息，这也是提高战略仿真逼真程度的一个重要方面。在现实世界中，决策中最真实面对的情况就是必须在"信息不充分"的情况下进行战略决策。诺贝尔奖获得者、著名博弈论学者托马斯·谢林的一个核心观点就是"一个人无论分析能力如何强大、想象力如何丰富，都不能勾勒出永远都不在他身上发生的事情"。

三、思维定式与认识误区

仿真是一种服务决策的方法,但也存在局限性。建立模型是一种理解世界的方式,是将一些我们长期为之的活动,通过自然科学和社会科学的研究将其精炼和标准化所形成的。这些模型非常简洁优美,不像现实情况那样复杂,很多复杂的细节都被省略了。[14]也就是说,仿真即简化,简化即失真,尤其是将仿真狭义地定义为计算机辅助的一种模拟活动,就将仿真在社会科学领域的运用局限在了歧途之中。孔子说:"虽小道,必有可观者焉,致远恐泥,是以君子不为也。"狭义的计算机仿真、偏执的方法论倾向等都是战略研究的"小道",虽然看起来光鲜可人、先进诱人、高深吓人,但此途不久就会陷入泥潭,在真正的战略成果方面拿不出可信、可靠的分析研判结论,而经常拿出一些要么常理皆知要么违背常理的无效结论。因此,真正的战略研究者不走此途。

(一)战术仿真的思维定式

近年来,由于广泛的战略研究需要,一些重要机构纷纷筹备或推进开发战略级的推演仿真系统和平台。由于军事领域的推演经验运用到战略问题中存在诸多不适,很多军队组织联合作战环境、军事运筹分析等领域的专家就战略推演问题提出了一系列疑惑,也成为提升或匡正对推演的认识的重要方面。

首先,仿真战略博弈环境并不限于模型、信息化和可视化。"推演将人的决策和博弈活动整合起来,这种动态地将人融合进来的特性成为推演与其他模拟和仿真活动的根本差别。推演的地图、原则、计算机等只是进行决策和执行决策的媒介。推演是一种获得动态管理智慧的工具。"[15]仿真是一个泛化的概念,人参与到体系中的仿真才是对战略环境的全方位仿真。只有在这样的体系中,才能真正反映出环境的复杂性。例如,战争迷雾不只是地图上的迷雾,更是在战略博弈中的信息不对称。"计算机仿真不是推演,推演必然需要人来扮演,这种扮演有可能是需要计算机辅助的。"[16]这件事情有必要重重着墨说清楚。计算机仿真所创造的环境是死的,至少从目前的人工智能技术发展阶段来说,这样的环境与自然和现实相去甚远,甚至本质上就是不同的。而更加严重的差别在于计算机仿真是不产生新的知识的,而人扮演的角色会在动态博弈过程中通过互动产生新的想法、思路和认识。[17]这是计算机仿真与"以人演人"仿真的根本性不同,也是推演必须依靠"以人演人"为核心仿真基础的根本性理由。

其次,战略博弈仿真需要裁判吗?这是一种军事思维的遗留。战场仿真需要一决胜负,裁定部署和作战的效果如何。而战略博弈则是多主体、多领域、无限多轮的复杂博弈。一个举措是否需要裁定,恐怕不能局限在红蓝双方战场对抗中的裁定方式。导控需要规程吗?军事导控受到演习的影响,从计分表到操作规程的基本思路都沿袭下来。而战略推演往往更为复杂,不能简单通过上述理念来进行导控。战略推演是一门艺术,战略推演的指挥与控制更是高水平的艺术,是将人、机器与环境进行高水平的操控,让推演保持在设计的轨道上,紧密围绕预定的目标,让参演的专家都能够高水平地发挥推演水准。在这方面,信息系统的支持显然更是有限的,不能让技术损害了艺术。而推演恰恰不仅是一门专门的技能,还是一种战略研究的艺术。

最后，信息化支持要多少才够？并不是武装到牙齿就能够让环境和博弈仿真"臻于至善"，因为存在边际效应递减的现象。尤其是战略推演，战略层级的信息输入是适可而止的，颗粒度过细的呈现往往会误导战略推演的进程，将战略问题导向细节纠缠。数据、模型和信息化的支持是需求先导的，是实践改进的，而不是顶层设计的，也就是摸着石头过河。信息化条件下如何组织参演人员实施推演？参演人员必须是专家，显然不能够削足适履，让专家们规范到技术系统中，而应该让技术系统更好地辅助他们开展推演。很多专家不是计算机专家，甚至不擅长计算机操作，这个时候如何让他们与机器更好地结合，就是推演信息系统要解决的关键问题，这才是围绕推演提升信息系统支持水平的核心问题。

（二）战略评估的常见误区

判断敌我实力对比和战略博弈状态的基本方法是定量评估和仿真模拟。然而，对社会体系进行简单定量评估和部分仿真模拟几乎是完全背离事实真相的，是有害而无益的。尤其是对多方博弈和不同层次博弈方参与的复杂博弈结构，国家、企业和其他行为体进行的决策都处在深度不确定性环境中，这种复杂交互的博弈模型不是简单通过模型建构就可以实现的。从理论上来说，完成一个社会体系的仿真模型是不可能实现的。物理学通过简化变量来进行研究，例如将物体理解为一个质点，将一个完全吸收热而不发射热的物体假设为黑体，将平面假定为没有摩擦。然而这些研究方法在社会科学领域都不适用。对国家最不利的评估和仿真就是那种看似精密、运用复杂定量方法进行的系统仿真，将对手和自己的各种情况及数据进行罗列式的对比，或是采用一些加权的方法建立模型，最终形成一种看似科学的评估结论。

事实上，在现实政治的博弈中，力量是相互制约和抵消的。并不是完全相同的因素之间进行对比就是科学的，简单讲就是"盾"与"矛"的关系。只将"盾"与"盾"进行对比、"矛"与"矛"进行对比，并不是评估。这是精致的方法主义，而彻底偷懒不去考虑相互间的抵消关系。这种现象在综合国力评估方面非常盛行，而这正是战略研究文化相对落后的表现。思想、理念和文化的落后就会造成精致方法的盛行。事实上的战略评估与预判，应该考虑我方"矛"与对方"盾"对比、对方"矛"与我方"盾"对比。二者必须相辅相成，才能形成整体的评估能力。而此处的举例"矛""盾"的交互关系依然是对现实世界进行了足够简化的示意方式，实际上在战略博弈中各方的因素、行为复杂交互，并不明确存在简单的"矛""盾"关系。这时就需要一种战略仿真环境来验看所有的博弈过程，也就是战略推演。

成功助力美国赢得冷战四十年的残酷战略竞争的"净评估"方法之所以风靡一时、建树甚巨，归根结底就赢在了这一点上。例如，传统上对一个国家实力的评估以及对国家间实力的比较包括了将其军队数量、武器类型、主战部队等"数"清楚、列出来，然后进行平行比较。这显然"完全没有反映出一个国家的军事力量如何对付另一个国家这种实际能力"[18]。而要真实反映出这种实力，必须考虑更加复杂的相互间关系，比如地理因素、政治体制、战略规划能力、政府的非理性行为以及在危机压力下的异常决策等。在此情况下，战略研究对于"不确定性"的考察永远是不充分的，因为在逼近真相和事实的过程中，拟合的曲线永远存在偏差。而这种偏差则有可能在特定的环境下诱发全局性的颠覆影响。

在这方面必须承认的是，打分、赋值和建立效能评估表对于更好地理解长期趋势是有用的，但是在对具体对抗实践的预测方面毫无疑问是几乎完全无助的，原因在于这些因素无论如何全面，无论如何组合，都只反映了事物的部分方面，且过于机械。尤其是在历史案例的检验中，事实证明总是有各种各样不同的因素，尤其是无法量化的因素发挥了关键作用。而这种现象恰恰无法通过定量的方法来模拟。[19]其中的一个关键问题就是这些定量化的标准带有很强的主观因素，事实上并不能客观反映现实世界，更别说现实世界的复杂运行还受到许多组织、个体等复杂因素的影响。例如，美苏在冷战中都对作战进行定量化的评估，称为效能衡量（measures of effectiveness），但双方在对具体武器装备和部队的效能进行定量评估时存在极其严重的不对等。其原因就在于人类都有天生的偏重威胁认知的倾向，而低估自身对对手的优势。

必须清醒认识到，推演是一项强信息技术支持的业务主导性的工作。虽然推演对信息技术、仿真科学和人工智能的需求甚巨，但归根结底，战略推演是一种战略研究手段，而不是信息化建设工程。开展战略推演时，一定要以研究需求牵引技术建设，而不是以技术化或信息化建设为主导。主导人员只能是研究者，绝不是技术人员。技术只要能支持研究需要就可以，不一定追求软硬件的先进和高级。推演系统虽然不贵在信息化，但必须有足够强的综合性和开放性，要形成一个开放性的框架，这样才能不断产生新的研究成果，不断容纳新的技术系统，最终形成越来越先进易用且强大的综合集成系统。建设和发展这套推演系统，需要既懂业务又懂技术的复合型人才。而这类人才又是奇缺的，因此，有意识地培养复合型人才是推演的一个关键。

第二节 决策革命

科技为人类发展与演进插上了广义进化的翅膀。人类用以改造自然和改进自身的技能自近代以来不断加速升级。基于理性思维的决策作为人类社会的特殊高级行为，正在科技的助益下发生根本性变革。如何理解决策过程、剖析决策行为是以决策研究为代表的科学范畴，而如何武装决策工具体系、助力决策效能提升则是专业智库及技术、工程等实践学科的使命。跨领域集成前沿先进理念、技术是实现这一使命的不二之途。战略数据理论体系的建立、从数据科学到决策科学的演进，以及用智能化仿真辅助决策将是通往科学决策和治理体系与治理能力现代化道路上不可或缺的三元驱动力。

一、从大数据到战略数据

将战略大数据及其智能分析成果以人机交互方式服务于战略推演与战略决策，推动战略推演智能化发展，是战略推演的重要前沿。大数据科学范式为探索复杂博弈环境仿真提供了新的方法手段。数据积累、分析与运用是战略大数据智能分析应用的关键环节之一。大数据科学通过以大数据为核心技术的数据挖掘、知识发现等，准确把握诸如敌方指挥员的思维规律，预测对手的作战行动、战场态势的发展变化等复杂问题，成为推演中战略仿真的新增长点。

战略研究的关键基础是可靠和充分的数据。"得算多则胜。"毛泽东曾说:"胸中有'数'。这是说,对情况和问题一定要注意它们的数量方面,要有基本的数量的分析。任何质量都表现为一定的数量,没有数量也就没有质量。我们有许多同志至今不懂得注意事物的数量方面,不懂得注意基本的统计、主要的百分比,不懂得注意决定事物质量的数量界限,一切都是胸中无'数',结果就不能不犯错误。"[20] 可以运用的数据越充分,越有获胜的可能;获取数据后,分析得越充分,越有获胜的可能。"知己知彼,百战不殆。"在获取数据方面,既要有充分的对手信息,更要有对我方的客观诊断。彼己之外,尚有"天地",也就是自然禀赋的信息。三者交融,也就是"净评估"中对战略竞争态势的分析思路。

数据的质量极端重要,此所谓"数据为王""不论机器如何精妙、如何完美,垃圾数据的输入必然导致垃圾结论的输出"。大数据的应用在社会领域比较成熟,但在战略研究领域则需要介于普通数据和大数据之间的战略数据支持。国外在战略领域开展大数据研究、展示技术研发及智能化探索的情况偶有披露。近年来,国外机构在反恐、侦察等领域大量应用大数据技术,设立的一系列项目产生广泛影响,如美国国防部国防高级研究计划局(DARPA)主导的大数据技术研发项目、国家安全局(NSA)与企业合作研发的大数据分析软件工具(Nifi)、天网计划(Sky Net)、藏宝图计划(Treasure Map)、棱镜项目(PRISM)等。从公开情况看,国外已开始从先进技术集成与信息体制机制创新等多方面应用大数据、可视化展示、算法积累和交互技术等,以借其提升数据对决策的服务质量。[21] 这些创新大致集中于信息数据采集与挖掘和辅助决策的核心算法方面。战略决策辅助的核心是决策算法的突破。为此，美国从 20 世纪 90 年代起即已开展较为先进的决策模型和算法研究。信息数据采集与挖掘主要集中在社会、通信等领域的数据，较为典型的如美国中情局借助风险投资公司 In-Q-Tel 孵化的明星级大数据公司 Palantir、MongoDB 等企业。类似企业通过社会层面的数据积累和研究在美军海外反恐作战、美与其盟国及伙伴国家开展社会层面信息大数据合作等方面发挥了关键作用。[22] 但类似大数据技术在战略层面的数据采集与挖掘方面的应用目前尚未见有效信息。

近年来，我国社会领域的大数据运用快速发展，金融、科技、商业等领域的大数据采集和分析已经实现初步产品化。如大型金融机构在业务开展过程中，已经可以摒弃原来过度依靠客户提供财务报表获取信息的业务方式，转而整合客户的资产负债情况、账务流水、纳税和信用记录等流动性数据，对客户进行动态和全程的监控分析，从而有效提升客户信息透明度，提高贷款决策的可靠性。科技公司基于大数据进行专利战略研究，甚至开发出专门的专利分析软件，通过对有关专利文献进行筛选、统计、分析，不仅可以确定战略研究对象的相对竞争地位及其相对的技术性竞争优势、劣势，发现具有竞争力的先进技术，而且可以发现它们的动向、技术开发及竞争性加入情况，以优化自身的项目，弥补自身的技术空白。搜索引擎公司则基于用户检索日志等数据，分析出用户关注信息的兴趣点，进而适时推送信息，甚至可以根据用户使用地图导航的情况制作出监控人流的"迁徙地图"。购物网站则可以根据用户电子交易的记录，个性化推送商品及服务，以提高销量等。但总体而言，社会领域对大数据的应用尚处于简单化阶段，无实力也无意愿进行复杂分析整合，目前主要服务于商业需求。

军队在战役、战术层面也一定程度地运用数据分析和报送技术，并正在朝战略方向发展。如军队装备研发机构在军事装备的仿真测试、战场情景模拟和红蓝对抗演练等方面，已经进行了一定程度的装备和战场数据运用以及数据的可视化交互等探索。

从目前来看，在数据运用及建模分析方面，国内国际关系学界近年来有所尝试。总体而言，国际关系领域开展了一定程度的数据整理、运用及分析预测尝试，但距离数据资源的战略信息化运用还存在较大差距。在与一些新型大数据独角兽企业的科学家交流过程中，很多知名专家对于大数据的运用有相当成熟和先进的思路。但当我们将战略大数据的特质阐述之后，大部分人摇摇头，表示所涉不多、无能为力。战略大数据的处理高度复杂，不是简单的传统数据处理就可以解决的。

战略研究的数据必须是有效数据，而不是冗余的数据量；是关键的精确数据，而不是泛泛的大数据。战略数据是极高熵数据，是深度不确定性的模糊系统中的高度复杂数据。战略数据研究的重点不在数据的采、存、转、用，亦非国内的、社会的、舆情的、维稳的，而是国家的、综合宏观的、战略相关的。传统数据决策模式收集和处理的是与决策直接相关的数据，数据的结构化程度较高。数据挖掘主流思路只是统计原理的衍生，基本上是高等统计学的多变量分析，主要采用汇总、聚类、因子分析等统计方法，以及图表、虚拟现实等可视化技术对数据进行分析处理，利用的是数据本身所蕴含的信息。战略数据挖掘的关键在于数据挖掘分析算法向社会科学，尤其是战略领域的拟合、改进和创新。在大数据情景下，数据以声音、图像、视频等多种方式呈现,数据的结构化程度较低,需要通过数据抽取转换、数据挖掘、语义分析等多种处理才能获得信息,更加注重利用数据间的相关关系,决策问题由传统结构化决策转变为非结构化决策。兰德公司的经验是在神经元网络和决策树的基础上进行分类情景研讨。因此,战略数据的人工智能处理介于强人工智能与弱人工智能之间。

战略数据有别于一般大数据,主要涵盖世界主要行为体的政治、经济、军事、社会等相对宏观数据(见表7-1)。战略信息数据总量相对社会层信息数据规模适中,但数据来源及结构庞杂多样,数据关联性高度复杂,挖掘潜力巨大,关联性分析价值突出,必须集成多种先进技术对其进行深度挖掘和多元展现。结构化数据是战略数据的基础。非结构化数据是重要的研究资源,其信息量和信息价值不亚于结构化数据,但分析难度远高于结构化数据。在掌握结构化数据的条件基本具备的情况下,即应开展非结构化数据分析技术的铺垫工作。

表7-1 战略数据与普通数据、大数据的区别

类别	普通数据	大数据	战略数据
方法/领域	传统统计学	数据科学	决策科学
规模	MB/GB	TB/PB/EB	GB/TB/PB
结构	弱异构	简单异构	高度复杂异构
来源	简单获取	相对固定	复杂广泛
关系	简单关联	人/事件/位置等关联	深度复杂关联
价值	一般应用	战术/商业	战略级

二、从"数据科学"到"决策科学"

20世纪50年代诞生了计算机科学(computing science),致力

于提升计算能力。到 90 年代，出现了数据科学（data science）以及此后蓬勃发展的大数据范式和应用。2010 年以后，逐渐出现了更加紧密地围绕业务需求的决策科学（decision science）。数据科学涵盖了分析、可视化和算法计算等功能，用来从数据中提取知识，从而更好地服务于有限的业务问题。数据科学在不断发展过程中，逐步向决策科学演进。数据驱动的科学决策已经开始在商业领域推行，但是在战略领域的应用尚处于相对空白的状态。相关情况见表 7-2。"数据驱动的决策"促使数据工程向决策科学发展。决策科学是一种跨业务领域和跨学科的新兴领域，是融合了数学和设计思考、行为科学等多学科的新兴学科，目的是辅助更好地决策。决策科学对数据的要求不仅是从数据中挖掘信息，还是纠错、正源，建立数据驱动的决策方式。从这个意义上说，即使再强大的数据处理能力，也还属于数据科学的范畴。而决策科学建立在数据科学之上，还吸纳了业务分析、设计思考和行为科学。

表 7-2 数据科学与决策科学的差异

差异点	数据科学	决策科学
方式	从数据中挖掘简单信息形成产品	根据现实情况挖掘数据价值，最终服务于现实需要
目标	为机器建立决策模型	为决策者提供决策的思考框架
内容	紧密围绕大数据及其衍生问题开展研究	专业性开展决策服务工作而非大数据相关工作
成果	让机器对复杂情况和动态进程进行处理，以弥补人类不够快的局限性	形成针对目标问题的简单直接的解决方案
用途	帮助商业机构开展分析工作	帮助用户高效优质地利用分析成果
结论	数据科学与决策科学紧密结合，形成高质量的业务分析解决方案	

数据关联性分析是战略数据运用的核心突破口之一。战略数据

关联性的理论、方法、算法及技术集成应用具有突出的战略价值，能够使分散的战略数据发挥战略价值，形成新形态的战略性博弈武器。要形成从采集、挖掘到展示、呈报的整体战略产业上下游集成体系，实现战略产业的转型升级，就必须在战略数据的关联性分析领域进行集中攻关。紧密围绕战略研究的数据关联性分析技术开展攻关、研发和应用示范，通过该领域的研发突破，提供新型战略决策工具和生产力。

在提高政治和商业领域决策科学的应用水平方面，一些其他领域的成果和思路可资借鉴。首先是"设计思考"（design thinking）。设计思考是以人为本的设计精神与方法，考虑人的需求、行为，也考量科技或商业的可行性。[23] 设计思考是一种创意与设计的方法论，为各种议题寻求创新解决方案，并创造更多的可能性。设计思考不同于分析式思考（analytical thinking），是一种"发想"（发散式思维构想）"构思""执行"的过程。设计思考作为一套解决问题的方法，可以从不同的角度去看世界，用过去不知道的方法来思考问题。其次是模糊计算。模糊计算是1965年以后在模糊集合、模糊逻辑的基础上发展起来的模糊拓扑、模糊测度论等数学方法和理论的统称。模糊计算是研究现实世界中许多界限不分明甚至是很模糊的问题的数学工具，在模式识别、人工智能等方面有广泛的应用。以模糊集理论为基础，它可以模拟人脑非精确、非线性的信息处理能力，在许多应用领域内都有用途。人们通常可以用"模糊计算"笼统地代表诸如模糊推理（fuzzy inference system，FIS）、模糊逻辑（fuzzy logic）、模糊系统等模糊应用领域中所用到的计算方法及理论。在这些系统中，广泛地应用了模糊集理论，并糅合了人工智能的其他手段，因此模糊计算也常常与人工智能相联系。由于模糊计算方法可以表现事物本身性质的内在不确定性，因此它可以模拟人脑认识客观世界的非精确、非线性的信息处理能力，反映亦此亦彼的模糊逻辑。

三、决策环境智能化仿真

全方位增强数据支撑决策的交互性，是提升战略决策服务的关键一招。"推演的数据系统包含了参演人员可以借以决策的信息。一般而言，这些信息涵盖决策所需要的资源、决策选项、决策环境情况以及其他技术性细节。由于事关决策，这些信息必须被清晰准确地提供给参演者，就像在现实状态中一样，同时，这些信息也需要在推演中能够实现用户友好运用。"[24] 美国已利用可视化和信息交互技术提升决策者的战略评估效率，如从 2002 年起，美国总统每日必读的"总统每日简报"已采用平板电脑（类似 iPad）为载体。未来，美国及其盟国还打算在成熟的数据展现平台（类似"谷歌地球"）上建立数据展示层，并通过电子化方式推送给决策者。[25]

在这方面，多阶段演进的群体决策支持系统有很多成功的经验值得借鉴。上一节关于社会科学仿真方法的演进中，对组织决策理论催生的这些群体决策支持系统的发展定位进行了梳理。这些群体决策支持系统的研发就是旨在提高对组织决策活动的辅助质量，对推演的智能化发展和战略环境仿真度提升具有重要的借鉴意义。最初，群体决策支持系统（group decision support system，GDSS）是协助进行商业级或组织级决策活动的信息系统。GDSS 服务于组织机构内部管理、操作和规划级的决策，帮助决策者对快速变化并且很难提前确定的问题进行决策，通常是非结构化和半结构化的决策问题。决策支持系统既可以是完全自动化决策，也可以是完全人工决策，或者两者兼有。GDSS 可提供三个级别的决策支持：第一层次的 GDSS 旨在消除群体决策中决策者之间的通信和交流障碍，如采用及时显示各种意见的大屏幕，投票表决和汇总设备，无记名的意见和偏好的输入，成员间的电子信息交流等。其目的是通过改进成员间的信息交流来改进决策过程，通常所说的"电子会议系统"就属于这一类。第二层次的 GDSS 提供善于认识过程和系统动态的结构技术，决策分析建模和分析判断方法的选择技术。这类系统中的决策者往往面对面地工作，共享信息资源，共同制订行动计划。第三层次的 GDSS 主要特征是将上述两个层次的技术结合起来，用计算机来启发、指导群体的通信方式，包括专家咨询和会议中规则的智能安排。

到 20 世纪 80 年代初期，分布式决策支持系统（distributed decision support system，DDSS）的概念由 Scher 和 Thomas 等人提出。DDSS 是由多个物理分离的信息处理结点构成的计算机网络，网络的每个结点至少含有一个决策支持系统或具有若干辅助决策的功能。与一般的决策支持系统相比，DDSS 有以下一些特征。DDSS 是一类专门设计的系统，能支持处于不同结点的多层次的决策，提供个人支持、群体支持和组织支持。不仅能从一个结点向其他结点提供决策，还能提供对结果的说明和解释，有良好的资源共享。能为结点间提供交流机制和手段，支持人机交互、机机交互和人与人交互。具有处理结点间可能发生的冲突的能力，能协调各结点的操作，既有严格的内部协议，又是开放性的，允许系统或结点方便地扩展，同时系统内的结点作为平等成员而不形成递阶结构，每个结点享有自治权。进而，又出现了智能决策支持系统。它是决策支持系统（DSS）与人工智能（AI）相结合的产物，其设计思想着重研究把 AI 的知识推理技术和 DSS 的基本功能模块有机地结合起来。有的 DSS 已融进了启发式搜索技术，这就是人工智能方法在 DSS 中的初步实现。将人工智能技术引入决策支持系统主要有两方面原因：第一，人工智能因可以处理定性的、近似的或不精确的知识而引入 DSS 中；第二，DSS 的一个共同特征是交互性强，这就要求使用更方便，并在接口水平和在进行的推理上更为"透明"。人工智能在接口水平，尤其是在对话功能上对此可以做出有益的贡献，如自然语言的研究使用使 DSS 能用更接近于用户的语言来实现接口功能。

随着 DSS 应用范围的不断扩大、应用层次的逐渐提高，DSS 进入区域性经济社会发展战略研究、大型企业生产经营决策等领域的决策活动中，这些决策活动不仅涉及经济活动各个方面、经营管理的各个层次，而且各种因素互相关联，决策环境更加错综复杂。对于省、市、县等发展战略规划方面的应用领域，决策活动还受政治、社会、文化、心理等因素不同程度的影响，而且可供使用的信息又不够完善、精确，这些都给 DSS 的建设造成了很大的困难。在这种情况下，智能—交互—集成化决策支持系统（intelligent, interactive and integrated DSS, 3IDSS）作为一种新型的、面向决策者、面向决策过程的综合性决策支持系统产生了。

他山之石，亦是可期。决策科学、设计思考、模糊计算、决策支持系统等，从思维到仿真再到决策系统，为我们提供了一整套将战略推演推向智能化前沿的技术储备和设计思路。逐步采纳、应用好这些新思路、新理论、新技术，不断集成好、改进好这些舶来品，将其融入推演的先进科学体系，最终将形成优秀的先进战略推演体系化理论、方法和技术资源。

第三节 结论与未来

本书立论七章，至此当作一结。引言一部，主要是从基本战略环境、大的战略背景和战略需求方面引入对未来研究的话题，初步厘清社会上对推演普遍存在的几个误区，概略性地介绍了推演的基本原理、路径和意义所在，为全书的展开做好铺垫。此后七章，按照从理论到实践、从历史到现实、从表象到全景、从方法到应用、从国家到企业、从西方到中国以及从经验到未来的逻辑展开。每一章都着眼于创新推演研究的一个核心议题，将推演从一种方法上升为一种思维、一种文化、一种战略。

洞见未来的重要性怎么强调都不为过，对国家、组织、企业和个人来说都是生命线。要生存，就要洞察未来，就要先为未来，就要赢在先手。尤其是在战略竞争环境中，必须在复杂残酷的博弈中先看几步，综合施策，谋得先机。然而现实情况是，研究未来确实极其困难，开展决策确实极其复杂。面对未来，我们处于深度不确定环境中；开展决策，人类群体从来都不是简单理性的。总结而言，就是在迷雾中盲行。本书从哲学和思维视角深度剖析了未来的深度不确定性、决策的本质与运行机理，尤其是深入研究了预见未来的理论基础和科学可行性。通过对归纳思维和演绎思维的根本性差异与二者在实践中的分野进行比较，阐明了两种思维流派的互动本质，进一步以历史、地理、文化为主要的对照组，说清楚归纳是怎么回事，从而更好地理解演绎所谓何者、如何依靠演绎解决预见问题。综合运用归纳与演绎，有助于我们弥补一大部分平常被忽视的研究思维和方法，也帮助我们更加全面、综合、客观地研究问题，既不拘泥于历史归纳，也不偏废于推理演绎，而是运用好马克思主义的归纳-演绎法，在把握世界、改造认识方面建立起科学的理论和方法论基础。

推演作为一种基于演绎推理的博弈仿真方法，正是这样一种服务于探索未知、服务于决策的实践，为我们提供了洞见未来的重要手段。社会科学的仿真方法是一种研究深度复杂的社会体系、思考深度不确定性未来的有效解决途径。推演作为社会科学仿真的一个具体实践，也是社会科学仿真应用于预见性战略决策的成功实践。推演孕育于西方的战略文化之中，形成于欧洲的战争实践当中，繁荣于残酷的战略竞争、冲突、对抗进程里，形成了复杂多样的发展路径。借助现代科学技术，尤其是计算机科学、数据科学和决策理论，推演作为一种仿真实践取得了实质性的进步，成为探索未知、改进决策的一种有效手段。推演冲破了个人思维的局限和偏见，实现更为科学的决策应用延伸。本书对推演的历史脉络和发展路径进行了详细的梳理。最主要的是，与一般认识中偏重于军事运用和兵棋特色的推演不同，本书从更加综合、宏观的视角对推演进行了全面、客观的研究，尤其是对推演的各种形态、在各领域的应用和形成的各个流派进行了充分的阐释，对推演的名词混用、认识误区以及文化根源都进行了深入探究，形成了一幅囊括推演全貌的总体图景。

推演是一种服务于战略决策的高级研究活动。实践的经验和历史的检验都表明，推演的最高阶段是服务于综合性战略的高级研究活动，也就是战略推演。本书着重对此类推演进行了详细研究，这与可见的推演介绍材料有本质不同。战略推演的衍生发展、繁荣昌盛与功成名就都植根于冷战的残酷博弈。在残酷斗争实践中催生的有效战略预判方法，自然也是我们必须学习的珍贵经验。本书从国际斗争实践的视角全面阐释了战略级推演的发生、发展和演进。在此过程中走过的错误道路、验证的不通之途，都是未来进一步提升战略决策服务能力中必须汲取的宝贵教训。本书首次将推演放在这样的历史脉络、时代背景和实践经验中进行审视，充分阐明了推演不只用于兵棋中，更是激烈战略竞争中的有效综合战略博弈研究手段。

在对推演科学理论和发展脉络充分研究的基础之上，本书以实践案例带出推演的实施方法，对包括推演设计、情景想定、实施、复盘与总结等环节进行了方法与案例相结合的阐释。相信这样的结构能够拂去枯燥的手册性文献的灰尘，让推演的实践方法更加生动地展现出来。尤其是让读者在了解推演如何组织、如何实施的同时，更加深入地领会推演与传统研究方法的区别，以及推演作为一种先进的战略研判方法和决策辅助手段的核心要义所在。

在推演的应用领域不断拓展过程中，商业推演无疑是最重要的增长点，尤其具有重大的现实需求和社会价值。商业实践自然是推演最直接、最现实的应用领域，宝贵的实践经验是无比生动的推演教程。本书对推演近年来向全球经济研究、中长期趋势预判与战略规划、公共危机管理、公共卫生防御能力建设等更多国家战略性产业布局领域的发展进行了案例解析，让我们能够看到更加多样、多元和多种发展路径的推演。同时，本书也对企业开展推演的不同形式和方法进行了介绍，对是否进入市场、是否采取并购等战略性决策进行了案例阐述。最重要的是，本书还结合实践经验，对商业推演在更大范围内的推广提出了独具特色的构想与路径。这在中外文献中尚不多见。一些实践中积累的实用经验，完全有别于象牙塔说教，具有较高的操作性和可靠性，是结合企业实际的实用策略，将在企业的战略研究实践中发挥关键作用。毫无疑问，方法没有定式，解决问题才是好手段。

从古至今，中国从未在推演中缺席。本书首次全面阐释了中国在推演方面的实践，以及对推演的研究与理解。尤其重要的是，本书深入东西方文化的思维传统和精神内核，对推演与中华文化的融洽性进行了深度剖析。这对于未来如何看待推演、如何发展推演、如何更好地服务于战略实践具有更加突出的价值。更为重要的是，中国智慧与推演的结合能够对新型大国关系的构建和人类命运共同体的打造起到重要作用。止战促和，共同发展，中国智慧下的推演大有作为之机。

推演发展的未来必然与如何集成和应用前沿科学及技术紧密相关。本书从科学范式发展的视角对推演的智能化发展前沿进行了研究。战略仿真范式的演进，是推演科技发展的核心突破口。战略数据科学运用与先进决策服务理念，是提升战略决策环境仿真水准的重要依凭。战略推演的系统和平台建设是推演活动的重要支撑，也是关系到能否在竞争中赢得战略预判优势的关键技术"卡口"。科技体系的平台建构和跨越式发展为推演的未来搭建起了飞渡虹桥。毫无疑问，这些科技领域能否实现创新突破和有效集成，决定了未来推演能否向更加先进、更加可靠、更加科学的更高阶段演进。

以上七章均着意谋创新、谋实践、谋长远。本书不是要为读者提供一本推演操作手册，而是探讨如何在组织推演实践的同时领略到推演文化的核心本质，掌握更加全面的战略思维体系，形成更加科学和强大的战略洞察与决策能力，提供更加可靠的战略决策服务。为此，本书向深处探究演绎推理的思维逻辑基础，剖析决策过程存在的种种问题，比对归纳与演绎的差异所在，厘清广为人知的兵棋推演与鲜为人知的战略推演流派之别，建构起有血有肉、活灵活现的推演实施路径。本书更宏大的理想在于，结合中国实际，阐述战略推演文化，有效助力战略实践，在更高层次上服务中华民族伟大复兴的中国梦，助力打造人类命运共同体的伟大实践。

上达于天，下植于地。推演是一门实践科学，是基于演绎推理思维的博弈仿真，是一种服务于综合性战略决策的高级研究活动。用推演洞见未来，用推演服务决策，用推演赢得竞争。建设好、运用好以推演为代表的战略运筹手段，培育好、发展好先进战略决策文化，储备好、建设好高端战略研究人才队伍，让推演切实服务好战略决策实践，真正实现洞见未来、先为未来、护航未来、赢得未来！

注 释

1 习近平.深入贯彻落实党在新形势下的强军目标,加快建设具有我军特色的世界一流大学(2013年11月5日)[M]//中共中央文献研究室.习近平关于科技创新论述摘编.北京:中央文献出版社,2015:43.
2 习近平.在十八届中央政治局第九次集体学习时的讲话(2013年9月30日)[M]//中共中央文献研究室.习近平关于科技创新论述摘编.北京:中央文献出版社,2015:42.
3 Gilbert N, Troitzsch K. Simulation for the Social Scientist[M]. McGraw-Hill Education (UK), 2005.
4 Clark R M. Intelligence Analysis: A Target-Centric Approach (3rd Ed), CQ Press, 2010.
5 Troitzsch K G. Social Science Simulation—Origins, Prospects, Purposes[M]. Simulating Social Phenomena. Springer, Berlin, Heidelberg, 1997: 41-54.

  Gilbert N, Troitzsch K. Simulation for the Social Scientist[M].

McGraw-Hill Education (UK)，2005.

6 Waldrop M M. Complexity: The Emerging Science at the Edge of Order and Chaos[M]. Simon and Schuster，1993.

7 Conte R，Castelfranchi C. Understanding the Functions of Norms in Social Groups through Simulation[J]. Artificial Societies: The Computer Simulation of Social Life，1995，1: 252-267.

8 杨霄．大国远谋：国家中长期风险评估与战略预判 [M]. 北京：时事出版社，2019:162-165.

9 徐学文，王寿云．现代作战模拟 [M]. 北京：科学出版社，2001.

10 钱学森．再谈开放的复杂巨系统 [J]. 模式识别与人工智能，1991，1(4):5-8.
钱学森，于景元，戴汝为．一个科学新领域：开放的复杂巨系统及其方法论 [J]. 自然杂志，1990，13(1): 3-10.
戴汝为．"再谈开放的复杂巨系统"一文的影响 [J]. 模式识别与人工智能，2001，14(2):129-134.

11 许伟，马建，汪寿阳．系统分析方法集成研究及其在预测和监测中的应用 [M]. 北京：科学出版社，2011:24.

12 Codevilla A. Comparative Historical Experience of Doctrine and Organization[J]. Intelligence Requirements for the 1980's: Analysis and Estimates. National Strategy Information Center，1980:32-33.

13 Ibid.

14 Gilbert N，Troitzsch K. Simulation for the Social Scientist[M]. McGraw-Hill Education (UK)，2005:1-2.

15 Perla P P. The Art of Wargaming: A Guide for Professionals and Hobbyists[M]. US Naval Institute Press, 1990:8-9.

16 Rubel R C. The Epistemology of War Gaming[J]. Naval War College Review, 2006, 59(2): 108-128.

17 Oriesek D F, Schwarz J O. Business Wargaming: Securing Corporate Value[M]. Routledge, 2016, p2.

18 Marshall A W. Problems of Estimating Military Power[R]. Cambridge, Mass.: Center for International Studies, Massachusetts Institute of Technology, 1966.

19 Davis P K. Influence of Trevor Dupuy's Research on the Treatment of Ground Combat in RAND's RSAS and JICM Models[J]. TNDM Newsletter, 1999.

20 毛泽东. 毛泽东选集：第4卷[M]. 北京：人民出版社，1991: 1444.

21 杜燧锋. 斯诺登事件后，美国情报界有了哪些变化[J]. 世界知识，2016 (16): 68-69.

22 杜燧锋. "视眼石"公司，美国孵化情报产业变革的范例[J]. 世界知识，2016 (11): 62-63.

23 Brown T. Design Thinking[J]. Harvard business review, 2008, 86(6): 84.

24 Perla P P. The Art of Wargaming: A Guide for Professionals and Hobbyists[M]. US Naval Institute Press, 1990:166.

25 杜燧锋. 总统每日简报：美国领导人的"必修课"[J]. 世界知识，2016 (12): 60-61.

后　记

"人心惟危，道心惟微。惟精惟一，允执厥中。"

——《尚书》

实践是研究之母。从实践中来，到实践中去。

本书的初稿早在 2014 年就已有雏形，书中的部分材料和思考最早在 2010 年就已成形，波波折折，延宕多年，一直是我心头的"挂碍"。"不得通其道，故述往事，思来者。"或言于会者，或诸惟自尝。弹指一挥，十年一剑。而今本书与《大国远谋》一起，作为对战略思维和战略研判方法的一个阶段性成果，终于了结了我心中的此番"挂碍"。延宕多年，自然也"丰满"不少。本书其实是借推演研究的契机，对如何改进战略思维方式、战略决策文化和战略研究方法进行一些初步探讨。决策研究之路艰辛绝韦，本书的出版只是一个开始，是时代大潮中激起的一点水花。

必须感谢生逢这个大时代，国家的战略需要推动形成更高质量的战略研究。百年沧桑剧变，为战略研究提供了超常优质的试验田、格外充分的试验样本。历史的强烈动荡、博弈的激湍洪流，无不呼唤高超的战略预判和谋划能力。溯古观今，正处历史变局大关口。三千年变局，华夷崩解；六百年变局，东西颠覆；四百年变局，国权重塑；一百年变局，红旗昭彰。而今所历百年未有之大变局，是全世界、全人类历史上从未经历过的。未来的三十年，必然更胜从前。中国自身，显然已经成为全球趋势中最大的历史不连续性的驱动因素。雄关漫道、风云契阔，从来没有一个国家从国权沦丧、积贫积弱一跃自主独立、力克霸主，从来没有一个国家"两个拳头打人"、傲立寰球，从来没有一个国家用短短四十年高歌猛进、引群雄侧目，更从来没有一个国家如此日新月异、一日千里，让所有国家、企业和个人都深深卷入时代的快速演进中而不断突破思维极限苦苦追寻。今日红旗漫卷，云帆直挂沧海，战略研究学者方才有机会怀揣大情怀，仁为己任、谋国虑远。

历史的强烈不连续性也为这个时代的战略研究提供了足够严苛的检验环境。面对未来时代最大的不确定性，诸强环伺，如何大道独契？不可不远谋，不可不创新，不可不有略。时代催生更多、更好、更有效的战略研判方法和体系。激浊扬清，正是这个时代赋予战略研究的伟大财富。

毫无疑问，实践，依然并将永远是检验真理的唯一标准。